Niedersachsen
Zentralabitur 2013
Abitur-Training
Deutsch

Autorinnen und Autoren:
Hans-Dieter Bunger, Jan Diehm, Michael Erber, Eckart Graf, Kerstin Köhler, Christiane Mayer, Roland Quinten, Thomas Reuter, Stefanie Schäfers, Catrin Siedenbiedel

Roland Quinten stellte die Inhalte für diesen Band zusammen.

Der Abdruck der Trainingsaufgaben erfolgt mit freundlicher Genehmigung der Kultusministerien in Baden-Württemberg, Bayern, Brandenburg, Hessen, Niedersachsen, Nordrhein-Westfalen und Sachsen-Anhalt.

NIEDERSACHSEN
ZENTRALABITUR **2013**

Abitur-Training

DEUTSCH

Trainingsaufgaben mit Lösungen

Cornelsen

Die in diesem Werk angegebenen Internetadressen haben wir überprüft (Redaktionsschluss: Juli 2012). Dennoch können wir nicht ausschließen, dass unter einer solchen Adresse inzwischen ein ganz anderer Inhalt angeboten wird.

Herausgeber: Bibliographisches Institut GmbH, Mannheim
Marketing & Vertrieb: Cornelsen Schulverlage Marketing GmbH, Berlin

Dudenstraße 6, 68167 Mannheim
2., aktualisierte und überarbeitete Auflage
Projektleitung: Anja Sokoll/Marion Clausen, Berlin
Redaktion: Marion Clausen, Berlin
Gesamt- und Umschlaggestaltung: Torsten Lemme, Berlin
Layout und Herstellung: cs print consulting, Berlin
Druck und Bindearbeiten: orthdruk, Bialystok, Polen
Printed in Poland
ISBN 978-3-06-150148-8

Gedruckt auf säurefreiem Papier,
umweltschonend hergestellt aus chlorfrei gebleichten Faserstoffen.

Vorwort

Hinweise zu den Prüfungsbestimmungen

Literatur und Sprache um 1800 (Rahmenthema 1)

Drama und Kommunikation (Rahmenthema 2)

* g. A. = grundlegendes Anforderungsniveau
e. A. = erhöhtes Anforderungsniveau
** Wahlpflichtmodul = obligatorisch fürs Abitur 2013

Anhang

Originalprüfungen 2012

* g. A. = grundlegendes Anforderungsniveau
e. A. = erhöhtes Anforderungsniveau
** Wahlpflichtmodul = obligatorisch fürs Abitur 2013

So trainieren Sie für die Abiturprüfung

Dieser Band ermöglicht Ihnen eine gezielte Abiturvorbereitung: Im Mittelpunkt steht das Training anhand von Aufgabenstellungen, die genau zu den Anforderungen Ihres Abiturjahrgangs passen.

Das Kapitel „**Hinweise zu den Prüfungsbestimmungen**" informiert Sie über alle wichtigen Bestimmungen und den Ablauf der Abiturprüfung. Besonders hilfreich ist das Verzeichnis der **Operatoren** (Handlungsanweisungen), in dem Sie die entsprechenden Formulierungen der Aufgabenstellungen erläutert finden (s. S. 12–14).

Im Hauptteil finden Sie Aufgabenstellungen und Materialien, mit denen Sie sich konkret auf Ihre Abiturprüfung vorbereiten können. Die Aufgaben wurden sorgfältig ausgewählt; dabei wurden die wichtigsten Aufgabentypen, die geforderten Themengebiete und die nützlichsten Lösungsstrategien berücksichtigt.

Zu jeder **Trainingsaufgabe** finden Sie vorab eine Tabelle mit Angaben über
- den Aufgabentyp,
- das zugrunde liegende Material,
- die Textsorte,
- das Thema,
- das Anforderungsniveau.

Die **Hinweise** geben zusätzliche Hilfen zum Verständnis und zur Bearbeitung der Aufgabe.

Die **Lösungsschritte** zeigen, wie Sie in einer sinnvollen Reihenfolge den Weg zur richtigen Lösung planen und umsetzen können.

In der **Stichpunktlösung** sind die wichtigsten Lösungsaspekte zusammengestellt. Vergleichen Sie Ihre eigene Lösung mit der Stichpunktlösung und analysieren Sie auf dieser Basis Ihre Stärken und Schwächen.

Zu einigen Aufgaben werden Ihnen **ausführliche Lösungen** angeboten, die Ihnen als Beispiel für Ihren eigenen ausformulierten Text dienen sollen.

Auf vielfachen Wunsch der Nutzer bieten wir im **Anhang** jeweils einen Überblick über die Literaturepochen und Textgattungen zum Nachschlagen.

Am Ende des Bandes finden Sie die **Originalprüfungen** aus dem Jahr 2012. So haben Sie die Möglichkeit, eine reale Prüfungssituation zu simulieren.

Bei der Vorbereitung auf das Abitur und für die Abiturprüfung selbst wünschen wir Ihnen viel Erfolg!

Hinweise zu den Prüfungsbestimmungen

Die schriftliche Abiturprüfung ist in Niedersachsen in den meisten Fächern eine zentrale Prüfung, auch im Fach Deutsch. Das heißt, dass alle Abiturienten an niedersächsischen Gymnasien an einem bestimmten Tag dieselben Aufgaben in einem Fach bearbeiten müssen. Wenige Tage vor dem Termin der schriftlichen Abiturprüfung laden die einzelnen Gymnasien zu einem vom Niedersächsischen Kultusministerium festgelegten Termin die Prüfungsaufgaben vom Server des Kultusministeriums herunter und drucken die Aufgaben samt Material (z. B. Texte) für die jeweiligen Abiturkurse aus. Im Fach Deutsch stellt das Kultusministerium sowohl für Kurse auf erhöhtem Anforderungsniveau (e. A.) als auch für Kurse auf grundlegendem Anforderungsniveau (g. A.) jeweils zwei Prüfungsaufgaben zur Verfügung. Zu Beginn der Prüfung können Sie nach einer Einlesezeit von maximal 20 Minuten entscheiden, welche Aufgabe Sie bearbeiten möchten.

Wie läuft die Prüfung ab?

Am Tag der schriftlichen Abiturprüfung versammeln sich alle Schüler eines Prüfungskurses zu Beginn der Prüfung (meistens ist dies die erste Stunde) in einem vorbereiteten Prüfungsraum der Schule. Dort befinden sich die Arbeitstische mit den Namensschildern der Prüflinge und leeren Doppelbögen mit dem Schulstempel für die Reinschrift der Klausur und einzelnen Blättern für den Entwurf (Vorschrieb). Einige Exemplare eines Rechtschreib-Wörterbuchs und - falls dies vom Kultusministerium angeordnet wurde - weitere Hilfsmittel (z. B. Ganzschriften) liegen ebenfalls im Prüfungsraum aus und können während der Abiturprüfung von Ihnen eingesehen werden.
Nachdem der Schulleiter, manchmal auch das zuständige Mitglied der Schulleitung, Sie und Ihre Mitschüler begrüßt hat, stellt er fest, ob alle anwesend sind und sich gesundheitlich gut fühlen. Anschließend weist er Sie auf die bei der schriftlichen Prüfung zu beachtenden Bestimmungen hin.
Sollten Sie am Prüfungstag krank sein, müssen Sie die Schule rechtzeitig, am besten einen Tag vorher, schriftlich darüber in Kenntnis setzen. In einem solchen Fall wird ein Nachschreibtermin angesetzt. Sie sollten keinesfalls an einer Abiturklausur teilnehmen, wenn Sie sich nicht gesund fühlen.
Anschließend werden die Klausuraufgaben ausgeteilt. Sie erhalten zwei Aufgaben, aus denen Sie eine zur Bearbeitung auswählen müssen. Danach legt der Schulleiter die Bearbeitungszeit und den regulären Zeitpunkt des Beginns und des Endes der Prüfung fest. Sie sollten auf keinen Fall Ihre nach der Einlesezeit getroffene Entscheidung, welche Aufgabe Sie bearbeiten möchten, im Lauf der Prüfung ändern.

Wie lange dauert die Prüfung und welche Hilfsmittel sind erlaubt?

Die Bearbeitungszeit für die Prüfungsaufgabe beträgt in schriftlichen Prüfungsfächern mit erhöhtem Anforderungsniveau 300 Minuten und im vierten Prüfungsfach (grundlegendes Anforderungsniveau) 220 Minuten. Wenn gesundheitliche Gründe vorliegen und von einem Arzt attestiert werden (z. B. Legasthenie o. Ä.), kann die Bearbeitungszeit für die betroffenen Schüler verlängert werden. Für die Auswahl der Prüfungsaufgaben werden Ihnen zusätzlich nochmals bis zu 20 Minuten Zeit gewährt. Anschließend legt der

Schulleiter den Zeitpunkt fest, an dem Sie frühestens Ihre Klausur abgeben dürfen. Nach der Abgabe der Klausur müssen Sie sofort das Schulgrundstück verlassen.
Die schriftlichen Arbeiten werden unter ständiger Aufsicht angefertigt. Die Schule bestimmt die Aufsicht führenden Lehrkräfte. Den Prüfungsraum dürfen Sie und Ihre Mitschüler nur einzeln und für kurze Zeit verlassen, z. B. um zur Toilette zu gehen. Der Aufsicht führende Lehrer vermerkt jedes Verlassen des Prüfungsraums in einem Protokoll, in dem auch der Sitzplan der Prüflinge festgehalten ist.
Es dürfen nur die bei der Prüfungsaufgabe angegebenen Hilfsmittel benutzt werden. Ein Wörterbuch der deutschen Rechtschreibung ist grundsätzlich als Hilfsmittel zugelassen. Für die übrigen genehmigten Hilfsmittel gelten die Bestimmungen der „Einheitlichen Prüfungsanforderungen in der Abiturprüfung Deutsch" (EPA). Sollte sich während der Prüfung herausstellen, dass weitere Hilfe unentbehrlich ist, so kann sie - in der Regel nach Hinzuziehung des Referenten (Kurslehrer) oder des Fachprüfungsleiters - der Aufsichtführende geben. Hilfen für einzelne Schüler sind aber auf keinen Fall zulässig. Jeder Täuschungsversuch bedeutet den Abbruch der Prüfung. In der Regel wird die Klausur dann mit ungenügend (0 Punkte) bewertet. Das Mitbringen von Mobiltelefonen zur schriftlichen Abiturprüfung ist verboten.

Welche Themen werden geprüft?

Die Prüfungsthemen stehen in engem Zusammenhang mit den thematischen Schwerpunktthemen für den Deutschunterricht in der Jahrgangsstufe 11 und 12, die vom Kultusministerium vorgegeben werden (z. B. „Heinrich von Kleist" oder „Deutsche Sprache der Gegenwart"). Es kann ein im Unterricht behandelter Text Grundlage der Abiturprüfung sein; oft ist es aber auch ein unbekannter Text (Sach- oder literarischer Text), der einen engen Bezug zu einem der drei behandelten Halbjahresthemen („thematische Schwerpunkte") aufweist. Eine Prüfungsaufgabe bezieht sich meist auf zwei Halbjahresthemen.

Welche Aufgabenarten gibt es?

Die im Folgenden aufgeführten Aufgabenarten stellen Grundmuster dar, die auch miteinander kombinierbar sind.

Erschließungsform	Text	Aufgabenart
untersuchend	literarisch pragmatisch	Textinterpretation Textanalyse
erörternd	literarisch pragmatisch	literarische Erörterung Texterörterung, freie Erörterung
gestaltend	literarisch pragmatisch	gestaltende Interpretation adressatenbezogenes Schreiben

Was sind Operatoren und Anforderungsbereiche?

Die EPA unterscheiden drei Anforderungsbereiche (AFB), die von jeder Aufgabe in variierenden Anteilen abgedeckt werden müssen: AFB I: Reproduktion; AFB II: Reorganisation von Bekanntem und Transferleistungen; AFB III: Reflexion und Problemlösung.
Ein wichtiger Bestandteil jeder Aufgabenstellung sind sogenannte Operatoren. Das sind die Handlungsanweisungen, die Sie bei der Bearbeitung von Prüfungsaufgaben ausführen müssen. Daher ist es sehr wichtig, dass Sie die Operatoren genau verstehen und wissen, was von Ihnen in der konkreten Aufgabe verlangt wird. Im Folgenden werden einzelne Operatoren erklärt und in Handlungsaufträge übersetzt.

Übergeordnete Operatoren

analysieren	elementare inhaltliche, formale, strukturelle und sprachliche Merkmale literarischer oder pragmatischer Texte gegebenenfalls nach Maßgabe einer vorgegebenen oder selbst gewählten Aspektorientierung darstellen
interpretieren	nach Formulierung einer Interpretationshypothese und in Wechselbeziehung zu einer Analyse sinnhaltige Elemente literarischer oder pragmatischer Texte in ihrer funktionalen Bezogenheit aufeinander deuten und in einer Gesamtdeutung des Textteils oder Textes nachvollziehbar darstellen; je nach Methode textintern (immanent) oder -extern (z. B. biografisch), aspektorientiert oder linear bzw., je nach Aufgabenart, untersuchend oder gestaltend
erörtern	sich unter Rückgriff auf eine Analyse bzw. Interpretation mit Themen oder Problemgehalten literarischer oder pragmatischer Texte oder von Medienprodukten argumentativ abwägend und wertend auseinandersetzen
gestalten	unter Rückgriff auf eine Analyse bzw. Interpretation literarische oder pragmatische Textvorlagen gegebenenfalls unter Berücksichtigung textimmanenter bzw. textsortenspezifischer Vorgaben produktiv erschließen und – als Teilaufgabe möglich – anschließend hinsichtlich ihrer Gestaltung erläutern

Operatoren

Anforderungsbereich I	
(be)nennen	Informationen ohne Kommentierung bezeichnen
beschreiben	spezifische Textaussagen und Sachverhalte in eigenen Worten ohne Wertung strukturiert und fachsprachlich richtig kenntlich machen
wiedergeben	Inhalte bzw. einzelne Textgehalte (Kernaussagen/Handlungsschritte) in eigenen Worten strukturiert und fachsprachlich richtig referieren

zusammen-fassen	Inhalte, Zusammenhänge, Texte komprimiert und fachsprachlich richtig wiedergeben
darstellen	größere Zusammenhänge und übergeordnete Sachverhalte strukturiert, methodisch reflektiert und fachsprachlich richtig formulieren
Anforderungsbereich II	
erschließen	Textaussagen, Sinngehalte oder Problemstellungen aus vorgelegtem Material nach vorgegebenen Kriterien ermitteln
erklären	Sachverhalte, Textaussagen auf der Grundlage differenzierter Kenntnisse und Einsichten sprachlich angemessen verständlich machen
erläutern	Sachverhalte, Textaussagen, eigene Textproduktion nach vorgegebenen oder selbst gewählten Gesichtspunkten verständlich machen und mithilfe zusätzlicher Informationen veranschaulichen
in Beziehung setzen	Analyseergebnisse, Sachverhalte, Textaussagen, Problemstellungen unter vorgegebenen oder selbst gewählten Aspekten auswertend miteinander in Verbindung bringen
vergleichen	Texte, Sachverhalte, Textaussagen, Problemstellungen unter vorgegebenen oder selbst gewählten Aspekten abwägend gegenüberstellen sowie Unterschiede, Ähnlichkeiten und Gemeinsamkeiten ermitteln und sprachlich angemessen darstellen
einordnen	eine Aussage, eine Problemstellung, einen Sachverhalt, eine Textdeutung in einen vorgegebenen oder selbst gewählten (etwa literaturgeschichtlichen) Zusammenhang einbinden
begründen	eine Meinung, eine Argumentation, ein Urteil oder eine Wertung methodisch korrekt und sachlich fundiert durch Belege bzw. Beispiele absichern
(über)prüfen	die Gültigkeit einer These, Argumentation, Textaussage, eines Deutungsergebnisses, eines Textausschnitts auf einen selbst gewählten oder vorgegebenen Aspekt hin untersuchen und in einem Ergebnis festhalten
(kritisch) Stellung nehmen	zu einzelnen Meinungen, Textaussagen oder Problemstellungen eine in der Sache fundierte und wertende Einsicht formulieren
sich auseinan-dersetzen mit	zu einer These, Problemstellung oder Argumentation eine differenzierte und begründete Position entwickeln
beurteilen	eine unter Anwendung von Fachwissen nach vorgegebenen Kriterien in der Sache objektive und begründete Ansicht formulieren
bewerten	eine eigene, nach vorgegebenen oder selbst gewählten Normen betont subjektiv formulierte Ansicht vertreten

entwerfen	zu einer literarischen oder pragmatischen Textvorlage nach vorhergehender Analyse unter vorgegebenen oder selbst gewählten Aspekten ein Konzept in wesentlichen Zügen oder eine eigene Produktion ohne anschließende Erläuterung skizzieren oder gestalten

Wie wird die Arbeit bewertet und wie viel zählt sie für die Endnote?

Nach dem Ende der Bearbeitungszeit nimmt der Referent (Kurslehrer) die Klausuren an sich und korrigiert sie innerhalb eines vom Kultusministerium festgelegten Zeitrahmens. Er kennzeichnet am Rand jeder Arbeit die Vorzüge und die Mängel, sodass die Grundlage der Bewertung erkennbar wird. Ein Gutachten, das sich auf die Randvermerke bezieht, ist anzufügen.

Schwerwiegende und gehäufte Verstöße gegen die deutsche Rechtschreibung oder die äußere Form führen zu einem Abzug von 1 oder 2 Punkten bei der einfachen Wertung. Als Richtwerte gelten: Abzug von 1 Punkt bei durchschnittlich fünf Fehlern auf einer in normaler Schriftgröße beschriebenen Seite; Abzug von 2 Punkten bei durchschnittlich sieben und mehr Fehlern auf einer in normaler Schriftgröße beschriebenen Seite. Bei der Entscheidung über einen Punktabzug ist aber die reine Fehlerzahl nicht ausschlaggebend. Vielmehr sind Zahl und Art der Verstöße zu gewichten und in Relation zu Wortzahl, Wortschatz und Satzbau zu setzen. Wiederholungsfehler werden in der Regel nur einmal gewertet. Ein Punktabzug muss schriftlich im Gutachten zur Arbeit begründet werden. Das Gutachten über eine schriftliche Prüfungsleistung mündet in eine Note, die sich aus dem arithmetischen Mittelwert der Noten der einzelnen Teilaufgaben in ihrer jeweiligen Gewichtung ergibt. Zusätzlich wird noch die entsprechende Punktzahl in Klammern hinter die Note gesetzt (15–13 Punkte: sehr gut; 12–10 Punkte: gut; 9–7 Punkte: befriedigend; 6–4 Punkte: ausreichend; 3–1 Punkte: mangelhaft; 0 Punkte: ungenügend). Unübersichtliche Textstellen werden nicht bewertet. Dies trifft auch auf Entwürfe (Vorschrieb) zu, wenn sie nicht zusammenhängend konzipiert sind und mehr als ein Viertel der Reinschrift ausmachen.

Der Koreferent (Zweitkorrektor) schließt sich entweder der Bewertung des Referenten an oder fertigt eine eigene Beurteilung mit Bewertung an. Der Fachprüfungsleiter überprüft die vorgenommene Bewertung und fertigt gegebenenfalls eine eigene Stellungnahme mit einem Bewertungsvorschlag an. Anschließend übergibt er die bewerteten Arbeiten dem Schulleiter.

Die Berechnung der Abiturnote ist recht kompliziert. Sie berücksichtigt sowohl die während der gesamten Qualifikationsphase erbrachten Leistungen (Block I) als auch die während der Abiturprüfung erbrachten Leistungen (Block II). Zu Block I zählen die Ergebnisse aus 28 Kursen im ersten bis vierten Schulhalbjahr, darunter die Ergebnisse des dritten bis fünften Prüfungsfachs in einfacher Wertung sowie die acht Halbjahresergebnisse des ersten und zweiten Prüfungsfachs zweifacher Wertung. Fünf Halbjahresergebnisse müssen mit mindestens je 5 Punkten in einfacher Wertung erreicht worden sein. Insgesamt müssen Sie in Block I mindestens 200 Punkte erreicht haben.

Aber auch die in der Abiturprüfung erreichten Ergebnisse der schriftlichen (P1–P3) und mündlichen Prüfungen (P4–P5) sind sehr wichtig. Sie werden im Block II zusammengefasst, und zwar jeweils in vierfacher Wertung. Insgesamt müssen Sie im Block II mindes-

tens 100 Punkte erreichen; dabei müssen Sie in drei Prüfungsfächern, darunter im ersten oder zweiten Prüfungsfach, jeweils mindestens 20 Punkte erreicht haben.
Eine einzelne Abiturklausur ist also nicht unbedingt entscheidend für das Bestehen des Abiturs, allerdings kann die Durchschnittsnote noch von einem Klausurergebnis oder einer mündlichen Prüfungsleistung beeinflusst werden. Wird eine Deutschklausur mit 15 Punkten bewertet, bedeutet dies in vierfacher Wertung 60 Punkte. Wird nur ein Ergebnis von 3 Punkten (in vierfacher Wertung 12 Punkte) erzielt, bedeutet dies eine Differenz von 48 Punkten. Bei der Berechnung der Abiturdurchschnittsnote macht dies etwa 0,3 der Durchschnittsnote aus. Insgesamt sind 840 Punkte zu erreichen, was einer Note von 1,0 entspricht.

Kann man sich noch mündlich prüfen lassen?

Wenn Sie das Gefühl haben, in einem oder mehreren schriftlichen Prüfungsfächern Leistungen weit unter Ihren Möglichkeiten erbracht zu haben, können Sie sich zusätzlich mündlich prüfen lassen. Die Chancen, ein schlechtes Ergebnis durch eine mündliche Prüfung entscheidend zu verbessern, werden allerdings häufig überschätzt. In einem solchen Fall sollten Sie mit dem Tutor bzw. mit dem Schulleiter oder dem zuständigen Mitglied der Schulleitung darüber sprechen, ob eine mündliche Prüfung für Sie sinnvoll ist. **Die mündliche Abiturprüfung ist nicht Gegenstand dieses Buches.**

Trainingsaufgabe 1

Aufgabentyp	Textinterpretation; Monologvergleich; Erörterung
Material	Friedrich Schiller: *Kabale und Liebe* (1784)
Textsorte	bürgerliches Trauerspiel
Thema	bürgerliches Aufbegehren gegen feudalistische Willkür
Niveau	grundlegendes Anforderungsniveau (g.A.)

Aufgaben

1. Geben Sie kurz mit eigenen Worten den Inhalt der sechsten Szene aus dem zweiten Akt des bürgerlichen Trauerspiels *Kabale und Liebe* von Friedrich Schiller wieder und ordnen Sie die Szene in den dramatischen Kontext ein.
2. Analysieren Sie die Szene unter Berücksichtigung gattungs- und epochenspezifischer Aspekte.
3. Fünf Jahre nach der Uraufführung des bürgerlichen Trauerspiels *Kabale und Liebe* in Mannheim begann 1789 in Frankreich die Französische Revolution. Erörtern Sie, auch auf der Grundlage Ihrer Erkenntnisse aus Aufgabe zwei, ob man Millers Verhalten schon als revolutionär bezeichnen kann.

Material 1

Friedrich Schiller (1759-1805)
Kabale und Liebe (2. Akt, 6. Szene) (1784)

Der Präsident mit einem Gefolge von Bedienten. Vorige.

Präsident *(im Hereintreten)* Da ist er schon.

Alle *(erschrocken)*

Ferdinand *(weicht einige Schritte zurück)* Im Hause der Unschuld.

Präsident Wo der Sohn Gehorsam gegen den Vater lernt?

Ferdinand Lassen Sie und das - -

Präsident *(unterbricht ihn, zu Millern)* Er ist der Vater?

Miller Stadtmusikant Miller.

Präsident *(zur Frau)* Sie die Mutter?

Frau Ach ja, die Mutter!

Ferdinand *(zu Millern)* Vater, bring Er die Tochter weg - sie droht eine Ohnmacht.

Präsident Überflüssige Sorgfalt! Ich will sie anstreichen. *(Zu Luisen)* Wie lang kennt Sie den Sohn des Präsidenten?

Notizen

Luise Diesem habe ich nie nachgefragt. Ferdinand von Walter besucht mich seit dem November.

Ferdinand Betet sie an.

Präsident Erhielt sie Versicherungen?

Ferdinand Vor wenig Augenblicken die feierlichste im Angesicht Gottes.

Präsident *(zornig zu seinem Sohn)* Zur Beichte deiner Thorheit wird man dir schon das Zeichen geben. *(Zu Luisen)* Ich warte auf Antwort.

Luise Er schwur mir Liebe.

Ferdinand Und wird sie halten.

Präsident Muß ich befehlen, daß du schweigst? - Nahm Sie den Schwur an?

Luise *(zärtlich)* Ich erwiderte ihn.

Ferdinand *(mit fester Stimme)* Der Bund ist geschlossen.

Präsident Ich werde das Echo hinaus werfen lassen. *(Boshaft zu Luisen)* Aber er bezahlte Sie doch jederzeit bar?

Luise *(aufmerksam)* Diese Frage verstehe ich nicht ganz.

Präsident *(mit beißendem Lachen)* Nicht? Nun! ich meine nur - Jedes Handwerk hat, wie man sagt, einen goldenen Boden - auch Sie, hoff' ich, wird Ihre Gunst nicht verschenkt haben - oder war's Ihr vielleicht mit dem bloßen Verschluß gedient? Wie?

Ferdinand *(fährt wie rasend auf)* Hölle! was war das?

Luise *(zum Major mit Würde und Unwillen)* Herr von Walter, jetzt sind Sie frei.

Ferdinand Vater! Ehrfurcht befiehlt die Tugend auch im Bettlerkleid.

Präsident *(lacht lauter)* Eine lustige Zumuthung! Der Vater soll die Hure des Sohns respectieren.

Luise *(stürzt nieder)* O Himmel und Erde!

Ferdinand *(mit Luisen zu gleicher Zeit, indem er den Degen nach dem Präsidenten zückt, den er aber schnell wieder sinken läßt)* Vater! Sie hatten einmal ein Leben an mich zu fordern - Es ist bezahlt. (Den Degen einsteckend) Der Schuldbrief der kindlichen Pflicht liegt zerrissen da -

Miller *(der bis jetzt furchtsam auf der Seite gestanden, tritt hervor in Bewegung, wechselweis vor Wuth mit den Zähnen knirschend und vor Angst damit klappernd)* Euer Excellenz - Das Kind ist des Vaters Arbeit - Halten zu Gnaden - Wer das Kind eine Mähre schilt, schlägt den Vater ans Ohr, und Ohrfeig um Ohrfeig - Das ist so Tax bei uns - Halten zu Gnaden.

Frau Hilf, Herr und Heiland! - Jetzt bricht auch der Alte los - über unserm Kopf wird das Wetter zusammenschlagen.

Präsident *(der es nur halb gehört hat)* Regt sich der Kuppler auch? - Wir sprechen uns gleich, Kuppler.

Notizen

Miller Halten zu Gnaden. Ich heiße Miller, wenn Sie ein Adagio hören wollen - mit Buhlschaften dien' ich nicht. So lang der Hof da noch Vorrath hat, kommt die Lieferung nicht an uns Bürgersleut'. Halten zu Gnaden.

Frau Um des Himmels willen, Mann! Du bringst Weib und Kind um.

Ferdinand Sie spielen hier eine Rolle, mein Vater, wobei Sie sich wenigstens die Zeugen hätten ersparen können.

Miller *(kommt ihm näher, herzhafter)* Deutsch und verständlich. Halten zu Gnaden. Euer Excellenz schalten und walten im Land. Das ist meine Stube. Mein devotestes Compliment, wenn ich dermaleins ein pro memoria bringe, aber den ungehobelten Gast werf' ich zur Thür hinaus - Halten zu Gnaden.

Präsident *(vor Wuth blaß)* Was? - Was ist das? *(Tritt näher)*

Miller *(zieht sich sachte zurück)* Das war nur so meine Meinung, Herr - Halten zu Gnaden.

Präsident *(in Flammen)* Ha, Spitzbube! Ins Zuchthaus spricht dich deine vermessene Meinung - Fort! Man soll Gerichtsdiener holen. *(Einige vom Gefolge gehen ab; der Präsident rennt voll Wuth durch das Zimmer)* Vater ins Zuchthaus - an den Pranger Mutter und Metze von Tochter! - Die Gerechtigkeit soll meiner Wuth ihre Arme borgen. Für diesen Schimpf muß ich schreckliche Genugthuung haben - Ein solches Gesindel sollte meine Plane zerschlagen und ungestraft Vater und Sohn aneinander hetzen? - Ha, Verflucht! Ich will meinen Haß an eurem Untergang sättigen, die ganze Brut, Vater, Mutter und Tochter, will ich meiner brennenden Rache opfern.

Ferdinand *(tritt gelassen und standhaft unter sie hin)* O nicht doch! Seid außer Furcht! Ich bin zugegen. *(Zum Präsidenten mit Unterwürfigkeit)* Keine Übereilung, mein Vater! Wenn Sie sich selbst lieben, keine Gewaltthätigkeit! - Es gibt eine Gegend in meinem Herzen, worin das Wort Vater noch nie gehört worden ist - Dringen Sie nicht bis in diese.

Präsident Nichtswürdiger! Schweig! Reize meinen Grimm nicht noch mehr!

Miller *(kommt aus einer dumpfen Betäubung zu sich selbst)* Schau du nach deinem Kinde, Frau. Ich laufe zum Herzog - Der Leibschneider - das hat mir Gott eingeblasen! - der Leibschneider lernt die Flöte bei mir. Es kann mir nicht fehlen beim Herzog. *(Er will gehen)*

Präsident. Beim Herzog, sagst du? - Hast du vergessen, daß ich die Schwelle bin, worüber du springen oder den Hals brechen mußt? - Beim Herzog, du Dummkopf? - Versuch' es, wenn du, lebendig todt, eine Thurmhöhe tief, unter dem Boden im Kerker liegst, wo die Nacht mit der Hölle liebäugelt und Schall und Licht wieder umkehren. Raßle dann mit deinen Ketten und wimmre: Mir ist zu viel geschehen.

Text zitiert nach Friedrich Schiller: Kabale und Liebe. Bochum 2005, S. 198-201 (Die Rechtschreibung folgt der Quelle.)

Notizen

Lösungsvorschlag

Notizen

Aufgabe 1

Geben Sie kurz mit eigenen Worten den **Inhalt** der sechsten Szene aus dem zweiten Akt des bürgerlichen Trauerspiels *Kabale und Liebe* von Friedrich Schiller **wieder** und **ordnen** Sie die Szene in den dramatischen Kontext **ein**.

Lösungsschritte

1. Lesen Sie die Dramenszene mindestens zweimal sehr aufmerksam durch.
2. Setzen Sie sich mit der Aufgabenstellung auseinander und verdeutlichen Sie sich, was genau verlangt wird.
3. Informieren Sie sich gegebenenfalls über den Operator „Inhalt wiedergeben".
4. Strukturieren Sie die Szene, d.h. nochmals durchlesen und in Sinnabschnitte einteilen.
5. Fassen Sie den wichtigsten Inhalt thesenartig auf einem Blatt zusammen.
6. Notieren Sie in wenigen Sätzen stichwortartig, was dieser Szene inhaltlich vorausgegangen ist und wie sich das dramatische Geschehen in den letzten drei Akten entwickeln wird.
7. Führen Sie sich nochmals vor Augen, wie eine Inhaltsangabe sprachlich und stilistisch abgefasst werden soll (kurzer Einleitungssatz, Präsens, sachliche Sprache, keine Wertungen, keine direkten Textzitate usw.).
8. Schreiben Sie die schriftliche Inhaltsangabe und fügen Sie die kurze kontextuelle Einordnung der Inhaltsangabe an.
9. Überarbeiten Sie Ihren Text im Hinblick auf den sprachlichen Ausdruck, die Verständlichkeit sowie Rechtschreibung und Zeichensetzung.

Stichpunktlösung

Inhaltsangabe

- Erstes Zusammentreffen des Präsidenten mit Luise und ihren Eltern in deren Haus
- Präsident beleidigt Luise, wirft ihr vor, eine Hure zu sein.
- Ferdinand stellt sich gegen den Vater und fordert ihn zur Mäßigung auf, allerdings ohne Erfolg.
- Durch die Beleidigungen, die seine Tochter erfährt, stellt sich Luises Vater gegen den Präsidenten und droht, ihn des Hauses zu verweisen.
- Nach einem Wutausbruch des Präsidenten wirkt Musikus Miller eingeschüchtert und gibt seine Rebellion gegen den Präsidenten auf.
- Nachdem der Präsident gedroht hat, die ganze Familie Miller verhaften zu lassen, stellt sich Ferdinand vor Luise und ihre Familie und droht seinem Vater.
- Miller will zum Herzog gehen, doch der Präsident macht ihm deutlich, dass dies gegen seinen Willen nicht möglich ist.

Inhaltliche Einordnung in den dramatischen Kontext

- Der junge Adlige Offizier Ferdinand von Walter, Sohn des mächtigen und korrupten Präsidenten eines deutschen Herzogtums, und Luise, die Tochter des bürgerlichen Geigenlehrers Miller, haben sich ineinander verliebt.
- Beide Väter sind gegen eine die Ständeordnung verletzende Liaison ihrer Kinder.
- Nachdem der Präsident zu Anfang die Beziehung seines Sohnes zur bürgerlichen Luise nicht sehr ernst genommen hat, sein Sohn Ferdinand ihm aber in aller Deutlichkeit signalisiert, dass er nicht auf Luise verzichten will, wird er von Wurm, seinem bürgerlichen Sekretär, der selbst ein Auge auf Luise geworfen hat, davon überzeugt, die beiden durch eine List auseinanderzubringen.
- Das intrigante Vorhaben gelingt am Ende. Ferdinand fällt auf die Kabale herein und tötet am Ende Luise und sich selbst.
- Zwar wird in der letzten Szene angedeutet, dass der Präsident und der intrigante Wurm den Gerichten zugeführt werden, dennoch ist am Ende zu konstatieren, dass der Versuch, die Liebe zwischen einem Adligen und einer Bürgerlichen zu realisieren, gescheitert ist.

Notizen

Aufgabe 2

Analysieren Sie die Szene unter Berücksichtigung gattungs- und epochenspezifischer Aspekte.

Lösungsschritte

1. Lesen Sie die Szene nochmals sehr aufmerksam durch.
2. Setzen Sie sich mit der Aufgabenstellung auseinander und verdeutlichen Sie sich, was genau verlangt wird.
3. Informieren Sie sich gegebenenfalls über den Operator „Analysieren".
4. Überlegen Sie, was gattungsspezifische (typisch für ein Drama) und epochenspezifische Aspekte (typisch für die Epoche des Sturm und Drang) bedeuten.
5. Entwerfen Sie eine Analysestruktur: Verhalten des Präsidenten - Reaktion der anderen Personen - sprachliche Gestaltung/Umsetzung.
6. Arbeiten Sie die Szene durch: wichtige inhaltliche Aspekte gelb markieren - sprachliche Besonderheiten grün.
7. Notieren Sie Zwischenergebnisse stichwortartig am Rand.
8. Anschließend fassen Sie die Ergebnisse in einem schriftlichen Text zusammen.
9. Überarbeiten Sie Ihren Text im Hinblick auf sprachlichen Ausdruck, Verständlichkeit sowie Rechtschreibung und Zeichensetzung.

Stichpunktlösung

Inhaltliche Aspekte

- Der Präsident betritt unangekündigt das Haus des bürgerlichen Musikers Miller, in dem er seinen Sohn Ferdinand vermutet („Da ist er schon.", Z. 2).
- Niemand war auf diesen Besuch vorbereitet („erschrocken", Z. 3).
- Der Präsident spricht jede anwesende Person einzeln an; Ferdinand geht sofort auf Distanz zu seinem Vater („weicht einige Schritte zurück"; weist ihn auf die Atmosphäre der bürgerlichen Wohnung hin: „Im Hause der Unschuld", Z. 4); Luises Vater stellt sich in seiner Funktion vor („Stadtmusikant Miller", Z. 8); Luises Mutter

verhält sich unsicher und verängstigt („Ach ja, die Mutter!“, Z. 10).

- Ferdinand deutet gleich zu Beginn der Szene die enge Beziehung zu Luise an, indem er Miller „Vater“ (Z. 11) nennt.
- Der Präsident wendet sich Luise zu und macht ihr sofort deutlich, dass es hier nicht um eine private Liaison geht; er versteht Ferdinand als einen Teil des adligen Netzwerks („Wie lang kennt Sie den Sohn des Präsidenten?“, Z. 12 f.); damit verdeutlicht er seine eigene Zuständigkeit.
- Der Präsident behandelt Luise eher abwertend; er stellt ihr klare Fragen, um zu erfahren, wie weit die Beziehung vorangeschritten ist („Wie lang kennt Sie den Sohn des Präsidenten?“, Z. 12 f.; „Erhielt sie Versicherungen?“, Z. 17).
- Ferdinand mischt sich in die Befragung Luises ein und beantwortet die Fragen seines Vaters, weil er ahnt, dass Luise diesem Verhör nicht gewachsen ist.
- Sehr bald wird der Präsident beleidigend („Aber er bezahlte Sie doch jederzeit bar?“, Z. 26 f.; „[mit beißendem Lachen] Nicht? Nun! Ich meine nur - Jedes Handwerk hat, wie man sagt, seinen goldenen Boden - auch Sie, hoff‘ ich, wird ihre Gunst nicht verschenkt haben - oder war’s ihr vielleicht mit dem bloßen Verschluß gedient? Wie?“, Z. 29 ff.).
- Nachdem Luise die Anschuldigung verstanden hat, stellt sie die Beziehung zu Ferdinand zur Verfügung („Herr von Walter, jetzt sind Sie frei.“, Z. 33).
- Auf die Ermahnung Ferdinands zur Mäßigung reagiert der Präsident nur mit Hohn und Spott und bezeichnet Luise als Hure („[lacht lauter] Eine lustige Zumuthung! Der Vater soll die Hure des Sohns respectieren.“, Z. 35 f.).
- Aufgrund der Beleidigung seiner Tochter tritt Miller auf den Plan. In einer Mischung aus Wut und Angst („[der bis jetzt furchtsam auf der Seite gestanden, tritt hervor in Bewegung, wechselweis vor Wuth mit den Zähnen knirschend und vor Angst damit klappernd], Z. 42 f.) tritt er dem Präsidenten gegenüber („Euer Excellenz - Das Kind ist des Vaters Arbeit - Halten zu Gnaden - Wer das Kind eine Mähre schilt, schlägt den Vater ans Ohr, und Ohrfeig um Ohrfeig - Das ist so Tax bei uns - Halten zu Gnaden.“, Z. 43 ff.).
- Die Wut Millers wächst und überspielt die immer noch vorhandene Angst („[kommt ihm näher, herzhafter] Deutsch und verständlich. Halten zu Gnaden. Euer Excellenz schalten und walten im Land. Das ist meine Stube. Mein devotestes Compliment, wenn ich dermaleins ein pro memoria bringe, aber den ungehobelten Gast werf‘ ich zur Thür hinaus - Halten zu Gnaden.“, Z. 57 ff.).
- Nachdem der Präsident harsch reagiert, legt sich die Wut Millers und wird von einer demütigen Angst verdrängt („[zieht sich sachte zurück]. Das war nur so meine Meinung, Herr - Halten zu Gnaden“, Z. 62 f.).
- Der Präsident ist böse und erregt ([in Flammen], Z. 64) und droht damit, die ganze Familie Miller ins Verderben zu schicken („Ha, Verflucht! Ich will meinen Haß an eurem Untergang sättigen, die ganze Brut, Vater, Mutter und Tochter, will ich meiner brennenden Rache opfern.“, Z. 69 f.).
- Ferdinand droht daraufhin seinem Vater („Es gibt eine Gegend in meinem Herzen, worin das Wort Vater noch nie gehört worden ist - Dringen Sie nicht bis in diese.“, Z. 74 f.).
- Als letzten Ausweg sieht Miller ein Gespräch mit dem Herzog („Ich laufe zum Herzog“, Z. 79).
- Der Präsident macht deutlich, dass dieser Weg durch ihn versperrt ist („Hast du vergessen, daß ich die Schwelle bin, worüber du springen oder den Hals brechen mußt?“, Z. 82 f.), und droht ihm schwere Konsequenzen an („Versuch‘ es, wenn du,

Notizen

lebendig todt, eine Thurmhöhe tief, unter dem Boden im Kerker liegst, wo die Nacht mit der Hölle liebäugelt und Schall und Licht wieder umkehren. Raßle dann mit deinen Ketten und wimmre: Mir ist zu viel geschehen.“, Z. 84 ff.).

Sprachliche Aspekte

- Die unterschiedlichen Charaktere werden auch durch die Sprache gekennzeichnet, in der sie reden.
- Der Präsident erscheint als brutaler, zynischer und skrupelloser Machtmensch, der über Leichen geht („Ich werde das Echo hinaus werfen lassen. [Boshaft zu Luisen.] Aber er bezahlte Sie doch jederzeit bar?, Z. 26 f.; „Die Gerechtigkeit soll meiner Wuth ihre Arme borgen. Für diesen Schimpf muß ich schreckliche Genugthuung haben - Ein solches Gesindel sollte meine Pläne zerschlagen und ungestraft Vater und Sohn aneinander hetzen?“, Z. 67 ff.).
- In Millers Sprache drücken sich Wut- und Angstgefühle aus („Euer Excellenz - Das Kind ist des Vaters Arbeit - Halten zu Gnaden - Wer das Kind eine Mähre schilt, schlägt den Vater ans Ohr, und Ohrfeig um Ohrfeig - Das ist so Tax bei uns - Halten zu Gnaden.“, Z. 43-46; „[kommt ihm näher, herzhafter] Deutsch und verständlich. Halten zu Gnaden. Euer Excellenz schalten und walten im Land. Das ist meine Stube. Mein devotestes Compliment, wenn ich dermaleins ein pro memoria bringe, aber den ungehobelten Gast werf‘ ich zur Thür hinaus - Halten zu Gnaden.“, Z. 57-60).
- Frau Miller erscheint dümmlich und überfordert („Ach ja, die Mutter!“, Z. 10; „Hilf, Herr und Heiland! - Jetzt bricht auch der Alte los - über unserm Kopf wird das Wetter zusammenschlagen.“, Z. 47 f.).
- In Ferdinand treffen zwei sprachliche Verhaltensweisen zusammen. Einerseits ist er der empfindsam Liebende („Betet sie an.“, Z. 16; „Vor wenigen Augenblicken die feierlichste im Angesicht Gottes.“, Z. 18), andererseits versteht er sich auch in der Sprache der Macht und des Drohens („Keine Übereilung, mein Vater! Wenn Sie sich selbst lieben, keine Gewaltthätigkeit - Es gibt eine Gegend in meinem Herzen, worin das Wort Vater noch nie gehört worden ist. - Dringen Sie nicht bis in diese.“, Z. 73-76).
- Luise erscheint - für ein 17-jähriges bürgerliches Mädchen des ausgehenden 18. Jahrhunderts - sprachlich überhöht („Diesem hab ich nie nachgefragt. Ferdinand von Walter besucht mich seit dem November.“, Z. 14 f.; „Herr von Walter, jetzt sind Sie frei“, Z. 33).

epochenspezifische Aspekte

- Darstellung von Machtmissbrauch des Adels
- Emanzipationsversuch des Bürgertums
- Problematisierung der ständeübergreifenden Liebe

gattungsspezifische Aspekte

- Dramatische Zuspitzung eines Konfliktes
- Starke Dynamisierung der Handlung
- Rede und Gegenrede
- Interpretationshilfen durch Regieanweisungen

Notizen

Aufgabe 3

Notizen

Fünf Jahre nach der Uraufführung des bürgerlichen Trauerspiels *Kabale und Liebe* in Mannheim begann 1789 in Frankreich die Französische Revolution. **Erörtern** Sie, auch auf der Grundlage Ihrer Erkenntnisse aus Aufgabe zwei, ob man Millers Verhalten schon als revolutionär bezeichnen kann.

Lösungsschritte

1. Setzen Sie sich mit der Aufgabenstellung auseinander und verdeutlichen Sie sich, was genau verlangt wird.
2. Informieren Sie sich gegebenenfalls über den Operator „erörtern".
3. Lesen Sie den Textauszug, vor allem die Redebeiträge Millers, nochmals aufmerksam durch.
4. Halten Sie die wichtigsten Eindrücke thesenartig auf einem Blatt fest.
5. Führen Sie sich seine Einstellung zum eigenen Stand, zu seiner Familie und zur ständeübergreifenden Liebe seiner Tochter vor Augen und überprüfen Sie diese auf die Frage hin, ob sein Verhalten als revolutionär bezeichnet werden kann.
6. Notieren Sie die wichtigsten Eindrücke thesenartig auf einem Blatt.
7. Formulieren Sie eine Einleitung zur Aufgabe drei.
8. Schreiben Sie einen Schlussteil mit einem Fazit.
9. Fassen Sie die Ergebnisse in einem schriftlichen Text zusammen.
10. Überarbeiten Sie Ihren Text im Hinblick auf sprachlichen Ausdruck, Verständlichkeit sowie Rechtschreibung und Zeichensetzung.

Stichpunktlösung

Argumente, die für ein revolutionäres Verhalten Millers sprechen

- Er wagt es, dem Präsidenten zu widersprechen und ihn aus seinem Haus zu weisen.
- Er spielt mit dem Gedanken, seine Rechte beim Herzog gegen den Präsidenten durchzusetzen.

Argumente, die gegen ein revolutionäres Verhalten Millers sprechen

- Angesichts der massiven Gewaltandrohung und Einschüchterung durch den Präsidenten gibt Miller seinen Widerstand schnell auf.
- Es geht Miller vor allem um seinen eigenen Ruf als Bürger; er denkt in bürgerlichen Kategorien.
- Die geistige bürgerliche Enge gilt auch für den Umgang mit seiner Familie.
- Auch er ist - wie der Präsident - gegen eine revolutionäre, d.h. ständeübergreifende Liebe seiner Tochter zum Major von Walter.

Fazit

Man kann Millers Verhalten nicht als revolutionär betrachten, da er viel zu sehr traditionellen Denk- und Handlungsmustern verhaftet ist.

Trainingsaufgabe 2

Notizen

Aufgabentyp	Textinterpretation; Textvergleich; Erörterung
Material	Friedrich Schiller: *Was kann eine gute stehende Schaubühne eigentlich wirken?* (1784) Friedrich Dürrenmatt: *Uns kommt nur noch die Komödie bei* (1955)
Textsorte	Sachtext; Rede
Thema	Möglichkeiten und Aufgaben der Theaterbühne
Niveau	erhöhtes Anforderungsniveau (e. A.)

Aufgaben

1. Analysieren Sie den Auszug aus der 1784 in Mannheim gehaltenen Rede von Friedrich Schiller *Was kann eine gute stehende Schaubühne eigentlich wirken?*.
2. Vergleichen Sie die Position Dürrenmatts mit der Schillers bezüglich der Möglichkeiten und Aufgaben des Theaters.
3. Erörtern Sie aus Ihrer heutigen Sicht die Möglichkeiten von Theater, indem Sie sich kritisch mit den Positionen Schillers und Dürrenmatts auseinandersetzen.

Material 1

Friedrich Schiller (1759-1805)
Was kann eine gute stehende Schaubühne eigentlich wirken? (1784)

Vorgelesen bei einer öffentlichen Sitzung der kurfürstlichen deutschen Gesellschaft zu Mannheim im Jahr 1784.

[...] Die Gerichtsbarkeit der Bühne fängt an, wo das Gebiet der weltlichen Gerichte sich endigt. Wenn die Gerechtigkeit für Gold verblindet und im Solde der Laster schwelgt, wenn die Frevel der Mächtigen ihrer Ohnmacht spotten und Menschenfurcht den Arm der Obrigkeit bindet, übernimmt die Schaubühne Schwert und Wage und reißt die Laster vor einen schrecklichen Richterstuhl. Das ganze Reich der Phantasie und Geschichte, Vergangenheit und Zukunft stehen ihrem Wink zu Gebot. Kühne Verbrecher, die längst schon im Staub vermodern, werden durch den allmächtigen Ruf der Dichtkunst jetzt vorgeladen und wiederholen zum schauervollen Unterricht der Nachwelt ein schändliches Leben. Ohnmächtig, gleich den Schatten in einem Hohlspiegel, wandeln die Schrecken ihres Jahrhunderts vor unsern Augen vorbei, und mit wollüstigem Entsetzen verfluchen wir ihr Gedächtniß. Wenn keine Moral mehr gelehrt wird, keine Religion mehr Glauben findet, wenn kein Gesetz mehr vorhanden ist, wird uns Medea noch anschauern, wenn sie die Treppen des Palastes herunterwankt und der Kindermord jetzt geschehen ist. [...] So gewiß sichtbare Darstellung mächtiger wirkt, als todter Buchstabe und kalte Erzählung, so gewiß wirkt die Schaubühne tiefer und dauernder als Moral und Gesetze. [...]

Die Schaubühne ist der gemeinschaftliche Kanal, in welchen von dem denkenden, bessern Theile des Volks das Licht der Weisheit herunterströmt und von da aus in milderen Strahlen durch den ganzen Staat sich verbreitet. Richtigere Begriffe, geläuterte Grundsätze, reinere Gefühle fließen von hier durch alle Adern des Volks; der Nebel der Barbarei, des finstern Aberglaubens verschwindet, die Nacht weicht dem siegenden Licht. [...]

Unmöglich kann ich hier den großen Einfluß übergehen, den eine gute stehende Bühne auf den Geist der Nation haben würde. Nationalgeist eines Volks nenne ich die Aehnlichkeit und Uebereinstimmung seiner Meinungen und Neigungen bei Gegenständen, worüber eine andere Nation anders meint und empfindet. Nur der Schaubühne ist es möglich, diese Uebereinstimmung in einem hohen Grad zu bewirken, weil sie das ganze Gebiet des menschlichen Wissens durchwandert, alle Situationen des Lebens erschöpft und in alle Winkel des Herzens hinunterleuchtet; weil sie alle Stände und Klassen in sich vereinigt und den gebahntesten Weg zum Verstand und zum Herzen hat. Wenn in allen unsern Stücken ein Hauptzug herrschte, wenn unsre Dichter unter sich einig werden und einen festen Bund zu diesem Endzweck errichten wollten - wenn strenge Auswahl ihre Arbeiten leitete, ihr Pinsel nur Volksgegenständen sich weihte, - mit einem Wort, wenn wir es erlebten, eine Nationalbühne zu haben, so würden wir auch eine Nation. Was kettete Griechenland so fest aneinander? Was zog das Volk so unwiderstehlich nach seiner Bühne? - Nichts anders als der vaterländische Inhalt der Stücke, der griechische Geist, das große überwältigende Interesse des Staats, der besseren Menschheit, das in denselbigen athmete. [...]

Text zitiert nach: Schillers Sämmtliche Werke, Vierter Band. Die Schaubühne als moralische Anstalt betrachtet. Stuttgart: J. G. Cottasche Buchhandlung 1879, S. 239-46 (Die Rechtschreibung folgt der Quelle.)

Material 2

Friedrich Dürrenmatt (1921 - 1990)
Uns kommt nur noch die Komödie bei (1955)

[...] Läßt sich die heutige Welt etwa, um konkret zu fragen, mit der Dramatik Schillers gestalten, wie einige Schriftsteller behaupten, da ja Schiller das Publikum immer noch packe? Gewiß, in der Kunst ist alles möglich, wenn sie stimmt, die Frage ist nur, ob eine Kunst, die einmal stimmte, auch heute noch möglich ist. [...]
Schiller schrieb so, wie er schrieb, weil die Welt, in der er lebte, sich noch in der Welt, die er schrieb, die er sich als Historiker erschuf, spiegeln konnte. Gerade noch. War doch Napoleon vielleicht der letzte Held im alten Sinne. Die heutige Welt, wie sie uns erscheint, läßt sich dagegen schwerlich in der Form des geschichtlichen Dramas Schillers bewältigen, allein aus dem Grunde, weil wir keine tragischen Helden, sondern nur Tragödien vorfinden, die von Weltmetzgern inszeniert und von Hackmaschinen ausgeführt werden. Aus Hitler und Stalin lassen sich keine Wallensteine mehr machen. [...]
Die Tragödie setzt Schuld, Not, Maß, Übersicht, Verantwortung voraus. In der Wurstelei unseres Jahrhunderts, in diesem Kehraus der weißen Rasse, gibt es keinen Schuldigen und auch keine Verantwortlichen mehr. Alle können nichts dafür und haben es nicht gewollt. Es geht wirklich ohne jeden. Alles wird mitgerissen und bleibt in irgendeinem

Notizen

Rechen hängen. Wir sind zu kollektiv schuldig, zu kollektiv gebettet in die Sünden unserer Väter und Vorväter. Wir sind nur noch Kindeskinder. Das ist unser Pech, nicht unsere Schuld: Schuld gibt es nur noch als persönliche Leistung, als religiöse Tat. Uns kommt nur noch die Komödie bei. Unsere Welt hat ebenso zur Groteske geführt wie zur Atombombe, wie ja die apokalyptischen Bilder des Hieronymus Bosch auch grotesk sind. Doch das Groteske ist nur ein sinnlicher Ausdruck, ein sinnliches Paradox, die Gestalt nämlich einer Ungestalt, das Gesicht einer gesichtlosen Welt, und genau so wie unser Denken ohne den Begriff des Paradoxen nicht mehr auszukommen scheint, so auch die Kunst, unsere Welt, die nur noch ist, weil die Atombombe existiert: Aus Furcht vor. [...]

Nun liegt der Schluß nahe, die Komödie sei der Ausdruck der Verzweiflung, doch ist dieser Schluß nicht zwingend. Gewiß, wer das Sinnlose, das Hoffnungslose dieser Welt sieht, kann verzweifeln, doch ist diese Verzweiflung nicht eine Folge dieser Welt, sondern eine Antwort, die er auf diese Welt gibt, und eine andere Antwort wäre sein Nichtverzweifeln, sein Entschluß etwa, die Welt zu bestehen, in der wir oft leben wie Gulliver unter den Riesen. Auch der nimmt Distanz, auch der tritt einen Schritt zurück, der seinen Gegner einschätzen will, der sich bereit macht, mit ihm zu kämpfen oder ihm zu entgehen. Es ist immer noch möglich, den mutigen Menschen zu zeigen.

Aus: Friedrich Dürrenmatt: Theaterprobleme. Aus ders.: Theater. *(Die Rechtschreibung folgt der Quelle.)*

Notizen

Lösungsvorschlag

Notizen

Aufgabe 1

Analysieren Sie den Auszug aus der 1784 in Mannheim gehaltenen Rede von Friedrich Schiller *Was kann eine gute stehende Schaubühne eigentlich wirken?*.

Lösungsschritte

1. Lesen Sie den Redeauszug mindestens zweimal sehr aufmerksam durch.
2. Verdeutlichen Sie sich, was genau in der Aufgabe verlangt wird.
3. Informieren Sie sich gegebenenfalls über den Operator „analysieren".
4. Strukturieren Sie den Textauszug, d.h. nochmals durchlesen und in Sinnabschnitte einteilen.
5. Lesen Sie den Textauszug ein weiteres Mal und markieren Sie dabei inhaltliche Aspekte mit grünem Marker, sprachliche Aspekte wie wichtige Begriffe mit einem gelben Marker.
6. Fassen Sie die wichtigsten Aussagen thesenartig auf einem Blatt zusammen.
7. Kennzeichnen Sie die Struktur der Argumentation von Schiller in Stichworten.
8. Weisen Sie sprachliche und formale Merkmale den einzelnen Argumentationsschritten zu und stellen Sie den Zusammenhang zwischen beiden dar.
9. Fassen Sie die Ergebnisse in einem schriftlichen Text zusammen.
10. Überarbeiten Sie die Ausführungen im Hinblick auf sprachlichen Ausdruck, Verständlichkeit sowie Rechtschreibung und Zeichensetzung.

Stichpunktlösung

Inhaltliche Aspekte

- Schiller weist dem Theater eine Gerichtsbarkeit zu, die über die weltlichen Gerichte hinausweist („Die Gerichtsbarkeit der Bühne fängt an, wo das Gebiet der weltlichen Gerichte sich endigt." Z. 1 f.).
- Die weltliche Gerechtigkeit ist ungerecht, da sie von lasterhaften und einflussreichen Menschen beeinflusst wird („Wenn die Gerechtigkeit für Gold verblindet und im Solde der Laster schwelgt, wenn der Frevel der Mächtigen ihrer Ohnmacht spotten und Menschenfurcht den Arm der Obrigkeit bindet", Z. 2-4).
- Die Schaubühne hingegen übernimmt wie Justitia „Schwert und Wage und reißt die Laster vor einen schrecklichen Richterstuhl", Z. 4 f.).
- Dabei ist das Reich der Schaubühne fiktiv („Phantasie und Geschichte, Vergangenheit und Zukunft stehen ihrem Winke zu Gebot", Z. 5 f.).
- Selbst Verbrecher aus der Vergangenheit, deren Taten gesühnt oder ungesühnt blieben, „werden durch den allmächtigen Ruf der Dichtkunst jetzt vorgeladen und wiederholen zum schauervollen Unterricht der Nachwelt ein schändliches Leben" (Z. 7-9).
- Selbst wenn in der wirklichen Welt „keine Moral mehr gelehrt wird [und] keine Religion mehr Glauben findet, wenn kein Gesetz mehr vorhanden ist" (Z. 11 f.), führt die Schaubühne „Schrecken ihres Jahrhunderts [wie z.B. die Kindermörderin Medea] vor unsern Augen vorbei" (Z. 10), sodass der Zuschauer „mit wollüstigem Entsetzen [...] ihr Gedächtniß [verflucht] (Z. 11).
- So wie „sichtbare Darstellung" (Z. 14) eindringlicher ist als „todter Buchstabe und

kalte Erzählung“ (Z. 14 f.), so wirkt „die Schaubühne [...] tiefer und dauernder als Moral und Gesetze“ (Z. 15 f.).

- Die Schaubühne setzt auf den aufgeklärten und vernünftigen Zuschauer („dem denkenden, bessern Theile des Volks“, Z. 17 f.); Schiller hofft, dass von diesen Zuschauern „das Licht der Weisheit herunterströmt und von da aus in milderen Strahlen durch den ganzen Staat sich verbreitet“ (Z.18f.), wodurch die gesamte Gesellschaft eine bessere würde („der Nebel der Barbarei, des finstern Aberglaubens verschwindet, die Nacht weicht dem siegenden Licht“, Z.20ff.).
- Die Schaubühne leistet damit einen wichtigen Beitrag zur Aufklärung der Gesellschaft.
- Die Schaubühne hat einen sehr großen Einfluss auf „den Geist der Nation“ (Z. 25).
- Die Schaubühne stiftet Nationalgefühl („Nur der Schaubühne ist es möglich, diese Uebereinstimmung in einem hohen Grad zu bewirken“, Z. 27 f.), weil sie das ganze menschliche Universum abbildet („das ganze Gebiet des menschlichen Wissens [...] alle Situationen des Lebens [...] alle Winkel des Herzens [...] alle Stände und Klassen und den gebahntesten Weg zum Verstand und zum Herzen“, Z. 28-31).
- Eine Nationalbühne würde eine Nation schaffen („Wenn wir es erlebten, eine Nationalbühne zu haben, so würden wir auch eine Nation.“ Z. 35 f.).

Strukturelle Aspekte

- Vergleich weltliche Gerichtsbarkeit mit der Gerichtsbarkeit der Bühne,
- die Schaubühne als Beitrag zur sittlichen und verständesmäßigen Bildung der Menschen im Sinne der Aufklärung,
- die Nationalbühne ermöglicht das Bilden einer Nation.

Sprachliche Aspekte

- Sprachliche Intensivierungen: weltliche Gerechtigkeit wird mit negativ konnotierten Begriffen beschrieben („für Gold verblindet“; „im Solde der Laster schwelgt“; „Frevel“; „Ohnmacht“; „binden“, Z. 1-4); Gerichtsbarkeit der Bühne wird drastisch und emotional beschrieben („reißt die Laster vor einen schrecklichen Richterstuhl“, Z. 4 f.; „zum schauervollen Unterricht der Nachwelt“, Z. 8);
- Verwendung von Metaphern („todter Buchstabe“, Z. 14 f.; „Adern des Volks“, Z. 20; Nebel der Barbarei“, Z. 20 f.);
- Verwendung einer Allegorie (für Justitia „Schwert und Wage“, Z. 4);
- Verwendung von Bildern („Die Schaubühne ist der gemeinschaftliche Kanal“, Z. 17);
- Begrifflichkeiten der Aufklärung werden voraufklärerischen Begrifflichkeiten gegenübergestellt („Licht der Weisheit“, Z. 18; „siegende[s] Licht“ in Z. 21 f. versus „Nebel der Barbarei, des finstern Aberglaubens“, Z. 20 f.);
- Anspielungen auf klassisches Gedankengut („Medea“, Z. 12; „der griechische Geist“, Z. 38).

Notizen

Aufgabe 2

Vergleichen Sie die Position Dürrenmatts mit der Schillers bezüglich der Möglichkeiten und Aufgaben des Theaters.

Notizen

Lösungsschritte

1. Lesen Sie den Redeauszug mindestens zweimal sehr aufmerksam durch.
2. Verdeutlichen Sie sich, was genau in der Aufgabenstellung verlangt wird.
3. Informieren Sie sich gegebenenfalls über den Operator „vergleichen".
4. Teilen Sie den Textauszug in Sinnabschnitte ein.
5. Lesen Sie den Textauszug ein weiteres Mal durch und markieren Sie dabei inhaltliche Aspekte mit grünem Marker, sprachliche Aspekte, z.B. wichtige Begriffe, mit einem gelben Marker.
6. Fassen Sie die wichtigsten Aussagen thesenartig auf einem Blatt zusammen.
7. Kennzeichnen Sie die Struktur der Argumentation von Dürrenmatt in Stichworten.
8. Weisen Sie sprachliche und formale Merkmale den einzelnen Argumentationsschritten zu und stellen Sie den Zusammenhang zwischen beiden dar.
9. Markieren Sie Gemeinsamkeiten und Unterschiede zu Schillers Position.
10. Fassen Sie Ihre Ergebnisse in einem schriftlichen Text zusammen.
11. Überarbeiten Sie Ihre Ausführungen im Hinblick auf sprachlichen Ausdruck, Verständlichkeit sowie Rechtschreibung und Zeichensetzung.

Stichpunktlösung

Inhaltliche Aspekte

- Zu Beginn stellt Dürrenmatt die Frage, ob sich die Welt noch mit der Dramatik von Schiller darstellen lasse. Er macht schon in dieser Frage deutlich, dass er dies für nicht mehr möglich hält („wie einige Schriftsteller behaupten", Z. 2; „Gewiß, in der Kunst ist alles möglich, wenn sie stimmt", Z. 3).
- Schiller lebte, so Dürrenmatt, in einer Welt, die sich in der Welt seiner Literatur wiederfinden konnte („Schiller schrieb so, wie er schrieb, weil die Welt, in der er lebte, sich noch in der Welt, die er schrieb, die er sich als Historiker erschuf, spiegeln konnte", Z. 5 f.).
- Die heutige Welt ist im Gegensatz zu Schillers Welt unübersichtlich geworden und damit in einem klassischen Drama nicht mehr abzubilden („Die heutige Welt, wie sie uns erscheint, läßt sich dagegen schwerlich in der Form des geschichtlichen Dramas Schillers bewältigen", Z. 7 f.).
- Zur Begründung führt Dürrenmatt an, dass es keine „tragischen Helden", sondern nur noch „Tragödien [gebe], die von Weltmetzgern inszeniert und von Hackmaschinen ausgeführt werden" (Z. 9-11).
- Voraussetzung der Tragödie seien „Schuld, Not, Maß, Übersicht, Verantwortung" (Z. 12).
- Die heutige Welt hingegen sei nicht mehr geordnet, sondern eine „Wurstelei unseres Jahrhunderts" (Z. 12 f.); sie ermögliche weder Schuldige noch Verantwortliche. Alle sind so kollektiv miteinander verwoben und somit kollektiv schuldig („Alle können nichts dafür und haben es nicht gewollt. Es geht wirklich ohne jeden. Alles wird mitgerissen und bleibt in irgendeinem Rechen hängen. Wir sind zu kollektiv schuldig, zu kollektiv gebettet in den Sünden unserer Väter und Vorväter." Z. 14-17).

- Individuelle Schuld ist nur noch in der religiösen Tat möglich („Schuld gibt es nur noch als persönliche Leistung, als religiöse Tat." Z. 18).
- Die Komödie ist die einzige Möglichkeit, die Welt dramatisch abzubilden („Uns kommt nur noch die Komödie bei", Z. 18 f.).
- Die Kunst kann nur noch im Grotesken und Paradoxen die gesichtlose Welt im Zeitalter der Atombombe abbilden („Doch das Groteske ist nur ein sinnlicher Ausdruck, ein sinnliches Paradox, die Gestalt nämlich einer Ungestalt, das Gesicht einer gesichtlosen Welt, und genau so wie unser Denken ohne den Begriff des Paradoxen nicht mehr auszukommen scheint, so auch die Kunst, unsere Welt, die nur noch ist, weil die Atombombe existiert." Z. 21-24).
- Die Komödie als Akt der Verzweiflung ist keine Folge dieser Welt, sondern eine Antwort auf sie („Gewiß, wer das Sinnlose, das Hoffnungslose dieser Welt sieht, kann verzweifeln, doch ist diese Verzweiflung nicht eine Folge dieser Welt, sondern eine Antwort, die er auf diese Welt gibt", Z. 27-29).
- Mit der Komödie ist es nach wie vor möglich, den mutigen Menschen zu zeigen („Auch der nimmt Distanz, auch der tritt einen Schritt zurück, der seinen Gegner einschätzen will, der sich bereit macht, mit ihm zu kämpfen oder ihm zu entgehen. Es ist immer noch möglich, den mutigen Menschen zu zeigen." Z. 31-33).

Strukturelle Aspekte

- In Form einer rhetorischen Sprache wirft Dürrenmatt die Frage auf, ob sich die Welt Schillers noch in einem klassischen Drama abbilden lasse.
- Dürrenmatt argumentiert, dass dies nicht mehr möglich sei, weil die Welt sich verändert habe und völlig unüberschaubar geworden sei.
- In einer Gegenüberstellung charakterisiert er die Tragödie und ihre Voraussetzungen und die groteske Komödie und ihre Voraussetzungen.
- Am Ende macht Dürrenmatt deutlich, dass die Komödie die einzig sinnvolle Antwort auf die Welt sei und es immer noch möglich sei, in ihr den mutigen Menschen zu zeigen.

Sprachliche Aspekte

Argumentative Sprache

- Rhetorische Frage („Läßt sich die heutige Welt etwa, um konkret zu fragen, mit der Dramatik Schillers gestalten, wie einige Schriftsteller behaupten, da ja Schiller das Publikum immer noch packe?" Z. 1-4).
- Rückgriff auf historische Personen („Hitler, Stalin", Z. 11; „Hieronymus Bosch", Z. 20)
- Wortspiele („die Gestalt nämlich einer Ungestalt, das Gesicht einer gesichtlosen Welt", Z. 21 f.)
- Elemente des mündlichen Sprachgebrauchs („um konkret zu fragen", Z.1; Gewiß, wer das Sinnlose", Z. 27)
- Drastische umgangssprachliche Ausdrücke („Weltmetzgern und Hackmaschinen", Z. 10 f.; „Wurstelei unseres Jahrhunderts", Z. 12)
- Zum Teil kurze Sätze und Parataxen („Alle können nichts dafür und haben es nicht gewollt. Es geht wirklich ohne jeden. Alles wird mitgerissen und bleibt in irgendeinem Rechen hängen. Wir sind zu kollektiv schuldig, zu kollektiv gebettet in die Sünden unserer Väter und Vorväter. Wir sind nur noch Kindeskinder. Das ist unser Pech, nicht unsere Schuld: Schuld gibt es nur noch als persönliche Leistung, als religiöse Tat. Uns kommt nur noch die Komödie bei." Z. 14-19).

Notizen

- Zum Teil längere Hypotaxen („Gewiss, wer das Sinnlose, das Hoffnungslose dieser Welt sieht, kann verzweifeln, doch ist diese Verzweiflung nicht eine Folge dieser Welt, sondern eine Antwort, die er auf diese Welt gibt, und eine andere Antwort wäre sein Nichtverzweifeln, sein Entschluß etwa, die Welt zu bestehen, in der wir oft leben wie Gulliver unter den Riesen.“ Z.27-31).

Vergleich mit Schiller

Gemeinsamkeiten

- Überzeugung, dass Theater etwas bewirken kann
- Bei Schiller: Herstellen einer höheren Gerichtsbarkeit, Bildung einer Nation
- Bei Dürrenmatt: Zeigen des mutigen Menschen

Unterschiede

- Dürrenmatt glaubt nicht, dass man mit der Tragödie die heutige Welt abbilden kann, weil die Voraussetzungen für die klassische Tragödie nicht mehr bestehen.

Aufgabe 3

Erörtern Sie aus Ihrer heutigen Sicht die Möglichkeiten von Theater, indem Sie sich kritisch mit den Positionen Schillers und Dürrenmatts **auseinandersetzen**.

Lösungsschritte

1. Überlegen Sie, was genau in dieser Aufgabenstellung verlangt wird.
2. Informieren Sie sich gegebenenfalls über den Operator „erörtern“.
3. Lesen Sie die Aufzeichnungen zur Analyse der Aufgaben eins und zwei aufmerksam durch und kennzeichnen Sie dabei Möglichkeiten des Theaters, die Ihnen auch heute noch realistisch erscheinen, mit grünem Marker. Aussagen, mit denen Sie heute nicht mehr einverstanden sind, markieren Sie rot.
4. Halten Sie Ihre wichtigsten Thesen strukturiert auf einem Blatt fest.
5. Formulieren Sie eine kurze Einleitung, die das Problem knapp vorstellt.
6. Schreiben Sie einen Schlussteil (Fazit).
7. Fassen Sie die Ergebnisse in einem schriftlichen Text zusammen.
8. Überarbeiten Sie Ihre Ausführungen im Hinblick auf den sprachlichen Ausdruck, Verständlichkeit sowie Rechtschreibung und Zeichensetzung.

HINWEIS Sie sind in Ihren Äußerungen relativ frei. Wichtig ist allerdings, dass Sie abwägend argumentieren und Ihre These anhand sinnvoller Argumente belegen.
Einige mögliche finden Sie in der Stichpunktlösung.

Stichpunktlösung

- Hinweis auf Historizität der Reden: ausgehendes 18. Jahrhundert, Nachkriegszeit mit atomarem Wettrüsten
- Menschen sind aufgeklärter als zur Zeit Schillers oder Dürrenmatts.
- Theater nur noch für einen kleinen Teil der Menschen attraktiv
- Theater ist nicht mehr moralische Lehranstalt, sondern eher Unterhaltungsmedium für Elite.
- Andere Medien wie Fernsehen oder Internet haben größeren Einfluss als Theater.

Notizen

Trainingsaufgabe 3

Notizen

Aufgabentyp	Textinterpretation; Monolog; Erörterung
Material	Friedrich Dürrenmatt: *Die Physiker* (1980) Bertolt Brecht: *Leben des Galilei* (1938–39)
Textsorte	dramatische Texte
Thema	Verantwortung des Wissenschaftlers
Niveau	grundlegendes Anforderungsniveau (g. A.)

Aufgaben

1. Analysieren Sie die Ausführungen Möbius'. Achten Sie dabei auf die Argumentationsstruktur und die Sprache, derer er sich bedient.
2. Vergleichen Sie die Ausführungen von Möbius mit denen von Galilei in dem Stück *Leben des Galilei* von Bertolt Brecht. Erarbeiten Sie Gemeinsamkeiten und Unterschiede.
3. Erörtern Sie vor dem Hintergrund Ihrer Ausführungen zu den Aufgaben 1 und 2 die unterschiedlichen Vorstellungen von Welt bzw. Gesellschaft bei Friedrich Dürrenmatt und Bertolt Brecht. Nehmen Sie Stellung dazu.

Material 1

Friedrich Dürrenmatt (1921-1990)
Die Physiker (Auszug) (Erstfassung 1961; hier: Neufassung 1980)

Möbius *steht auf* Wir sind drei Physiker. Die Entscheidung, die wir zu fällen haben, ist eine Entscheidung unter Physikern. Wir müssen wissenschaftlich vorgehen. Wir dürfen uns nicht von Meinungen bestimmen lassen, sondern von logischen Schlüssen. Wir müssen versuchen, das Vernünftige zu finden. Wir dürfen uns keinen Denkfehler leisten, weil ein Fehlschluss zur Katastrophe führen müsste. Der Ausgangspunkt ist klar. Wir haben alle drei das gleiche Ziel im Auge, doch unsere Taktik ist verschieden. Das Ziel ist der Fortgang der Physik. Sie wollen ihr die Freiheit bewahren, Kilton, und streiten ihr die Verantwortung ab. Sie dagegen, Eisler, verpflichten die Physik im Namen der Verantwortung der Machtpolitik eines bestimmten Landes. Wie sieht nun aber die Wirklichkeit aus? Darüber verlange ich Auskunft, soll ich mich entscheiden.
Newton Einige der berühmtesten Physiker erwarten Sie. Besoldung und Unterkunft ideal, die Gegend mörderisch, aber die Klimaanlagen ausgezeichnet.
Möbius Sind die Physiker frei?
Newton Mein lieber Möbius. Diese Physiker erklären sich bereit, wissenschaftliche Probleme zu lösen, die für die Landesverteidigung entscheidend sind. Sie müssen daher verstehen –
Möbius Also nicht frei. *Er wendet sich Einstein zu.* Joseph Eisler. Sie treiben Machtpolitik. Dazu gehört jedoch Macht. Besitzen Sie die?
Einstein Sie missverstehen mich, Möbius. Meine Machtpolitik besteht gerade darin,

dass ich zugunsten einer Partei auf meine Macht verzichtet habe.

Möbius Können Sie die Partei im Sinne Ihrer Verantwortung lenken, oder laufen Sie Gefahr, von der Partei gelenkt zu werden?

Einstein Möbius! Das ist doch lächerlich. Ich kann natürlich nur hoffen, die Partei befolge meine Ratschläge, mehr nicht. Ohne Hoffnung gibt es nun einmal keine politische Haltung.

Möbius Sind wenigstens Ihre Physiker frei?

Einstein Da auch sie für die Landesverteidigung -

Möbius Merkwürdig. Jeder preist mir eine andere Theorie an, doch die Realität, die man mir bietet, ist dieselbe: ein Gefängnis. Da ziehe ich mein Irrenhaus vor. Es gibt mir wenigstens die Sicherheit, von Politikern nicht ausgenützt zu werden.

Einstein Gewisse Risiken muss man schließlich eingehen.

Möbius Es gibt Risiken, die man nie eingehen darf: der Untergang der Menschheit ist ein solches. Was die Welt mit den Waffen anrichtet, die sie schon besitzt, wissen wir, was sie mit jenen anrichten würde, die ich ermögliche, können wir uns denken. Dieser Einsicht habe ich mein Handeln untergeordnet. Ich war arm. Ich besaß eine Frau und drei Kinder. An der Universität winkte Ruhm, in der Industrie Geld. Beide Wege waren zu gefährlich. Ich hätte meine Arbeiten veröffentlichen müssen, der Umsturz unserer Wissenschaft und das Zusammenbrechen des wirtschaftlichen Gefüges wären die Folgen gewesen. Die Verantwortung zwang mir einen anderen Weg auf. Ich ließ meine akademische Karriere fahren, die Industrie fallen und überließ meine Familie ihrem Schicksal. Ich wählte die Narrenkappe. Ich gab vor, der König Salomo erscheine mir, und schon sperrte man mich in ein Irrenhaus.

Newton Das war doch keine Lösung!

Möbius Die Vernunft forderte diesen Schritt. Wir sind in unserer Wissenschaft an die Grenzen des Erkennbaren gestoßen. Wir wissen einige genau erfassbare Gesetze, einige Grundbeziehungen zwischen unbegreiflichen Erscheinungen, das ist alles, der gewaltige Rest bleibt Geheimnis, dem Verstande unzugänglich. Wir haben das Ende unseres Weges erreicht. Aber die Menschheit ist noch nicht soweit. Wir haben uns vorgekämpft, nun folgt uns niemand nach, wir sind ins Leere gestoßen. Unsere Wissenschaft ist schrecklich geworden, unsere Forschung gefährlich, unsere Erkenntnis tödlich. Es gibt für uns Physiker nur noch die Kapitulation vor der Wirklichkeit. Sie ist uns nicht gewachsen. Sie geht an uns zugrunde. Wir müssen unser Wissen zurücknehmen, und ich habe es zurückgenommen. Es gibt keine andere Lösung, auch für euch nicht.

Friedrich Dürrenmatt: Die Physiker - Eine Komödie in zwei Akten. Neufassung 1980. Copyright (c) 1986 Diogenes Verlag AG Zürich, S. 72-74. (Text an neue Rechtschreibung angepasst.)

Material 2

Bertolt Brecht (1898-1956)
Leben des Galilei (Fassung 1938-39)

Galilei *akademisch, die Hände über dem Bauch gefaltet*:
In meinen freien Stunden, deren ich viele habe, bin ich meinen Fall durchgegangen und habe darüber nachgedacht, wie die Welt der Wissenschaft, zu der ich mich selber nicht mehr zähle, ihn zu beurteilen haben wird. Selbst ein Wollhändler muss, außer billig einkaufen und teuer verkaufen, auch noch darum besorgt sein, dass der Handel mit

Notizen

Wolle unbehindert vor sich gehen kann. Der Verfolg der Wissenschaft scheint mir diesbezüglich besondere Tapferkeit zu erheischen. Sie handelt mit Wissen, gewonnen durch Zweifel. Wissen verschaffend über alles für alle, trachtet sie, Zweifler zu machen aus allen. Nun wird der Großteil der Bevölkerung von ihren Fürsten, Grundbesitzern und Geistlichen in einem perlmutternen Dunst von Aberglauben und alten Wörtern gehalten, welcher die Machinationen dieser Leute verdeckt. Das Elend der Vielen ist alt wie das Gebirge und wird von Kanzel und Katheder herab für unzerstörbar erklärt wie das Gebirge. Unsere neue Kunst des Zweifelns entzückte das große Publikum. Es riss uns das Teleskop aus der Hand und richtete es auf seine Peiniger. Diese selbstischen und gewalttätigen Männer, die sich die Früchte der Wissenschaft gierig zunutze gemacht haben, fühlten zugleich das kalte Auge der Wissenschaft auf ein tausendjähriges, aber künstliches Elend gerichtet, das deutlich beseitigt werden konnte, indem sie beseitigt wurden. Sie überschütteten uns mit Drohungen und Bestechungen, unwiderstehlich für schwache Seelen. Aber können wir uns der Menge verweigern und doch Wissenschaftler bleiben? Die Bewegungen der Himmelskörper sind übersichtlicher geworden; immer noch unberechenbar sind den Völkern die Bewegungen ihrer Herrscher. Der Kampf um die Messbarkeit des Himmels ist gewonnen durch Zweifel; durch Gläubigkeit muss der Kampf der römischen Hausfrau um Milch immer aufs Neue verloren gehen. Die Wissenschaft hat mit beiden Kämpfen zu tun. Eine Menschheit, stolpernd in diesem tausendjährigen Perlmutterdunst von Aberglauben und alten Wörtern, zu unwissend, ihre eigenen Kräfte voll zu entfalten, wird nicht fähig sein, die Kräfte der Natur zu entfalten, die ihr enthüllt. Wofür arbeitet ihr? Ich halte dafür, dass das einzige Ziel der Wissenschaft darin besteht, die Mühseligkeit der menschlichen Existenz zu erleichtern. Wenn Wissenschaftler, eingeschüchtert durch selbstsüchtige Machthaber, sich damit begnügen, Wissen um des Wissens willen aufzuhäufen, kann die Wissenschaft zum Krüppel gemacht werden, und eure neuen Maschinen mögen nur neue Drangsale bedeuten. Ihr mögt mit der Zeit alles entdecken, was es zu entdecken gibt, und euer Fortschritt wird doch nur ein Fortschreiten von der Menschheit weg sein. Die Kluft zwischen euch und ihr kann eines Tages so groß werden, dass euer Jubelschrei über irgendeine neue Errungenschaft von einem universalen Entsetzensschrei beantwortet werden könnte. – Ich hatte als Wissenschaftler eine einzigartige Möglichkeit. In meiner Zeit erreichte die Astronomie die Marktplätze. Unter diesen ganz besonderen Umständen hätte die Standhaftigkeit eines Mannes große Erschütterungen hervorrufen können. Hätte ich widerstanden, hätten die Naturwissenschaftler etwas wie den hippokratischen Eid der Ärzte entwickeln können, das Gelöbnis, ihr Wissen einzig zum Wohle der Menschheit anzuwenden! Wie es nun steht, ist das Höchste, was man erhoffen kann, ein Geschlecht erfinderischer Zwerge, die für alles gemietet werden können. Ich habe zudem die Überzeugung gewonnen, Sarti, dass ich niemals in wirklicher Gefahr schwebte. Einige Jahre lang war ich ebenso stark wie die Obrigkeit. Ich überlieferte mein Wissen den Machthabern, es zu gebrauchen, es nicht zu gebrauchen, es zu missbrauchen, ganz, wie es ihren Zwecken diente.
Ich habe meinen Beruf verraten. Ein Mensch, der das tut, was ich getan habe, kann in den Reihen der Wissenschaftler nicht geduldet werden.

Bertolt Brecht: Leben des Galilei. Berlin: Suhrkamp Verlag 1976, S. 124-126. (Text an neue Rechtschreibung angepasst)

Notizen

Lösungsvorschlag

Notizen

Aufgabe 1

Analysieren Sie den Monolog Möbius'. Achten Sie dabei auf die Argumentationsstruktur und die Sprache, derer er sich bedient.

Lösungsschritte

1. Lesen Sie den Textauszug mindestens zweimal sehr aufmerksam durch.
2. Setzen Sie sich mit der Aufgabenstellung auseinander und überlegen Sie, was genau verlangt wird.
3. Informieren Sie sich gegebenenfalls über den Operator „analysieren".
4. Strukturieren Sie den Textauszug, d. h., lesen Sie ihn nochmals durch und teilen ihn in Sinnabschnitte ein.
5. Lesen Sie den Textauszug ein weiteres Mal aufmerksam und kennzeichnen Sie dabei inhaltliche Aspekte mit grünem Marker, sprachliche Aspekte mit gelbem Marker.
6. Fassen Sie die wichtigsten Aussagen von Möbius thesenartig auf einem Blatt zusammen.
7. Kennzeichnen Sie die Struktur der Argumentation von Möbius stichwortartig.
8. Weisen Sie sprachliche und formale Merkmale den einzelnen Argumentationsschritten zu und stellen Sie den Zusammenhang zwischen beiden dar.
9. Formulieren Sie nun die Ergebnisse in einer schriftlichen Textzusammenfassung.
10. Lesen Sie Ihren Text aufmerksam und überarbeiten Sie ihn mit Blick auf den sprachlichen Ausdruck und die Verständlichkeit, prüfen Sie dabei Rechtschreibung und Zeichensetzung.

Stichpunktlösung

Einleitung

- Die beiden Physiker und Geheimagenten Kilton und Eisler, die sich mit Möbius in dem Irrenhaus „Les cérisiers" befinden, versuchen Möbius zu überreden, jeweils für ihr Land zu arbeiten. Möbius überzeugt in diesem Gespräch seine beiden „Mitinsassen", Verantwortung für die Menschheit und die Welt zu übernehmen, die er aufgrund physikalischer Forschungen vor dem Abgrund stehen sieht, und fordert sie auf, ihr Wissen nicht Politikern oder Machthabern zur Verfügung zu stellen, sondern stattdessen im Irrenhaus zu bleiben und ihr Wissen zurückzunehmen.

Inhaltliche Aspekte

- Möbius weist darauf hin, dass alle drei Physiker sind und dass das Problem, wie verantwortungsvoll mit physikalischen Forschungsergebnissen umgegangen werden soll, nur mit Logik und Vernunft entschieden werden kann.
- Anschließend fasst er nochmals die zuvor geäußerten Positionen von Kilton und Eisler kurz zusammen.
- Kilton wolle der Physik die Freiheit bewahren und lehne die Übernahme von Verantwortung ab.
- Eisler wolle die Physik im Namen der Verantwortung der Machtpolitik eines bestimmten Landes verpflichten.

- Möbius will sodann konkret von Kilton und Eisler wissen, wie ihre Situation als Physiker tatsächlich ist, und fragt nach der Freiheit der Physiker.
- Dabei stellt sich heraus, dass beide Physiker unfrei sind und keinerlei Einfluss auf die Verwendung ihrer Forschungsergebnisse haben.
- In einer Art Plädoyer versucht Möbius nun, seine Physikerkollegen zum Verbleib in der Irrenanstalt zu bewegen, indem er nochmals seine eigenen Motive näher erläutert. Vor allem hebt er auf den Untergang der Menschheit ab.
- Er begründet seinen Entschluss mit der Vernunft: Die Wissenschaft sei zu schrecklich geworden, die Forschung zu gefährlich und die Erkenntnis tödlich.
- Er fordert die Physiker auf, vor der Wirklichkeit zu kapitulieren und ihr Wissen zurückzunehmen. Es gebe keine andere Möglichkeit.

Sprachliche Aspekte

- Klare Gliederung des Textauszuges in vier Sinnabschnitte.
- Im ersten Abschnitt (Z. 1-10) spricht Möbius zunächst allgemein vom adäquaten Verhalten von Physikern; besonders auffallend ist der Gebrauch des Personalpronomens „wir", womit das Gemeinschaftsgefühl verstärkt werden soll. Anschließend fasst er nochmals in aller Kürze die Positionen von Kilton und Einstein zusammen; hier wird zunächst das Personalpronomen „Sie" benutzt, sodann noch verstärkt mit dem Adverb „dagegen", um den Gegensatz zum „wir" zu intensivieren. Durch die Frage „Wie sieht nun aber die Wirklichkeit aus?" stellt Dürrenmatt die Position von Eisler und Kilton als irreal dar.
- Im zweiten Abschnitt (Z. 13-31) nimmt die Befragung von Kilton und Eisler durch Möbius Züge einer gerichtlichen Befragung an; es dominieren bei Möbius kurze und klar zu beantwortende Fragen („Sind die Physiker frei?" [...] „Dazu gehört jedoch Macht. Besitzen Sie die?" [...] „Können Sie die Partei im Sinne Ihrer Verantwortung lenken, oder laufen Sie Gefahr, von der Partei gelenkt zu werden?" [...] „Sind wenigstens Ihre Physiker frei?", Z. 13-26). Sofort im Anschluss an die Beantwortung der Fragen wird von Möbius eine Bewertung vorgenommen („Also nicht frei.", Z. 17). Die Eingebundenheit von Kilton und Einstein in ihr jeweiliges politische System wird anhand ihrer ausweichenden und ungenauen Antworten deutlich („Mein lieber Möbius. Diese Physiker erklären sich bereit, wissenschaftliche Probleme zu lösen, die für die Landesverteidigung entscheidend sind. Sie müssen daher verstehen -", Z. 14 ff.; „Sie missverstehen mich, Möbius. Meine Machtpolitik besteht gerade darin, dass ich zugunsten einer Partei auf meine Macht verzichtet habe.", Z. 19 f.). Auch wird die Gegenüberstellung von „Realität" (Möbius) und „Theorie" (Kilton und Eisler) (Z. 28) deutlich. In dem Gespräch mit Möbius werden die Positionen von Kilton und Eisler mit denen von Gefangenen gleichgesetzt („ein Gefängnis", Z. 29). Als Alternative zum Gefängnis zieht Möbius hingegen das „Irrenhaus" (Z. 29) als bessere Variante vor.
- Im dritten Abschnitt (Z. 31-42) verdeutlicht Möbius den beiden seinen persönlichen Weg; häufige Verwendung des Personalpronomens „ich". In einer Aneinanderreihung von meist kurzen Hauptsätzen (Betonung des vernünftigen Handelns) lässt er die einzelnen Handlungsschritte nochmals Revue passieren (Z. 35-42).
- Im vierten Abschnitt (Z. 44-53) bezieht er Eisler und Kilton wieder mit in seine Überlegungen ein; häufiger Gebrauch des Personalpronomens „wir". In eindringlichen, fast schon pathetischen Worten („Ende unseres Weges" [...] „ins Leere gestoßen", Z. 47 f.) mit der Steigerung in den Adjektiven („schrecklich ... gefährlich ... tödlich", Z. 50 f.) verdeutlicht Möbius den unbedingten Handlungsbedarf.

Notizen

Sinnvolle Konsequenz besteht nach Möbius in der „Kapitulation vor der Wirklichkeit“ (Z. 51); Gebrauch des Modalverbs „müssen“. Seine Forderung ist absolut („Es gibt keine andere Lösung, auch für euch nicht.“, Z. 53).

Argumentationsstruktur

- Zunächst referiert Möbius über die Vorgehensweise von Physikern und kontrastiert kurz im Anschluss das Selbstverständnis von Eisler und Kilton.
- In einem zweiten Schritt wird dieses Wissenschaftsverständnis von Kilton und Eisler als Täuschung entlarvt.
- In einem dritten Schritt verdeutlicht Möbius seinen beiden Physikerkollegen seinen „Entschluss“ und begründet ihn.
- Zuletzt eindringliche Aufforderung an beide, es ihm gleich zu tun, da die Situation in der Forschung keinen anderen Schluss zuließe.

Aufgabe 2

Vergleichen Sie die Ausführungen von Möbius mit denen von Galilei in dem Stück *Leben des Galilei* von Bertolt Brecht. Erarbeiten Sie Gemeinsamkeiten und Unterschiede.

Lösungsschritte

1. Lesen Sie den Textauszug mindestens zweimal sehr aufmerksam durch.
2. Setzen Sie sich mit der Aufgabenstellung auseinander und überlegen Sie, was genau verlangt wird.
3. Informieren Sie sich gegebenenfalls über den Operator „vergleichen“.
4. Lesen Sie den Textauszug ein weiteres Mal aufmerksam und markieren Sie dabei inhaltliche Aspekte. Anschließend fassen Sie die wichtigsten Aussagen von Galilei thesenartig auf einem Blatt zusammen.
5. Kennzeichnen Sie die Struktur der Argumentation von Galilei stichwortartig.
6. Vergleichen Sie die Argumentation von Galilei mit der von Möbius.
7. Halten Sie auf einem Blatt Gemeinsamkeiten und Unterschiede fest.
8. Fassen Sie die Ergebnisse in einem schriftlichen Text zusammen.
9. Lesen Sie Ihren Text aufmerksam und überarbeiten Sie ihn mit Blick auf den sprachlichen Ausdruck und die Verständlichkeit, prüfen Sie dabei Rechtschreibung und Zeichensetzung.

Stichpunktlösung

Gemeinsamkeiten

- Wissenschaftler sind für die Bedingungen ihrer Wissenschaft verantwortlich („Selbst ein Wollhändler muss, außer billig einkaufen und teuer verkaufen [...] dass der Handel mit Wolle unbehindert vor sich gehen kann.“, Z. 4–6).
- Machthaber sind immer bestrebt, sich „Früchte der Wissenschaft“ (Z. 15) zu Nutze zu machen.
- Die Mächtigen versuchen mit allen Mitteln, sich der Wissenschaftler zu bedienen („Sie überschütteten uns mit Drohungen und Bestechungen, unwiderstehlich für schwache Seelen.“, Z. 18 f.).
- Unter unfreien Verhältnissen entwickelt sich die Wissenschaft von den Menschen weg und die Ergebnisse werden zur Belastung („Wenn Wissenschaftler, einge-

Notizen

schüchtert [...], sich damit begnügen [...], kann die Wissenschaft zum Krüppel gemacht werden, und eure neuen Maschinen mögen nur neue Drangsale bedeuten.“, Z. 29–32).
- Angst vor den Auswirkungen ungezügelten Forschens („[...] und euer Fortschritt wird doch nur ein Fortschreiten von der Menschheit weg sein. Die Kluft [...] so groß werden, dass euer Jubelschrei über irgendeine neue Errungenschaft von einem universalen Entsetzensschrei beantwortet werden könnte.“, Z. 33–36).
- Distanzierung von eigener Wissenschaft („Wie es nun steht, ist das Höchste, was man erhoffen kann, ein Geschlecht erfinderischer Zwerge, die für alles gemietet werden können.“, Z. 41 f.).

Unterschiede
- Wissenschaft ist allen Menschen gegenüber verpflichtet („Wissen verschaffend über alles für alle, trachtet sie, Zweifler zu machen aus allen.“, Z. 7 f.).
- Wissenschaft kann gesellschaftliche Umwälzungen in Gang setzen („Es [das große Publikum] riss uns das Teleskop aus der Hand und richtete es auf seine Peiniger.“, Z. 13 f.).
- Die Wissenschaft kann sich den Bedürfnissen der gemeinen Menschen nicht verschließen („Aber können wir uns der Menge verweigern und doch Wissenschaftler bleiben?“, Z. 19 f.).
- Wissenschaftliche Ergebnisse reichen bis in den privaten Bereich des Menschen hinein („Kampf der römischen Hausfrau um Milch“, Z. 23).
- Die Menschheit braucht die Wissenschaft („Eine Menschheit [...] zu unwissend, ihre eigenen Kräfte voll zu entfalten, wird nicht fähig sein, die Kräfte der Natur zu entfalten, die ihr enthüllt.“, Z. 24–27).
- Galilei bedauert, sein Wissen zurückgenommen zu haben („Ich hatte als Wissenschaftler eine einzigartige Möglichkeit. In meiner Zeit erreichte die Astronomie die Marktplätze. Unter diesen ganz besonderen Umständen hätte die Standhaftigkeit eines Mannes große Erschütterungen hervorrufen können.“, Z. 36–38).
- Rückzug aus der Wissenschaft wird als Verrat verstanden („Ich habe meinen Beruf verraten. Ein Mensch, der das tut, was ich getan habe, kann in den Reihen der Wissenschaftler nicht geduldet werden.“, Z. 47 f.).

Fazit

Sowohl Galilei als auch Möbius wissen um die Verantwortung, der sich ein Naturwissenschaftler stellen muss. Beide sehen auch die Gefahr, dass wissenschaftliche Ergebnisse in den Händen von Machthabern gefährlich für die Menschen sein können.

Die Konsequenzen hingegen, die beide aus ihrer Erkenntnis ziehen, sind völlig unterschiedlich.
- Für Möbius kommt nur ein genereller Rückzug aus der Wissenschaft in Frage, um der Verantwortung der Menschheit gegenüber gerecht zu werden.
- Für Galilei hingegen ist die Naturwissenschaft stets und allein der Menschheit gegenüber verpflichtet. Wissenschaftliche Ergebnisse müssen die „menschliche Existenz“ erleichtern, somit also eine soziale Komponente haben.

Notizen

Aufgabe 3

Erörtern Sie vor dem Hintergrund Ihrer Ausführungen zu den Aufgaben 1 und 2 die unterschiedlichen Vorstellungen von Welt bzw. Gesellschaft bei Friedrich Dürrenmatt und Bertolt Brecht. **Nehmen** Sie **Stellung** dazu.

Lösungsschritte

1. Lesen Sie sich die Ausführungen zu den Aufgaben 1 und 2 nochmals durch.
2. Informieren Sie sich gegebenenfalls über die Operatoren „erörtern" und „Stellung nehmen".
3. Schreiben Sie die wesentlichen Positionen und Argumente von Galilei und Möbius thesenartig auf.
4. Erläutern Sie mit unterschiedlichen Farben Zustimmung bzw. Ablehnung der jeweiligen Positionen stichwortartig.
5. Skizzieren Sie Ihre eigene Position (unter Umständen in Anlehnung an eine der beiden Positionen von Galilei und Möbius) stichwortartig.
6. Fassen Sie die Ergebnisse dieser Reflexion in einem schriftlichen Text zusammen, in dem auch einzelne Positionen dialektisch (für und wider) diskutiert werden.
7. Lesen Sie Ihren Text aufmerksam und überarbeiten Sie ihn mit Blick auf den sprachlichen Ausdruck und die Verständlichkeit, prüfen Sie dabei Rechtschreibung und Zeichensetzung.

Stichpunktlösung

Hier sollen Sie sich
- begründet,
- unter Rückgriff auf die Analysen aus den ersten beiden Aufgaben,
- unter Umständen auch an Beispielen erläutert,

mit den Positionen von Möbius und Galilei zur Aufgabe und Verantwortung des Wissenschaftlers abwägend und wertend auseinandersetzen.
Sie sollen die Sicht von Welt darstellen, die der jeweiligen Position Galileis (Welt als ständig vom Menschen zu verändernde) und Möbius (Welt als Chaos, in der keine Ordnung mehr zu erkennen ist und vor der die Wissenschaft zu kapitulieren hat) zugrunde liegt.
Eine mögliche Schülerantwort kann nur schwer vorgegeben werden. Wichtig ist, dass Sie zu den Thesen und Konsequenzen, die aus beiden Texten abgeleitet werden können, eine differenzierte und begründete Position entwickeln und sprachlich ansprechend und nachvollziehbar darstellen.
Denkbar wären in dieser Aufgabenbearbeitung auch Hinweise auf die Zeitumstände, unter denen die beiden Texte verfasst wurden, und deren mögliche Relativierung in der heutigen Zeit.

Notizen

Trainingsaufgabe 4

Notizen

Aufgabentyp	Textinterpretation; Monologvergleich; Erörterung
Material	Helmut Schmidt: *Gesellschaftliche Moral des Wissenschaftlers*
Textsorte	Zeitungsartikel
Thema	Verantwortung des Wissenschaftlers
Niveau	erhöhtes Anforderungsniveau (e. A.)

Aufgaben

1. Analysieren Sie den Artikel von Helmut Schmidt in der Wochenzeitung „Die Zeit“ aus dem Jahr 1982.
2. Nehmen Sie begründet Stellung zu der Behauptung Schmidts: „Mir scheint dieses Schlupfloch [...] mögliche Folgen des eigenen Handelns zu verschaffen.“ (Z. 73–75).
3. Erörtern Sie, ob sich die Befürchtung von Helmut Schmidt aus dem Jahre 1982, was die Ausbreitung von Informations- und Unterhaltungselektronik betrifft, bis heute bewahrheitet hat.

Material

Helmut Schmidt (* 1918)

Gesellschaftliche Moral des Wissenschaftlers

Sind Wissenschaftler verantwortlich für die gesellschaftlichen Folgen ihres Handelns?

Auf einem Küchentisch in Berlin ist Otto Hahn und Lise Meitner die erste künstlich herbeigeführte Spaltung eines Atoms gelungen. Wenige Jahre später explodierten die Atombomben über Hiroshima und Nagasaki. Seither hat sich das Kernwaffenarsenal der Atommächte ins Ungeheuerliche, ins Unvorstellbare gesteigert. Ohne die vorangegangene wissenschaftliche Leistung zweier Forscher hätte die Frage nach der Bewahrung des Friedens in der Gegenwart kaum gleichzeitig zur Frage nach der Überlebenschance der menschlichen Spezies werden können.
Die vielfach aufgeworfene Frage ist also, ob Otto Hahn und Lise Meitner dafür Verantwortung tragen. Gesetzt den Fall, die Frage nach der Verantwortung wäre - jedenfalls zu einem Teil - mit „Ja“ zu beantworten: Wie sollte es eigentlich ein einzelner Forscher moralisch ertragen können, im Schatten derartiger Gefährdung und eines möglichen moralischen Vorwurfs noch Grundlagenforschung oder angewandte Forschung zu betreiben?
Ich will ein anderes Beispiel wählen, das nicht ganz so spektakulär zu sein scheint, jedenfalls nicht tödlich im physischen Sinne, wie das erste, aber doch von sehr weitreichenden, bisher keineswegs abgeschätzten Folgen: Ohne die Leistung der Forschung, ohne die Leistung einzelner Forscher und Wissenschaftler wären die Grundlagen der Mikroelektronik nicht gelegt worden.

Ich beschränke mich jetzt ausschließlich auf den Bereich der sogenannten Informations- und Unterhaltungselektronik als Folge dieser wissenschaftlichen Durchbrüche. Ich fürchte, dass die Anwendung, die uferlose, schnelle Ausbreitung dieser neuen Techniken dazu führt, dass das in Auflösung geraten kann, was ich andernorts die „Lesekultur“ genannt habe.

Die Menschen in der heutigen, technisch-wissenschaftlich geprägten Welt - eng aufeinander sitzend, auf engem Raum in immer größerer Zahl lebend - werden überschwemmt durch eine Fülle von Bildern und Buchstaben, von sogenannten „Informationen“.

Selbst diejenigen, die sich der Mühe des Lesens tatsächlich unterziehen wollen, müssen einen immer größeren Teil ihrer Zeit und ihrer Arbeitskraft darauf verwenden, das Unwichtige auszusondern und das Wichtige vom Unwichtigen zu scheiden. Häufig bleibt dann nur noch die Gelegenheit zum kondensierenden Überfliegen.

Auch ein Politiker beschreibt Ihnen mit diesen Worten seinen eigenen Alltag. Auch er steht vor einer exponential steigenden Flut sogenannter „Informationen“ und muss einen immer größeren Anteil seiner produktiven Kraft darauf verwenden, das Unwichtige auszuscheiden.

Aber das sind nur die Folgen für die Minderheit, die durch Ausbildung und Beruf privilegiert ist. Für die große Mehrheit bleibt angesichts dieser schier uferlosen elektronischen Überflutung pro Tag, pro Stunde, pro Minute - und angesichts ihres bequem verführerischen Konsums, der sich anbietet, ohne dass man danach fragt, zum Lesen weitgehend nur noch das Durchblättern von Boulevardzeitungen übrig. Was das für die Kultur bedeuten wird, wenn es so weitergeht, frage ich mich mit tiefer innerer Besorgnis.

Ich glaube nicht, dass es eine Übertreibung wäre, auch von einer solchen Entwicklung tiefreichende Gefährdungen für unser Leben insgesamt zu erwarten. Spätfolgen werden eintreten, die wir heute nicht übersehen können. Die Selbstbesinnung aus der Erfahrung mit dem Lesen, aus der Verarbeitung dessen, was wir gelesen haben, und das Gespräch über das Gelesene sind gleichermaßen lebensnotwendig für Kultur und Demokratie. Wenn das Lesen und das Verarbeiten des Gelesenen verloren geht, gerät sehr viel und Wichtigeres in Gefahr als der Umsatzanstieg des Verlagswesens und der Druckereiindustrie.

Sind aber dafür wirklich die Forscher verantwortlich zu machen? Oder wie weit sind die mitverantwortlich, die auf dem Weg zur Miniaturisierung von elektronischen Leitern die Durchbrüche erzielt oder die, die Lasertechnik erdacht haben? Geht die Kette der Schuld eindeutig Glied um Glied vom Labor bis in die verkümmernde Lesekultur?

Wie in vielen Fällen der Verkettung von Ursachen ist es natürlich leicht, sich mit dem Hinweis auf die Verantwortung anderer zu exkulpieren, das heißt die causa efficiens bei anderen festzumachen. Das bietet sich an. Die Anwender in der industriellen Umsetzung seien die Verantwortlichen, so wird man es hören. Oder wenn es sich um Waffen oder um die Kultur insgesamt handelt, wird man hören, die Politiker seien schuld.

Sicher, ohne einen Politiker wie Roosevelt und seine politischen Berater - übrigens auch ohne Einsteins Ratschlag - wäre es vielleicht nicht zur Anwendung der Atombombe gekommen. Aber ohne Otto Hahn und Lise Meitner und ohne andere Wissenschaftler hätte auch der Politiker nicht die Möglichkeit gehabt, eine derartige Waffe in seine Pläne und in sein tatsächliches Handeln hineinzunehmen.

Keiner von beiden, weder der Politiker noch der Wissenschaftler, kann die Verantwortung auf den anderen abschieben. In der Verantwortung hängen sie vielmehr unauflöslich aneinander. Beiden scheint es auf manchem Gebiet so zu gehen wie dem Zauber-

Notizen

lehrling, dem die Kontrolle über den wundertätigen Besen entglitten ist. Nun wird der Besen zum Unheil, und niemand hatte es gewollt.

Da bleibt das Schlupfloch, dass derjenige nicht wirklich verantwortlich und nicht wirklich moralisch haftbar gemacht werden könne, der nicht in der Lage war, den Überblick über die möglichen Folgen seines Tuns zu haben. Mir scheint dieses Schlupfloch weniger eine Entlastung, sondern vielmehr die Herausforderung zu sein, sich den Überblick über mögliche Folgen des eigenen Handelns zu verschaffen.

Sicherlich ist Entwicklung der Wissenschaft durch immer stärkere Spezialisierung gekennzeichnet. Der fruchtbare Schoß der gemeinsamen Mutter Philosophie hat sie und alle ihre Vorgänger nacheinander entlassen, nämlich alle jene Disziplinen, deren für uns Laien manchmal abenteuerliche Aufspaltung jeder von Ihnen in Wirklichkeit auch miterlebt. Man braucht nur die Kataloge der Lehrstühle und der Institute aufzuschlagen. Ich habe mir den Jahresbericht der Max-Planck-Gesellschaft angeschaut und habe mich gefragt, wer in dem zuerst genannten Institut eine Vorstellung von der Arbeit hat, die in dem zuletzt genannten Institut geleistet wird, und umgekehrt.

Anscheinend gilt die Erfahrung: Wer sich nicht spezialisiert, verliert den Anschluss an den Standard, den die anderen Spezialisten schon vorgegeben haben. Überall werden Löcher in immer größere Tiefen gebohrt, es wird geforscht und gebohrt, aber die Befunde der Bohrlöcher anderer Disziplinen dringen nicht mehr in das eigene Bewusstsein. Sie können - wenn ich das Bild vom Bohren noch einmal missbrauchen darf - im eigenen Bewusstsein gar nicht mehr „vertieft“ werden.

Es hat in geschichtlicher Vergangenheit einzelne leuchtende Beispiele von Personen gegeben, mit denen die mögliche Einheit von wissenschaftlicher Spitzenleistung und Universalität erreicht worden ist. Man mag einwenden, dass das in der Gegenwart von der Kompliziertheit der Sache her gar nicht mehr möglich sei. Ich will dagegenhalten und sagen: Von der Verantwortung, von der gesellschaftlichen Moral eines Wissenschaftlers her, bleibt die Anstrengung zum umgreifenden Überblick unausweichlich geboten!

Ich will das Wort von der Bringschuld wiederaufnehmen und - unter dem Gesichtspunkt dieser Verantwortung gegenüber der Gesellschaft - etwas erweitern: Ich möchte an die Forscher und Wissenschaftler appellieren, sich der Anstrengung zum ordnenden Überblick nicht zu entziehen. Das heißt dann vielleicht in einer Vorstufe: sich auch der Anstrengung um einen einordnenden Überblick des eigenen Feldes zum Zweck einer geistigen Ordnung insgesamt nicht zu entziehen.

Helmut Schmidt, Gesellschaftliche Moral des Wissenschaftlers. Aus: DIE ZEIT, 1982 (25). www.zeit.de/1982/25/gesellschaftliche-moral-des-wissenschaftlers (aufgerufen am 01.06.2012)

Notizen

Lösungsvorschlag

Notizen

Aufgabe 1

Analysieren Sie den Artikel von Helmut Schmidt in der Wochenzeitung „Die Zeit" aus dem Jahr 1982.

Lösungsschritte

1. Lesen Sie den Zeitungsartikel mindestens zweimal sehr aufmerksam durch.
2. Setzen Sie sich mit der Aufgabenstellung auseinander und überlegen Sie, was genau verlangt wird.
3. Informieren Sie sich gegebenenfalls über den Operator „analysieren".
4. Strukturieren Sie den Textauszug, d. h. nochmals durchlesen und in Sinnabschnitte einteilen.
5. Lesen Sie den Textauszug ein weiteres Mal und kennzeichnen Sie dabei inhaltliche Aspekte mit grünem Marker, sprachliche Aspekte mit einem gelben Marker.
6. Fassen Sie die wichtigsten Aussagen von Schmidt thesenartig auf einem Blatt zusammen.
7. Kennzeichnen Sie die Struktur der Argumentation von Schmidt stichwortartig.
8. Weisen Sie sprachliche und formale Merkmale den einzelnen Argumentationsschritten zu und stellen Sie den Zusammenhang zwischen beiden dar.
9. Fassen Sie die Ergebnisse in einem schriftlichen Text zusammen.
10. Lesen Sie Ihren Text aufmerksam und überarbeiten Sie ihn mit Blick auf den sprachlichen Ausdruck und die Verständlichkeit, prüfen Sie dabei Rechtschreibung und Zeichensetzung.

Stichpunktlösung

Inhaltliche Aspekte

- Schmidt geht ohne Umschweife auf die Entdeckung von Otto Hahn und Lise Meitner ein und nennt das Produkt ihrer Forschungsergebnisse: die Atombombe.
- Anschließend stellt er die Frage, ob den Entdeckern der Kernspaltung gleichzeitig auch die Verantwortung für die Atombombe und ihren Einsatz in Hiroshima und Nagasaki oder für den durch das derzeitige Kernwaffenarsenal bestehenden Weltfrieden die Verantwortung zugewiesen werden könne. (Z. 1–5)
- Schmidt folgert aus einer angenommenen Schuldzuweisung an die Grundlagenforscher Meitner und Hahn, dass keine Forschung mehr stattfinden könne. (Z. 8–13)
- An einem weiteren Beispiel aus der Mikroelektronik verdeutlicht Schmidt die Schwierigkeit der Schuldzuweisung an Forscher. Sind die Grundlagenforscher der Mikroelektronik verantwortlich für den Rückgang der „Lesekultur"? (Z. 14–23)
- Schmidt beklagt, dass die Menschen in zunehmendem Maße von „Informationen" überschwemmt werden. (Z. 24–27)
- Die Informationsflut führt zu einem zeitraubenden und nur noch oberflächlichen Lesen („kondensierende[n] Überfliegen"). (Z. 31)
- Auch Politiker müssten einen großen Teil ihrer Zeit für die Verarbeitung der „exponential steigenden Flut sogenannter ‚Informationen'" (Z. 33) aufwenden.
- Für den einfachen Durchschnittsbürger führt diese Informationsflut nur noch zum Durchblättern von Boulevardzeitungen, was der Kultur zuwider laufe. (Z. 36–42)

- Das Verkümmern der Lesekultur sieht Schmidt mit großer Besorgnis und befürchtet „tiefreichende Gefährdungen für unser Leben insgesamt" und die Demokratie. (Z. 43–50)
- Schmidt stellt erneut die Frage nach der Schuld der Grundlagenforscher in der Mikroelektronik für die seiner Meinung nach fatale Entwicklung der Informationstechnologie. (Z. 51–54)
- Er weist darauf hin, dass man es sich zu leicht mache, immer die Schuld bei anderen zu suchen, z. B. bei Politikern. (Z. 55–59)
- Im nochmaligen Rückgriff auf das Beispiel der Atombombe stellt Schmidt eine gemeinsame Schuld von Politikern und Wissenschaftlern fest. (Z. 60–69)
- Schmidt verweist auf ein häufig in Anspruch genommenes „Schlupfloch": Man habe die Folgen seines Handelns nicht durchschaut. (Z. 70–74)
- Die Ursache für die Verkennung der Folgen wissenschaftlichen Handelns sieht Schmidt in dem fehlenden Überblick („Universalität", Z. 91) von Wissenschaftlern, der einer zu großen Spezialisierung geschuldet ist. (Z. 83–88)
- Schmidt fordert die Rückkehr zur „Universalität" des wissenschaftlichen Forschens, um „die mögliche Einheit von wissenschaftlicher Spitzenleistung" und „Verantwortung" und „gesellschaftliche[r] Moral" zu erreichen. (Z. 89–95)
- Zum Schluss fordert Schmidt die Forscher zur „Anstrengung zum ordnenden Überblick" (Z. 98 f.) auf.

Sprachliche Aspekte

- Systematisch und sehr klar gegliederter Zeitungsartikel, der den gebildeten Leser anspricht (Gebrauch von Fremdwörtern wie „exkulpieren", „causa efficiens" (Z. 56); Hinweis auf die Ballade „Der Zauberlehrling" von Goethe (Z. 67 f.).
- Schmidt bezieht eindeutig Position zu dem in der Überschrift genannten Thema (häufige Verwendung des Personalpronomens „ich").
- Nüchterne und sachliche Sprache, die allerdings nicht „spröde" wirkt, sondern durch die vielen Hypotaxen sehr argumentativ und damit überzeugend.
- Trotz der Nüchternheit Verwendung von bildhaften Ausdrücken („überschwemmt", Z. 25; „Flut", Z. 33; „Überflutung", Z. 38; „elektronischen Leitern", Z. 52; „Der fruchtbare Schoß der gemeinsamen Mutter Philosophie", Z. 76; „Löcher", Z. 85; „Bild vom Bohren", Z. 87) sowie Übertreibungen („ins Ungeheuerliche", Z. 4; „ins Unvorstellbare", Z. 4) und interessante Wortkombinationen („kondensierende[s] Überfliegen", Z. 31).

Aufgabe 2

Nehmen Sie **begründet Stellung** zu der Behauptung Schmidts: „Mir scheint dieses Schlupfloch [...] mögliche Folgen des eigenen Handelns zu verschaffen" (Z. 72–74).

Lösungsschritte

1. Lesen Sie die entsprechende Textstelle im Zeitungsartikel mindestens zweimal sehr aufmerksam durch und erkennen Sie den Zusammenhang, in dem diese Aussage getroffen wurde.
2. Machen Sie sich mit der Aufgabenstellung vertraut und überlegen Sie, was genau verlangt wird.

Notizen

3. Informieren Sie sich gegebenenfalls über den Operator „begründet Stellung nehmen".
4. Überlegen Sie, was Schmidt mit dem Begriff „Schlupfloch" meint, und notieren Sie dazu Stichwörter auf einem Blatt.
5. Überlegen Sie, was Schmidt unter der Herausforderung versteht, sich den Überblick über mögliche Folgen des eigenen Handelns zu verschaffen, und schreiben Sie dazu Stichwörter auf.
6. Fassen Sie die Ergebnisse in einem schriftlichen Text zusammen.
7. Überarbeiten Sie den Text mit Blick auf den sprachlichen Ausdruck und die Verständlichkeit, prüfen Sie dabei Rechtschreibung und Zeichensetzung.

Stichpunktlösung

Es ist nicht möglich, an dieser Stelle eine genaue Erwartung an den möglichen Schüleraufsatz zu formulieren. Wichtig ist, dass Sie zu der Problemstellung, wie sie Schmidt in seinem Zeitungsartikel formuliert, eine in der Sache fundierte und wertende Einsicht zu erkennen geben. Dabei soll deutlich werden, in welche konkreten Handlungsweisen die „Herausforderung", von der Schmidt spricht, einfließen könnte.

Mögliche Aspekte

- Breiter angelegtes Grundstudium und keine zu frühe Spezialisierung an der Universität
- Einführung eines Vorstudiums im Fach Philosophie
- Kein zu spezielles Forschungsgebiet, das über Jahre hinweg bearbeitet wird
- Mehrmaliger Wechsel der Forschungsfelder
- Engere Verzahnung von Grundlagenforschung und Anwendungsentwicklung

Mögliche Einwände

- Moderne Forschung ist aus sich heraus sehr speziell.
- Ohne langjährige und weitgehende Grundlagenforschung ist kein wirklicher wissenschaftlicher Fortschritt möglich.
- Forschung ist sehr teuer und muss von daher sehr zielgerichtet, d. h. auf ein enges Feld bezogen, betrieben werden.

Aufgabe 3

Erörtern Sie, ob sich die Befürchtung von Helmut Schmidt aus dem Jahre 1982, was die Ausbreitung von Informations- und Unterhaltungselektronik betrifft, bis heute bewahrheitet hat.

Lösungsschritte

1. Setzen Sie sich mit der Aufgabenstellung auseinander und überlegen Sie, was genau verlangt wird.
2. Informieren Sie sich gegebenenfalls über den Operator „erörtern".
3. Lesen Sie den Textauszug ein weiteres Mal aufmerksam und kennzeichnen Sie dabei „Befürchtungen" von Helmut Schmidt mit grünem Marker.
4. Halten Sie die wichtigsten Aussagen von Schmidt thesenartig auf einem Blatt fest.

Notizen

5. Formulieren Sie zu jeder Befürchtung von Helmut Schmidt eine eigene (Gegen-) Position.
6. Schreiben Sie eine Einleitung.
7. Formulieren Sie einen Schlussteil (Fazit).
8. Fassen Sie die Ergebnisse in einem schriftlichen Text zusammen.
9. Überarbeiten Sie den Text mit Blick auf den sprachlichen Ausdruck und die Verständlichkeit und prüfen Sie Rechtschreibung und Zeichensetzung.

Notizen

Stichpunktlösung

Sie sind in Ihren Äußerungen relativ frei. Wichtig ist allerdings, dass Sie auf Ihre Analyse des Zeitungsartikels von Helmut Schmidt zurückgreifen und dabei die von Schmidt geäußerten Befürchtungen mit der selbst erlebten Realität vergleichen. Dabei sollen Sie sich mit den 1982 geäußerten Thesen von Schmidt abwägend und wertend auseinandersetzen. Begrüßenswert wäre die Berücksichtigung der Zeitumstände, in denen der Artikel entstanden ist: nämlich zu Beginn des elektronischen Medienzeitalters, z. B. auch des Internets. Hierbei können folgende Aspekte berücksichtigt werden:

Argumente für Schmidts Bedenken

- Informationsflut ist tatsächlich ungeheuer groß.
- Man verliert leicht den Überblick über die Informationen.
- Immer mehr technische Informationsmöglichkeiten ersetzen konventionelle.
- Seriösität der Informationen im Internet ist nicht immer gegeben und garantiert.
- Immer mehr Menschen verbringen einen großen Teil ihrer freien Zeit im Internet.
- Die Lesegewohnheiten der Menschen haben sich entscheidend verändert: Internet-Zeitungen, elektronische Bücher, Hörbücher usw.
- Lesen von traditionellen Büchern wird immer mehr zum Luxus Gebildeter.

Argumente gegen Schmidts Bedenken

- Schnelligkeit der Informationen hat zugenommen.
- Ungestörter Zugang zu allen Informationen wie Internet oder Wikileaks ist möglich.
- Neue Technologie ermöglicht schnellen Datenaustausch.
- Es gibt neue Möglichkeiten zur Verbreitung von Texten und Informationen.

Trainingsaufgabe 5

Notizen

Aufgabentyp	Textinterpretation; Monologvergleich; Erörterung
Material	Heinar Kipphardt: *In der Sache J. Robert Oppenheimer* (1964)
Textsorte	Dramentext
Thema	Verantwortung des Wissenschaftlers
Niveau	erhöhtes Anforderungsniveau (e. A.)

Aufgaben

1. Analysieren Sie die Schlussrede J. Robert Oppenheimers. Verdeutlichen Sie dabei sein Wissenschaftsverständnis.
2. Versetzen Sie sich in die Person Friedrich Dürrenmatts. Sie haben das Stück *In der Sache J. Robert Oppenheimer* von Heinar Kipphardt gelesen und entwerfen nun aus der Perspektive von Dürrenmatt einen Brief an Ihren Schriftstellerkollegen, in dem Sie zu den im Schlussmonolog geäußerten Ansichten von Oppenheimer Stellung nehmen.

Material

Heinar Kipphardt (1922–1982)
In der Sache J. Robert Oppenheimer (1964)

1964 entstand das dokumentarische Theaterstück „In der Sache J. Robert Oppenheimer" von Heinar Kipphardt. In neun Szenen wird das juristische Verfahren gegen Julius Robert Oppenheimer geschildert. Es wurde auf Betreiben der Atomenergiekommission der USA wegen der Weigerung des Atomphysikers, an der Entwicklung der Wasserstoffbombe mitzuarbeiten, in Gang gesetzt. Ziel des Untersuchungsausschusses war es, die Loyalität Oppenheimers, der wenige Jahre zuvor maßgeblich an der Entwicklung der Atombombe beteiligt war, zu überprüfen. Dem Physiker wurden Kontakte zu kommunistischen Kreisen vorgeworfen, was in den USA der McCarthy-Ära einem Landesverrat gleichkam. Kipphardt stützt sich in seinem Stück auf über 3000 Seiten Verhörprotokoll des FBI. Die vorliegende Schlussrede vor dem Untersuchungsausschuss nach dem Entzug der Sicherheitsgarantie hat Oppenheimer im historischen Fall nie gehalten. Sie wurde von Kipphardt frei erfunden.

Oppenheimer Als ich mich vor mehr als einem Monat zum ersten Mal auf dieses alte Sofa setzte, war ich willens, mich zu verteidigen, denn ich fand keine Schuld an mir, und ich sah mich als Opfer einer bestimmten politischen Konstellation, die ich beklagenswert fand.
Zu dem widerwärtigen Unternehmen gezwungen, mein Leben zu rekapitulieren, meine Motive zu handeln, meine Konflikte, und auch die Konflikte, die sich nicht eingestellt hatten, – begann sich meine Haltung zu wandeln. Ich bemühte mich, vollkommen offen

zu sein, und das ist eine Technik, die man erlernen muss, wenn man viele Jahre seines Lebens zu anderen Menschen nicht offen war. Indem ich über mich, einen Physiker in unserer Zeit, nachdachte, begann ich mich zu fragen, ob nicht tatsächlich so etwas stattgefunden hat wie Gedankenverrat, eine Kategorie, die Mr. Robb hier einzuführen empfahl. Wenn ich denke, dass es uns eine geläufige Tatsache geworden ist, dass auch die Grundlagenforschung in der Kernphysik heute die höchste Geheimnisstufe hat, dass unsere Laboratorien von den militärischen Instanzen bezahlt und wie Kriegsobjekte bewacht werden, wenn ich denke, was im gleichen Fall aus den Ideen des Kopernikus oder den Entdeckungen Newtons geworden wäre, dann frage ich mich, ob wir den Geist der Wissenschaft nicht wirklich verraten haben, als wir unsere Forschungsarbeiten den Militärs überließen, ohne an die Folgen zu denken. So finden wir uns in einer Welt, in der die Menschen die Entdeckungen der Gelehrten mit Schrecken studieren, und neue Entdeckungen rufen neue Todesängste bei ihnen hervor. Dabei scheint die Hoffnung gering, dass die Menschen bald lernen könnten, auf diesem klein gewordenen Stern miteinander zu leben, und gering ist die Hoffnung, dass sich ihr Leben eines nicht fernen Tages in seinem materiellen Aspekt auf die neuen menschenfreundlichen Entdeckungen gründen werde.

Es scheint ein weidlich utopischer Gedanke, dass die überall gleich leicht und gleich billig herstellbare Kernenergie andere Gleichheiten nach sich ziehen werde, und dass die künstlichen Gehirne, die wir für die großen Vernichtungswaffen entwickelten, künftig unsere Fabriken in Gang halten könnten, der menschlichen Arbeit ihren schöpferischen Rang zurückgeben. Das würde unserem Leben die materiellen Freiheiten schenken, die eine der Voraussetzungen des Glückes sind, aber man muss sagen, dass diese Hoffnungen durch unsere Wirklichkeit nicht zu belegen sind. Doch sind sie die Alternative zu der Vernichtung dieser Erde, die wir fürchten, und die wir uns nicht vorstellen können. An diesem Kreuzweg empfinden wir Physiker, dass wir niemals so viel Bedeutung hatten und dass wir niemals so ohnmächtig waren.

Als ich mein Leben hier durchging, fand ich, dass die Handlungen, die mich nach Ansicht des Ausschusses belasten, der Idee der Wissenschaften näher gestanden sind als die Verdienste, die man mir anrechnet.

Ganz anders als dieser Ausschuss, frage ich mich infolgedessen, ob wir Physiker unseren Regierungen nicht zuweilen eine zu große, eine zu ungeprüfte Loyalität gegeben haben, gegen unsere bessere Einsicht, in meinem Fall nicht nur in der Frage der Wasserstoffbombe.

Wir haben die besten Jahre unseres Lebens damit verbracht, immer perfektere Zerstörungsmittel zu finden, wir haben die Arbeit der Militärs getan, und ich habe in den Eingeweiden das Gefühl, dass dies falsch war. Obzwar ich die Entscheidung der Mehrheit dieses Ausschusses anfechten werde, will ich fernerhin an Kriegsprojekten nicht arbeiten, wie immer die angestrebte Revision ausfallen mag.

Wir haben die Arbeit des Teufels getan, und wir kehren nun zu unseren wirklichen Aufgaben zurück. Vor ein paar Tagen hat mir Rabi erzählt, dass er sich wieder ausschließlich der Forschung widmen wolle. Wir können nichts besseres tun, als die Welt an diesen wenigen Stellen offenzuhalten, die offenzuhalten sind.

Heinar Kipphardt: In der Sache J. Robert Oppenheimer. Frankfurt: Suhrkamp Verlag 1970, S. 139-141.

Notizen

Lösungsvorschlag

Notizen

Aufgabe 1

Analysieren Sie die Schlussrede J. Robert Oppenheimers. **Verdeutlichen** Sie dabei sein Wissenschaftsverständnis.

Lösungsschritte

1. Lesen Sie den Textauszug mindestens zweimal sehr aufmerksam durch.
2. Setzen Sie sich mit der Aufgabenstellung auseinander und überlegen Sie, was genau verlangt wird.
3. Informieren Sie sich gegebenenfalls über den Operator „analysieren".
4. Strukturieren Sie den Textauszug, d. h. nochmals durchlesen und in Sinnabschnitte einteilen.
5. Lesen Sie den Textauszug ein weiteres Mal und kennzeichnen Sie dabei inhaltliche Aspekte mit grünem Marker, sprachliche Aspekte mit einem gelben Marker.
6. Fassen Sie die wichtigsten Aussagen Oppenheimers thesenartig auf einem Blatt zusammen.
7. Kennzeichnen Sie die Struktur der Argumentation Oppenheimers stichwortartig.
8. Weisen Sie sprachliche und formale Merkmale den einzelnen Argumentationsschritten zu und stellen Sie den Zusammenhang zwischen beiden dar.
9. Fassen Sie die Ergebnisse in einem schriftlichen Text zusammen.
10. Überarbeiten Sie den Text mit Blick auf den sprachlichen Ausdruck und die Verständlichkeit, dabei Rechtschreibung und Zeichensetzung prüfen.

Ausführliche Lösung

Nachdem ihm der Sicherheitsausschuss nach einem Verhörmarathon von mehreren Wochen schließlich doch die Sicherheitsgarantie entzogen hat, hält Julius Robert Oppenheimer nach Abschluss des Verfahrens eine Rede vor dem Ausschuss. In dieser Rede, die der historische Oppenheimer in dieser Form nie gehalten hat, gibt Kipphardt seinem Protagonisten noch einmal die Gelegenheit, sein im Laufe des Untersuchungsverfahrens neu entstandenes Verständnis von Wissenschaft, Wissenschaftlern und ihrer Verantwortung den Menschen gegenüber darzustellen. Dabei geht er hart mit seiner Zunft, aber auch mit sich selbst zu Gericht. Obwohl er nicht gewillt ist, den Spruch des Ausschusses zu akzeptieren, will er fortan nicht mehr an staatlichen bzw. militärischen Projekten mitarbeiten, sondern sich stattdessen der Grundlagenforschung zuwenden.

Schon in seiner ersten Einlassung macht Oppenheimer deutlich, dass im Laufe des mehrwöchigen Prozesses ein Umdenken in ihm stattgefunden habe. Fühlte er sich am Anfang noch „als Opfer einer bestimmten politischen Konstellation" (Z. 3), worunter er sehr litt („die ich beklagenswert fand", Z. 3 f.), veränderte sich im Laufe des Verfahrens seine Einstellung („begann sich meine Haltung zu wandeln.", Z. 7). Interessant ist in diesem Zusammenhang, dass erst der Prozess selbst diesen Reflexionsprozess in ihm ausgelöst hat, anfangs noch mit einem gewissen Vorbehalt und eher unfreiwillig („Zu dem widerwärtigen Unternehmen gezwungen, mein Leben zu rekapitulieren", Z. 5). Schon kurz danach macht Oppenheimer darauf aufmerksam, dass Physiker, insbesondere Atomphysiker, Offenheit gegen sich selbst und andere Menschen erst lernen müssten („eine Technik, die man erlernen muss, wenn man viele Jahre seines Lebens zu anderen Menschen nicht offen war.“, Z. 8 f.).

Ohne Umschweife greift Oppenheimer dann den zentralen Vorwurf auf, der ihm vom Ausschuss der Atomenergiebehörde entgegengebracht wurde, den „Gedankenverrat“ (Z. 11), um ihn aber sofort in einen neuen Kontext zu stellen, indem er den Gegenstand des Verrats, den Adressatenkreis und die eigene Loyalität neu definiert. Wurde ihm vom Ausschuss vorgeworfen, illoyal gegenüber den „militärischen Instanzen“ und „Kriegsprojekten“ des eigenen Landes (Z. 14 f.) gewesen zu sein, fragt sich Oppenheimer nach reiflicher Reflexion, „ob wir [gemeint sind die Atomphysiker] den Geist der Wissenschaft nicht wirklich verraten haben, als wir unsere Forschungsarbeiten den Militärs überließen, ohne an die Folgen zu denken“ (Z. 16–18).

An dieser Stelle seiner Schlussrede wird deutlich, dass sich Oppenheimers Vorstellung von Verrat völlig von der des Ausschusses unterscheidet. War für den Ausschuss vor allem von Bedeutung, ob militärisch relevante wissenschaftliche Details an Landesfeinde weitergegeben wurden, so ist für Oppenheimer selbst der „Geist der Wissenschaft“ (Z. 17 f.) Gegenstand eines möglichen Verrats. Er fragt sich, ob der Tatbestand des Verrats durch ihn und viele andere Physiker nicht schon zu dem Zeitpunkt erfüllt war, „als wir unsere Forschungsarbeiten den Militärs überließen, ohne an die Folgen zu denken“ (Z. 17 f.). Die Folgen dieses Verrates sind sehr weitreichend und haben großen Einfluss auf die Welt und das Leben der Menschen („So finden wir uns in einer Welt, in der die Menschen die Entdeckungen der Gelehrten mit Schrecken studieren, und neue Entdeckungen rufen neue Todesängste bei ihnen hervor“, Z. 18–20).

Auch sprachlich werden diese negativen Folgen sehr drastisch beschrieben, sieht man sich die verwendeten Nomen „Schrecken“ und „Todesängste“ (Z. 19 f.) an, die mit den „Entdeckungen der Gelehrten“ (Z. 19) assoziiert werden. Die Verantwortung der Wissenschaftler für ihre Entdeckungen erhält zudem eine besondere Bedeutung durch die pessimistische Annahme Oppenheimers, Menschen könnten mit den Forschungsergebnissen, welche die Physiker bereitstellen, nicht selbstverantwortlich umgehen bzw. seien in baldiger Zukunft nicht in der Lage zu lernen, „auf diesem klein gewordenen Stern miteinander zu leben“ (Z. 21 f.). Auch schließt er aus, dass wissenschaftlicher Fortschritt „eines nicht fernen Tages“ (Z. 23) menschliches Leben in materiellem Wohlstand ermögliche.

Mit Blick auf die Zukunft („utopischer Gedanke“, Z. 25) hat Oppenheimer große Zweifel, ob der derzeitig erzeugte wissenschaftliche Fortschritt – er spricht zum ersten Mal die „Kernenergie“ (Z. 26) direkt an – die Art und Weise menschlichen Zusammenlebens bereichern werde, z.B. was die Demokratisierung der menschlichen Gesellschaft betrifft („Es scheint ein weidlich utopischer Gedanke, dass die überall gleich leicht und gleich billig herstellbare Kernenergie andere Gleichheiten nach sich ziehen werde“, Z. 25 f.), oder auch Einfluss auf eine menschenwürdigere Arbeitswelt haben werde, indem sie „der menschlichen Arbeit ihren schöpferischen Rang zurückgeben“ (Z. 28 f.) wird. Beide Aspekte, den der Demokratisierung der Gesellschaft und den der Humanisierung der Arbeitswelt, hält er zusammen mit der Möglichkeit „materielle[r] Freiheit“ (Z. 29) für „Voraussetzungen des Glückes“ (Z. 30), hält ihre Realisierung aber „durch unsere Wirklichkeit nicht zu belegen“ (Z. 31). Gleich im Anschluss konstatiert er, dass diese gesellschaftlichen Entwicklungen aber die eigentliche „Alternative zu der Vernichtung dieser Erde, die wir fürchten, und die wir uns nicht vorstellen können“ (Z. 32 f.) seien.

In dieser paradoxen Widersprüchlichkeit („dass wir niemals so viel Bedeutung hatten und dass wir niemals so ohnmächtig waren“, Z. 33 f.), die auch in dem ambivalenten

Notizen

Begriff „Kreuzweg“ (Z. 33) ihren Ausdruck findet, sieht Oppenheimer sich und seine Physikerkollegen gefangen.

Oppenheimer empfindet sich und seine Wissenschaft in einem paradoxen Spannungsfeld unterschiedlicher Interessen, was dazu führt, dass seine persönliche Sichtweise ihn immer mehr zu einem exotischen Einzelgänger seines Faches macht, dessen Wertvorstellungen sich völlig geändert haben („Als ich mein Leben hier durchging, fand ich, dass die Handlungen, die mich nach Ansicht des Ausschusses belasten, der Idee der Wissenschaften nähergestanden sind als die Verdienste, die man mir anrechnet“, Z. 35–37). Diese paradoxe Situation führt zu neuen Sichtweisen bei Oppenheimer, die seinen bisherigen diametral entgegenstehen („Ganz anders als dieser Ausschuss, frage ich mich infolgedessen, ob wir Physiker unseren Regierungen nicht zuweilen eine zu große, eine zu ungeprüfte Loyalität gegeben haben, gegen unsere bessere Einsicht, in meinem Fall nicht nur in der Frage der Wasserstoffbombe.“, Z. 38–41).

Am Ende des Reflexionsprozesses steht ein, wenn auch nicht wissenschaftlich klares, aber ein aus menschlichem Empfinden heraus gewonnenes Urteil („ich habe in den Eingeweiden das Gefühl, dass dies falsch war.“, Z. 43 f.). Eine Wissenschaft, die „immer perfektere Zerstörungsmittel“ hervorbringt und „die Arbeit des Militärs“ (Z. 42 f.) erledigt, hat Oppenheimers Empfinden nach ihre Legitimation verloren. Folgerichtig ist sein Entschluss, in Zukunft nicht mehr „an Kriegsprojekten“ (Z. 45) zu arbeiten, was er im Nachhinein als „Arbeit des Teufels“ (Z. 47) bezeichnet, sondern sich der Grundlagenforschung zuzuwenden („Vor ein paar Tagen hat mir Rabi erzählt, dass er sich wieder ausschließlich der Forschung widmen wolle.“, Z. 48 f.). Er hält diesen Bereich der Forschung für frei und unbelastet („Wir können nichts besseres tun als die Welt an diesen wenigen Stellen offenzuhalten, die offenzuhalten sind.“, Z. 49 f.).

Ob diese Entscheidung letztendlich der geforderten Verantwortung der Wissenschaft gerecht wird, darf bezweifelt werden, da auch die Grundlagenforschung, nicht zuletzt wegen des enormen Kostendrucks, nicht mehr die Freiheit gewährt, die sich Oppenheimer von ihr verspricht.

Aufgabe 2

Versetzen Sie sich in die Person Friedrich Dürrenmatts. Sie haben das Stück *In der Sache J. Robert Oppenheimer* von Heinar Kipphardt gelesen und **entwerfen** nun aus der Perspektive von Dürrenmatt einen Brief an Ihren Schriftstellerkollegen, in dem Sie zu den im Schlussmonolog geäußerten Ansichten von Oppenheimer **Stellung nehmen**.

HINWEIS Haben Sie immer den Adressaten „Ihres“ Briefes, Heinar Kipphardt, vor Augen. Es geht um die Klärung von Gemeinsamkeiten und Unterschieden zwischen Dürrenmatt und Kipphardt bezüglich der Frage nach der Verantwortung des Naturwissenschaftlers nach Hiroshima und Nagasaki.

Lösungsschritte

1. Machen Sie sich mit der Aufgabenstellung vertraut und überlegen Sie, was genau verlangt wird.
2. Informieren Sie sich gegebenenfalls über den Operator „entwerfen“.
3. Werden Sie sich nochmals über das Wissenschaftsverständnis Oppenheimers klar.
4. Führen Sie sich die Position Dürrenmatts zu der Problematik vor Augen.

Notizen

5. Lesen Sie eventuell Ansichten Dürrenmatts, die er in der Rede zu „Theaterprobleme" äußert, und notieren Sie diese thesenartig auf einem Blatt.
6. Führen Sie sich das Wissenschaftsverständnis von Möbius aus dem Stück *Die Physiker* vor Augen und notieren Sie dies thesenartig auf einem Blatt.
7. Arbeiten Sie nochmals die Lösungsschritte zu den *Physikern* durch.
8. Notieren Sie die Unterschiede zu Oppenheimers/Kipphardts Position thesenartig auf einem Blatt.
9. Fassen Sie die wichtigsten Aussagen von Möbius thesenartig auf einem Blatt zusammen.
10. Versetzen Sie sich in die Person Dürrenmatts, der an einen Schriftstellerkollegen einen Brief schreiben möchte.
11. Notieren Sie die Gliederung dieses Briefes stichwortartig auf einem Blatt.
12. Formulieren Sie den Brief aus.
13. Überarbeiten Sie den Brief im Blick auf den sprachlichen Ausdruck und die Verständlichkeit, prüfen Sie dabei Rechtschreibung und Zeichensetzung.

Notizen

Ausführliche Lösung

Lieber Heinar Kipphardt, lieber Schriftstellerkollege,
mit großem Interesse und viel Freude habe ich die Aufführung Ihres jüngsten Werkes „In der Sache J. Robert Oppenheimer" in der Freien Volksbühne in Berlin gesehen. Lassen Sie mich Ihnen sagen, dass ich sehr beeindruckt war von der Art und Weise, wie Sie mit dem schwierigen Thema der Verantwortung des Naturwissenschaftlers gegenüber seiner Forschung und der Menschheit umgegangen sind und wie gut es Ihnen gelungen ist, die unterschiedlichen Interessengruppen in dem dramatischen Prozess sichtbar zu machen.
Ich bin mit Ihnen und anderen Schriftstellern der festen Überzeugung, dass wir uns derzeit auf der Bühne nicht mit erbauenden oder das Publikum nur belustigenden Stücken begnügen dürfen. Sieht man sich die Welt an, wie sie sich in den letzten Jahren entwickelt hat, so dürfen wir Schriftsteller, die wir nach wie vor noch Einfluss auf unser Publikum ausüben können, es uns nicht nehmen lassen, hier eindeutig Stellung zu beziehen und unsere Ansichten deutlich mit den Mitteln der Bühne vorzutragen. Sie haben sich bei Ihrem Stück für die dokumentarische Form des Theaters entschieden und somit eine dramaturgische Aussageform gewählt, die ich sehr geeignet finde, sich dem Problem der Verantwortung der modernen Naturwissenschaft zu nähern, während ich vor ein paar Jahren für mein Stück „Die Physiker" die Form der Komödie gewählt habe, weil ich glaube, dass nur noch die Komödie in der Lage ist, eine Antwort auf den derzeitig undurchschaubaren und chaotischen Zustand der Welt anzubieten.
Es ist somit auch nicht die Form der dramatischen Aussage, die mich stört und zur Feder greifen lässt, um Ihnen, lieber Herr Kipphardt, diese Zeilen zu schreiben, als vielmehr die Haltung Ihres Helden - oder sollte ich nicht besser „Antihelden" sagen - in seinem Schlusswort am Ende des Stückes. Da ich weiß, dass der amerikanische Atomenergieausschuss Oppenheimer selbst keine Gelegenheit zu einem Schlusswort gegeben hat, sondern dass Oppenheimers Reflexionen Ihrer Feder entsprungen sind, so wende ich mich nun an Sie, um Ihnen meine Ratlosigkeit, fast möchte ich sagen, mein Unverständnis zum Ausdruck zu bringen.
Dass Ihr Oppenheimer sein Leben ändert, dass er bereut, was er getan hat, dass er sich gar dafür schämt, mit all dem bin ich einverstanden. Dass dieser Oppenheimer am Ende aber glaubt, durch die Hinwendung zur Grundsatzforschung das Problem für sich zu

lösen, ist naiv, egozentrisch und völlig weltfremd. Ein Physiker ist nicht in der Lage, durch sein Verhalten das „Problem der Physik" zu lösen. Oppenheimer kann nicht ernsthaft glauben, dass die Grundlagenforschung frei bzw. „offen" ist, wie er am Ende selbst sagt. Er ist doch nur ein kleines Teil im großen Räderwerk, das mittlerweile niemand mehr durchschaut und in dem die Verantwortlichkeiten so undurchschaubar geworden sind, dass niemand wirklich Verantwortung für das Ganze übernehmen kann, selbst wenn er es wollte. Ein Aussteigen aus diesem großen Chaos, in dem sich Welt und Leben zur Zeit präsentieren, ist völlig bedeutungslos, vielleicht sogar dem eigentlichen Anliegen gegenüber eher kontraproduktiv, da man anderen das Feld überlässt.
Wie ich schon einmal im Anschluss an mein Stück „Die Physiker" schrieb: Was alle angeht, können nur alle gemeinsam lösen. Wäre es da nicht sinnvoller für Oppenheimer gewesen, eine möglichst große Öffentlichkeit von seinem gerechtfertigten Umdenken zu überzeugen, anstatt sich aus egoistischen Motiven heraus selbst in dem Elfenbeinturm der reinen Wissenschaft, die so nicht mehr existent ist, einzuschließen?

Lieber Kollege,
sehen Sie mir bitte meine kritischen Anmerkungen nach. Aber ich finde, dass ein so gutes Theaterstück wie Ihr „Oppenheimer" ein schlüssigeres und in der Aussage pointierteres Ende verdient hätte.

Zürich, im November 1964
Ihr Friedrich Dürrenmatt

Notizen

Trainingsaufgabe 6

Aufgabentyp	Textinterpretation Drama
Material	Friedrich Dürrenmatt: *Der Besuch der alten Dame* (1955, Uraufführung 1956)
Textsorte	dramatischer Text
Thema	Gesellschaftskritik: Brüchigkeit des Wertesystems
Niveau	grundlegendes Anforderungsniveau (g. A.)

Aufgabe

Analysieren und interpretieren Sie den vorliegenden Szenenausschnitt aus dem ersten Akt der tragischen Komödie *Der Besuch der alten Dame* von Friedrich Dürrenmatt. Arbeiten Sie dabei besonders die sprachlichen Gestaltungsmittel und deren Wirkung heraus.

Material

Friedrich Dürrenmatt (1921-1990)
Der Besuch der alten Dame (Auszug)
(Entstehungsjahr 1955, Uraufführung 1956 im Schauspielhaus Zürich)

Die Kenntnis des Dramas wird für die Lösung der Aufgabe nicht vorausgesetzt.

Inhaltlicher Zusammenhang zu dem hier zu bearbeitenden Szenenausschnitt:
Die in sehr armen Verhältnissen aufgewachsene Klara Wäscher (der Vater war Alkoholiker, die Mutter verließ früh die Familie und starb später im Irrenhaus) erhielt wenig Bildung; die Volksschule verließ sie in allen Fächern mit der Note Ungenügend - auch in Betragen -, nur in der Pflanzen- und Tierkunde erreichte sie eine Vier. Als siebzehnjähriges junges Mädchen erwartete sie von ihrer Jugendliebe Alfred Ill (der Familienname der Figur lautet Ill) ein Kind, wurde aber von ihm im Stich gelassen. Nach einem verlorenen Vaterschaftsprozess musste sie, von den Bürgern geächtet, ihren Heimatort Güllen verlassen. Das Kind starb nach einem Jahr und sie war gezwungen, ihren Lebensunterhalt als Prostituierte zu verdienen. Unerwartet aber wurde sie durch eine Heirat sehr reich und kehrt nun nach vielen Jahren der Abwesenheit als Milliardärin Claire Zachanassian nach Güllen zurück. In der indessen ruinierten kleinen Stadt begrüßt der Bürgermeister die Heimgekehrte.
Hier setzt der zu bearbeitende Szenenausschnitt ein:

Der Bürgermeister Gnädige Frau, meine lieben Güllener. Es sind jetzt fünfundvierzig Jahre her, daß Sie unser Städtchen verlassen haben, welches vom Kurfürsten Hasso dem Noblen gegründet, so freundlich zwischen dem Konradsweilerwald und der Niederung von Pückenried gebettet liegt. Fünfundvierzig Jahre, mehr als vier Jahrzehnte, eine Menge Zeit. Vieles hat sich inzwischen ereignet, viel Bitteres. Traurig ist es der

Notizen

Welt ergangen, traurig uns. Doch haben wir Sie, gnädige Frau - unser Kläri - *Beifall* - nie vergessen. Weder Sie, noch Ihre Familie. Die prächtige, urgesunde Mutter, die ganz in ihrer Ehe aufging - *Ill flüstert ihm etwas zu* - leider allzu früh entschwunden, der volkstümliche Vater, der beim Bahnhof ein von Fachkreisen und Laien stark besuchtes - *Ill flüstert ihm etwas zu* - stark beachtetes Gebäude errichtete, leben in Gedanken noch unter uns, als unsere Besten, Wackersten. Und gar Sie, gnädige Frau - als blond - *Ill flüstert ihm etwas zu* - rotgelockter Wildfang tollten Sie durch unsere nun leider verlotterten Gassen - wer kannte Sie nicht. Schon damals spürte jeder den Zauber Ihrer Persönlichkeit, ahnte den kommenden Aufstieg zu der schwindelnden Höhe der Menschheit. Er zieht das Notizbüchlein hervor. Unvergessen sind Sie geblieben. In der Tat. Ihre Leistung in der Schule wird noch jetzt von der Lehrerschaft als Vorbild hingestellt, waren Sie doch besonders im wichtigsten Fach erstaunlich, in der Pflanzen- und Tierkunde, als Ausdruck Ihres Mitgefühls zu allem Kreatürlichen, Schutzbedürftigen. Ihre Gerechtigkeitsliebe und Ihr Sinn für Wohltätigkeit erregte schon damals die Bewunderung weiter Kreise. *Riesiger Beifall.* Hatte doch unser Kläri einer armen alten Witwe Nahrung verschafft, indem sie mit ihrem mühsam bei Nachbarn verdienten Taschengeld Kartoffeln kaufte und sie so vor dem Hungertode bewahrte, um nur eine ihrer barmherzigen Handlungen zu erwähnen. *Riesiger Beifall.* Gnädige Frau, liebe Güllener, die zarten Keime so erfreulicher Anlagen haben sich denn nun kräftig entwickelt, aus dem rotgelockten Wildfang wurde eine Dame, die die Welt mit ihrer Wohltätigkeit überschüttet, man denke nur an ihre Sozialwerke, an ihre Müttersanatorien und Suppenanstalten, an ihre Künstlerhilfe und Kinderkrippen, und so möchte ich der nun Heimgefundenen zurufen: Sie lebe hoch, hoch, hoch!

Beifall. Claire Zachanassian erhebt sich.

Claire Zachanassian Bürgermeister, Güllener. Eure selbstlose Freude über meinen Besuch rührt mich. Ich war zwar ein etwas anderes Kind, als ich nun in der Rede des Bürgermeisters vorkomme, in der Schule wurde ich geprügelt, und die Kartoffeln für die Witwe Boll habe ich gestohlen, gemeinsam mit Ill, nicht um die alte Kupplerin vor dem Hungertode zu bewahren, sondern um mit Ill einmal in einem Bett zu liegen, wo es bequemer war als im Konradsweilerwald oder in der Peterschen Scheune. Um jedoch meinen Beitrag an eure Freude zu leisten, will ich gleich erklären, daß ich bereit bin, Güllen eine Milliarde zu schenken. Fünfhundert Millionen der Stadt und fünfhundert Millionen verteilt auf alle Familien.

Totenstille.

Der Bürgermeister *stotternd* Eine Milliarde.

Alle immer noch in Erstarrung.

Claire Zachanassian Unter einer Bedingung.

Alle brechen in einen unbeschreiblichen Jubel aus. Tanzen herum, stehen auf den Stühlen, der Turner turnt usw. Ill trommelt sich begeistert auf die Brust.

Ill Die Klara! Goldig! Wunderbar! Zum Kugeln! Voll und ganz mein Zauberhexchen!

Er küsst sie.

Der Bürgermeister Unter einer Bedingung, haben gnädige Frau gesagt. Darf ich diese Bedingung wissen?

Claire Zachanassian Ich will die Bedingung nennen. Ich gebe euch eine Milliarde und kaufe mir dafür die Gerechtigkeit.

Totenstille.

Der Bürgermeister Wie ist dies zu verstehen, gnädige Frau?

Claire Zachanassian Wie ich es sagte.

Der Bürgermeister Die Gerechtigkeit kann man doch nicht kaufen!

Notizen

Claire Zachanassian Man kann alles kaufen.

Der Bürgermeister Ich verstehe immer noch nicht.

Claire Zachanassian Tritt vor, Boby.

Der Butler tritt von rechts in die Mitte zwischen die drei Tische, zieht die dunkle Brille ab.

Der Butler Ich weiß nicht, ob mich noch jemand von euch erkennt.

Der Lehrer Der Oberrichter Hofer.

Der Butler Der Oberrichter Hofer. Ich war vor fünfundvierzig Jahren Oberrichter in Güllen und kam dann ins Kaffiger Appellationsgericht[1], bis mir vor nun fünfundzwanzig Jahren Frau Zachanassian das Angebot machte, als Butler in ihre Dienste zu treten. Ich habe angenommen. Eine für einen Akademiker vielleicht etwas seltsame Karriere, doch die angebotene Besoldung war derart phantastisch –

Claire Zachanassian Komm zum Fall, Boby.

Der Butler Wie ihr vernommen habt, bietet Frau Claire Zachanassian eine Milliarde und will dafür Gerechtigkeit. Mit anderen Worten: Frau Claire Zachanassian bietet eine Milliarde, wenn ihr das Unrecht wiedergutmacht, das Frau Zachanassian in Güllen angetan wurde. Herr Ill, darf ich bitten.

(Ende des Szenenausschnitts)

(Die Rechtschreibung folgt der Quelle.)

Notizen

1 Berufungsgericht

Lösungsvorschlag

Aufgabe

Analysieren und **interpretieren** Sie den vorliegenden Szenenausschnitt aus dem ersten Akt der tragischen Komödie *Der Besuch der alten Dame* von Friedrich Dürrenmatt. Arbeiten Sie dabei besonders die sprachlichen Gestaltungsmittel und deren Wirkung heraus.

Lösungsschritte

Untersuchen Sie zunächst Aufbau und Inhalt der Rede des Bürgermeisters.

1. Überprüfen Sie, wie sich der Bürgermeister in seiner Rede auf die Adressaten, Claire Z. und die Bewohner von Güllen, bezieht. Zeigen Sie, dass er die Beziehung von Claire zu den Güllenern bewusst verfälschend darstellt.
2. Weisen Sie am Text nach, dass der Bürgermeister zunächst eine höfliche Distanz zu Claire Z. bewahrt, aber diese Distanz im Laufe seiner Rede immer mehr verringert.
3. Gehen Sie darauf ein, wie er die Ereignisse, die zur Vertreibung von Claire Z. aus Güllen geführt haben, bewertet und zugunsten der Stadt umdeutet.
4. In diesem Zusammenhang müssen Sie untersuchen, in welcher Weise der Bürgermeister die wirtschaftliche Situation der Stadt anspricht.
5. Untersuchen Sie die Reaktion der Güllener auf die Ausführungen ihres Bürgermeisters und prüfen Sie, wie sich ihr Verhalten entwickelt.
6. Formulieren Sie das Ziel, das der Bürgermeister mit seiner Rede verfolgt.
7. Gehen Sie dabei darauf ein, wie der Bürgermeister Claires 45-jährige Abwesenheit bewertet.

Analysieren Sie die sprachlichen und formalen Mittel seiner Rede:

8. An welchen Formulierungen, Redewendungen und Wörtern ist die Verlogenheit des Bürgermeisters nachweisbar?
9. Wie wird die Beziehung zwischen Claire Z. und den Güllenern sprachlich gestaltet?
10. Wie wird Claire als Kind bzw. Heranwachsende beschrieben, welche Formulierungen werden dabei vom Bürgermeister benutzt?

Untersuchen Sie nun Aufbau und Inhalt von Claires Erwiderung auf die Rede des Bürgermeisters:

11. Zeigen Sie, dass Claires Antwort inhaltlich und sprachlich in einem starken Gegensatz zu der Rede des Bürgermeisters steht.
12. Erarbeiten Sie die sprachlichen und formalen Merkmale von Claires Antwort heraus. Beachten Sie dabei den Satzbau, die szenische Darstellung und die Entwicklung bis zu ihrer Forderung nach Gerechtigkeit.

Notizen

Stichpunktlösung

Die Rede des Bürgermeisters und Claires Antwort stellen die Weichen für den weiteren Verlauf des Stückes.
Die vorgelegten Textauszüge stehen inhaltlich und sprachlich in einem Gegensatz zueinander.

Rede des Bürgermeisters

- Der Bürgermeister hat das grundsätzliche Interesse, Claire für sich zu gewinnen. Seine Hoffnung besteht darin, dass seine finanziell ruinierte Kleinstadt vom Reichtum der Claire Z. profitieren könnte.
- Er verfälscht aus materiellem Interesse die Vergangenheit.
- Am Anfang seiner Rede wahrt er zu Claire formelle Distanz („Gnädige Frau").
- Er nähert sich ihr im weiteren Verlauf seiner Ansprache immer mehr an, was sich in seinen Bezeichnungen niederschlägt („unser Kläri", Z. 6).
- Er beschönigt die schulische Vergangenheit von Claire („die zarten Keime so erfreulicher Anlagen", Z. 24).
- Er biedert sich an („rotgelockter Wildfang", Z. 12).
- Der Beifall der Güllener steigert sich im Verlauf der Ansprache. Der Bürgermeister wird dadurch in seinem Bemühen geradezu angetrieben. Der letzte Satz seiner Rede ist auch der längste.
- Der Bürgermeister deutet den Begriff Heimat („Heimgefundene", Z. 28) in seinem Sinn um. Er versteht Claires Rückkehr nach Güllen als Ausdruck einer natürlichen und zwangsläufigen Entwicklung, da sie und Güllen, in seinem Verständnis, eine von der Natur geforderte Einheit sind.

Rede Claires

- Claire adressiert ihr Publikum ohne Höflichkeitsformel, unter Verzicht auf gesellschaftliche Konventionen („Bürgermeister, Güllener", Z. 30).
- Ihre Antwort ist kurz (ca. ein Drittel des Umfangs, den die Rede des Bürgermeisters hat).
- Sie stellt die Fakten klar, ihre Rede ist vom scharfen Kontrast zu der des Bürgermeisters geprägt, sie entlarvt das von ihm gezeichnete, kitschige Bild einer wohltätigen Seele: „die arme alte Witwe" (Z. 20-21) aus der Ansprache des Bürgermeisters bezeichnet sie als „alte Kupplerin" (Z. 33); sie hat ihr nicht vom mühsam verdienten Taschengeld Kartoffeln gekauft, um sie „vor dem Hungertode" zu bewahren (Bürgermeister Z. 21-22, von ihr ironisch zitiert Z. 33-34), sondern sie hat die Kartoffeln für sie gestohlen, „um mit Ill einmal in einem Bett zu liegen" (Z. 34) - also aus ganz eigennützigen Motiven.
- Claire ist selbstsicher.
- Sie kennt die Güllener und begegnet ihnen mit Ironie. Ihre Formulierung, sie sei gerührt über deren „selbstlose Freude" (Z. 30) über ihren Besuch, steht in einem starken ironischen Gegensatz zu der Richtigstellung der Lügen des Bürgermeisters, ebenso ihre Ankündigung, Güllen eine Milliarde schenken zu wollen.
- Sie weiß, dass sie mit ihrem Geld alles kaufen kann, auch das Recht und die Justiz - so, wie sie den ehemaligen Richter in dem Vaterschaftsprozess gegen Ill kaufen konnte, der sich nun als Butler Boby bei ihr verdingt (denn „die angebotene Besoldung war derart phantastisch", Z. 66).

Notizen

- Ihre Sprache ist kurz angebunden, beinahe militärisch, im Gegensatz zu der ausschweifenden Rede des Bürgermeisters und dem Erzählversuch des Butlers, den sie ungeduldig unterbricht.

Eine eigenständige Wertung des Textes sollte auf die Verführungsmacht des Geldes, die Brüchigkeit des Wertesystems in der materialistischen Nachkriegsgesellschaft, auf die Käuflichkeit von Recht und Gerechtigkeit oder auf die Kritik des Autors an der westlichen Wohlstandsgesellschaft eingehen.

Notizen

Trainingsaufgabe 7

Aufgabentyp	Textinterpretation Drama
Material	Georg Büchner: *Dantons Tod* (erschienen 1835, Uraufführung 1902)
Textsorte	Dramentext
Thema	Schuld und Verantwortung
Niveau	erhöhtes Anforderungsniveau (e. A.)

Notizen

Aufgabe

Interpretieren Sie den Text. Analysieren Sie die Gestaltung der Szene. Beschreiben Sie den Konflikt und setzen Sie sich mit der Situation auseinander.

Material

Georg Büchner (1813-1837)
Dantons Tod. Ein Drama (erschienen 1835, Uraufführung 1902)

Das Drama spielt im Frühjahr 1794 in Paris; es ist dies die Spätphase der Jakobinerherrschaft während der Französischen Revolution. Dem Revolutionsführer Danton ist es durch sein konsequentes, Menschenopfer in Kauf nehmendes Handeln im September 1792 zu danken, dass die junge französische Republik gerettet werden konnte. Doch diese Republik hat noch immer keine Lösung für die materiellen Bedürfnisse des Volkes. In der folgenden Szene eröffnet Büchner einen ungewöhnlichen Blick auf den Revolutionär.

2. Akt, 5. Szene
Ein Zimmer
Es ist Nacht.

Danton *am Fenster* Will denn das nie aufhören? Wird das Licht nie ausglühn und der Schall nie modern? Will's denn nie still und dunkel werden, daß wir uns die garstigen Sünden einander nicht mehr anhören und ansehen? - September! -
Julie *ruft von innen* Danton! Danton!
Danton He?
Julie *tritt ein* Was rufst du?
Danton Rief ich?
Julie Du sprachst von garstigen Sünden, und dann stöhntest du: September!
Danton Ich, ich? Nein, ich sprach nicht, das dacht ich kaum, das waren nur ganz leise, heimliche Gedanken.
Julie Du zitterst, Danton!
Danton Und soll ich nicht zittern, wenn so die Wände plaudern? Wenn mein Leib so zerschellt ist, daß meine Gedanken unstet umirrend mit den Lippen der Steine reden? Das ist seltsam.

Julie Georg, mein Georg!

Danton Ja, Julie, das ist sehr seltsam. Ich möchte nicht mehr denken, wenn das gleich so spricht. Es gibt Gedanken, Julie, für die es keine Ohren geben sollte. Das ist nicht gut, daß sie bei der Geburt gleich schreien wie Kinder; das ist nicht gut.

Julie Gott erhalte dir deine Sinne, Georg! - Georg, erkennst du mich?

Danton Ei warum nicht, du bist ein Mensch und dann eine Frau und endlich meine Frau, und die Erde hat fünf Weltteile, Europa, Asien, Afrika, Amerika, Australien, und zweimal zwei macht vier. Ich bin bei Sinnen, siehst du. - Schrie's nicht September[1]? Sagtest du nicht so was?

Julie Ja, Danton, durch alle Zimmer hört ich's.

Danton Wie ich ans Fenster kam - *(er sieht hinaus)* die Stadt ist ruhig, alle Lichter aus ...

Julie Ein Kind schreit in der Nähe.

Danton Wie ich ans Fenster kam - durch alle Gassen schrie und zetert' es: September!

Julie Du träumtest, Danton. Faß dich.

Danton Träumtest? Ja, ich träumte, doch das war anders, ich will dir es gleich sagen, mein armer Kopf ist schwach, gleich! So, jetzt hab ich's! Unter mir keuchte die Erdkugel in ihrem Schwung, ich hatte sie wie ein wildes Roß gepackt, mit riesigen Gliedern wühlt ich in ihren Mähnen und preßt ich ihre Rippen, das Haupt abwärts gewandt, die Haare flatternd über dem Abgrund. So ward ich geschleift. Da schrie ich in der Angst, und ich erwachte. Ich trat ans Fenster - und da hört ich's, Julie.
Was das Wort nur will? Warum gerade das? Was hab ich damit zu schaffen? Was streckt es nach mir die blutigen Hände? Ich hab es nicht geschlagen. O hilf mir, Julie, mein Sinn ist stumpf! War's nicht im September, Julie?

Julie Die Könige waren noch vierzig Stunden von Paris ...

Danton Die Festungen gefallen, die Aristokraten in der Stadt ...

Julie Die Republik war verloren.

Danton Ja, verloren. Wir konnten den Feind nicht im Rücken lassen, wir wären Narren gewesen: zwei Feinde auf einem Brett; wir oder sie, der Stärkere stößt den Schwächeren hinunter, ist das nicht billig?

Julie Ja, ja.

Danton Wir schlugen sie - das war kein Mord, das war Krieg nach innen.

Julie Du hast das Vaterland gerettet.

Danton Ja, das hab ich; das war Notwehr, wir mußten. Der Mann am Kreuze hat sich's bequem gemacht: Es muß ja Ärgernis kommen, doch wehe dem, durch welchen Ärgernis kommt! - Es muß, das war dies Muß. Wer will der Hand fluchen, auf die der Fluch des Muß gefallen? Wer hat das Muß gesprochen, wer? Was ist das, was in uns hurt, lügt, stiehlt und mordet?
Puppen sind wir, von unbekannten Gewalten am Draht gezogen; nichts, nichts wir selbst! Die Schwerter, mit denen Geister kämpfen - man sieht nur die Hände nicht, wie im Märchen. - Jetzt bin ich ruhig.

Julie Ganz ruhig, lieb Herz?

Danton Ja, Julie; komm, zu Bette!

Georg Büchner, Dantons Tod. Stuttgart: Reclam Verlag 1995 (Die Rechtschreibung folgt der Quelle.)

1 Anspielung auf die sogenannten „Septembermorde“ der Jakobiner zwischen dem 2. und dem 6. September 1792, denen über 1 000 adlige, als Feinde der Republik geltende Gefängnisinsassen zum Opfer fielen.

Notizen

Lösungsvorschlag

Notizen

Aufgabe

Interpretieren Sie den Text. **Analysieren** Sie die Gestaltung der Szene. **Beschreiben** Sie den Konflikt und **setzen** Sie sich mit der Situation **auseinander**.

Lösungsschritte

1. Lesen Sie den Text aufmerksam durch und vergegenwärtigen Sie sich die Aufgabenstellung.
2. Erstellen Sie eine Grobgliederung der Szene und machen Sie sich entsprechende Notizen.
3. Lesen Sie den Text ein zweites Mal und markieren Sie Schlüsselstellen.
4. Formulieren Sie das Thema der Szene.
5. Charakterisieren Sie Danton.
6. Arbeiten Sie die Figurenkonstellation heraus.
7. Untersuchen Sie den Text sprachlich und stilistisch.
8. Machen Sie sich Notizen zu Autor, Werk und Epoche.
9. Stellen Sie den Text in den Zusammenhang von historischem Hintergrund, der Epoche, anderen Werken (kontextualisieren).
10. Entwickeln Sie eine Gliederung des Interpretationsaufsatzes.
11. Formulieren Sie Ihre eigene Darstellung aus.
12. Lesen Sie Ihren Text noch einmal gründlich mit Blick auf Verständlichkeit, Rechtschreibung und Zeichensetzung und überarbeiten Sie ihn entsprechend.

Ausführliche Lösung

Die Szene II, 5 aus Büchners Geschichtsdrama *Dantons Tod* handelt von den Albträumen Dantons und seinen Erinnerungen an die Septembermorde, im weiteren Verlauf der Szene auch von den Rechtfertigungen der Septembermorde und von der Reflexion über die Ausweglosigkeit menschlichen Handelns (Determinismus).

Handlungskontext

Georg Danton gehört zu den führenden Köpfen der Französischen Revolution und war 1792 im Verlauf der Revolution verantwortlich für die Septembermorde an klerikalen und royalistischen Abgeordneten und Häftlingen. In der Folgezeit kommt es zu Auseinandersetzungen zwischen Robespierre und Danton, da Danton und seine Anhänger ein Ende des Terrors fordern, während Robespierre für eine Verschärfung des Terrors plädiert, mit dem Ziel, die Revolution zu vollenden.
Um seine Macht zu behaupten, verabredet Robespierre mit St. Just die Verhaftung Dantons. Die Freunde Dantons drängen ihn, zu handeln und im Konvent gegen Robespierre aufzutreten oder wenigstens zu fliehen. Doch Danton bleibt untätig, weil er einerseits auf sein Ansehen im Volk vertraut, andererseits über die Richtigkeit seines Handelns in Zweifel gerät. Dieser Zweifel über die Möglichkeit des Handelns in der Geschichte bestimmt auch den Dialog mit Julie in der fünften Szene des zweiten Aktes. Im weiteren Verlauf der Dramenhandlung wird Danton verhaftet, vor das Volkstribunal gebracht und in einem Schauprozess zum Tode durch die Guillotine verurteilt. Danton stirbt als Opfer der Revolution.

Inhalt der Szene

Georg Danton ist in der Nacht allein in einem Zimmer, das wahrscheinlich auch als Schlafgemach dient (er ist aus einem Traum erwacht, am Schluss sagt er: „Julie, komm, zu Bette“, Z. 57); er steht am Fenster und erinnert sich an ihn bedrückende Bilder aus einem Albtraum. In rhetorischen Fragen beklagt er diese Erinnerungen, die ihm allmählich als Bilder der Septembermorde bewusst werden. Er wünscht sich, dass Licht und Schall verschwinden, die Symbole für die Erinnerung („will's denn nie still und dunkel werden“, Z. 2); er sehnt sich nach Stille und Dunkelheit und damit nach der Negation alles Endlichen, dann konkreter nach dem Vergehen der „garstigen Sünden“ (Z. 2f.), die er vergessen möchte, „nicht mehr anhören und ansehen“ (Z. 3). Der Ausruf „September!“ gibt schließlich den deutlichen Hinweis auf die Septembermorde.

Julie betritt den Raum, von seinem lauten Selbstgespräch gerufen, erkundigt sich besorgt nach den für sie seltsamen Aussagen („garstige Sünden“, „September“) und stellt sein Zittern fest.

Danton versucht diese Aussagen als „heimliche Gedanken“ (Z. 10) zu verharmlosen, gesteht dann aber in rhetorischen Fragen ein, dass er sich körperlich zerschlagen („mein Leib ... zerschellt“, Z. 12f.) und geistig verwirrt fühlt („meine Gedanken unstet, umirrend“, Z. 13). Er möchte sich von seinem schlechten Gewissen („heimlichen Gedanken“, Z. 10) distanzieren („möchte nicht mehr denken, wenn das gleich so spricht“, Z. 16–17), möchte es loswerden, die Gedanken verstummen lassen (die Personifikation „Lippen der Steine“, Z. 13, bedeutet wohl paradoxerweise, so stumm wie Steine zu sein), die „bei der Geburt gleich schreien wie Kinder“ (Z. 18). Seine Traumbilder erinnern ihn an seine Verantwortung für die Septembermorde; seine damaligen Absichten und Gedanken erscheinen ihm verwerflich („für die es keine Ohren geben sollte“, Z. 17).

Julie befürchtet, dass er wahnsinnig wird („Gott erhalte dir deine Sinne“, Z. 19), und prüft, ob er seiner Sinne noch mächtig ist („Georg, erkennst du mich?“, Z. 19).

Danton antwortet mit banalen Feststellungen als Beweis für seine Vernunft (Julie sei Mensch, Frau, seine Frau; die Erde habe fünf Kontinente; er löst eine einfache Rechenaufgabe); er fragt Julie, ob sie nicht auch den Schrei „September!“ gehört habe.

Julie versucht ihn zu beruhigen („Ein Kind schreit in der Nähe“, Z. 27) und erklärt seine Wahrnehmung als Traum („Du träumtest, Danton“, Z. 29). Danton greift dieses Stichwort auf und erzählt von seinem Albtraum, in dem er die Erde wie ein Pferd zu lenken versucht hat, wobei das wilde Pferd sich aber nicht bändigen ließ und er scheiterte (Wechsel von Aktiv zu Passiv: „So ward ich geschleift“, Z. 34). Bei seiner Überlegung zum Wort „September“ (Z. 36–38) erinnert er sich an die Septemberereignisse von 1792, weist aber die Schuld daran zurück („was hab ich damit zu schaffen. Was streckt es nach mir die blutigen Hände? Ich hab es nicht geschlagen.“, Z. 36–37).

Die folgende Stichomythie (wechselnde Repliken) zwischen Danton und Julie veranschaulicht Julies Redeanteil als gleichwertig: Der Satz des einen fällt in den des anderen, einer setzt den anderen fort, stützt ihn, sie bieten sich gegenseitig die Stichworte an, sie sprechen somit als gleichberechtigte Partner. Julie und Danton versuchen in diesen kurzen Repliken die Septembermorde zu rechtfertigen, mit Hinweisen auf die akuten Gefahren für die Republik, von außen durch die alliierten, monarchischen Truppen („Die Könige waren noch vierzig Stunden von Paris“, Z. 39, „Die Festungen gefallen“, Z. 40) und von innen durch die gegenrevolutionären Aristokraten („die Aristokraten in der Stadt“, Z. 40; „den Feind ... im Rücken“, Z. 42). Die Septembermorde seien eine Frage der Macht des Stärkeren, eine Frage der Rettung des Vaterlandes, sie seien „Krieg nach innen“ (Z. 46) und „Notwehr“ (Z. 48) gewesen und eben „kein Mord“ (Z. 46) – mit dieser Feststellung von der Notwendigkeit seines Handelns („wir mußten“, Z. 48)

Notizen

leitet Danton über zur Erkenntnis der grundsätzlichen Abhängigkeit des Menschen, der wie eine Marionette „von unbekannten Gewalten am Draht gezogen“ (Z. 53) wird und dem „Fluch des Muß“ (Z. 50 f.) ausgeliefert ist, dem Fatalismus der Geschichte.
Danton nimmt das Handeln des Menschen wie auch sein eigenes Handeln als ein Rollenspiel in einem determinierten Geschichtsprozess wahr. Die Geschichte vollzieht sich nach bestimmten Gesetzen, die dem Menschen nicht durchschaubar sind („unbekannte Gewalten“) und denen er sich auch nicht entziehen kann („der Fluch des Muß“). Danton ist hinsichtlich seiner Rolle im Revolutionsprozess desillusioniert und sieht sich weniger als Täter denn eher als Opfer der Geschichte bzw. der Revolution. Diese Erkenntnis vom Fatalismus der Geschichte, von seiner Rolle als Marionette in der Revolutionsgeschichte, entlastet Danton und befreit ihn von seinen Selbstvorwürfen, sodass er schließlich sagen kann: „Jetzt bin ich ruhig.“ (Z. 55)

Dialogführung
Die Dialogführung korrespondiert mit dem Inhalt der Szene: Der Eingangsmonolog Dantons ermöglicht die Innensicht auf seine Träume, Ängste und seine Sehnsucht. Zwar hat Danton größere Redeanteile im folgenden Dialog mit Julie, aber die ernsthafte und ehrliche Kommunikation zwischen beiden verweist auf eine komplementäre Kommunikation und die Gleichwertigkeit von Julie als Gesprächspartnerin. In kurzen Repliken (von Z. 39 bis Z. 47) zeigen sich ergänzende und gleichwertige Gesprächsanteile, jeweils den vorherigen Gedanken aufgreifend, bestätigend, wiederholend, verstärkend. Der Redeablauf in der Szene ist diskontinuierlich, die zentralen Probleme von Schuld und Schicksal, Handlungsfreiheit und -unfreiheit werden in mehreren Bildern erst andeutend, dann im Gespräch, dann monologisierend aufgegriffen und variiert.

Stil- und Sprachanalyse
Auch die Stil- und Sprachanalyse zeigt eine Korrespondenz zum Inhalt der Szene und zum Verhalten der Dialogpartner. So ist Dantons dominierender Redeanteil durch viele echte und auch rhetorische Fragen gekennzeichnet (Z. 12–14, 36–38, 43 f., 50–52), die Ausrufe (Z. 4, 28, 31) und Flüche (Z. 51–54) verstärken den Eindruck vom erregten Zustand Dantons; die vielfältigen Personifikationen („Wände plaudern“, Z. 12; „Gedanken ... reden“, Z. 13; „die Lippen der Steine“, Z. 13; „Gedanken ... schreien wie Kinder“, Z. 17–18; „keuchte die Erdkugel“, Z. 31; „Was das Wort nur will? ... Was streckt es nach mir die blutigen Hände“, Z. 36–37) verdeutlichen vor allem komplizierte und abstrakte Vorstellungen und Verhältnisse, nämlich die unangenehmen und Danton bedrängenden Gedanken seiner Schuld und der Abhängigkeit von der Geschichte.
Hinzu kommen Licht- und Lautsymbolik, die mythologische Metaphorik des Ritts auf der Erdkugel, die Marionettenmetapher, Vergleiche („schreien wie Kinder“, Z. 18; „wie ein wildes Roß gepackt“, Z. 32; „wie im Märchen“, Z. 55), Anaphern („wenn ... Wenn ...“, Z. 12), Wiederholungen und Parallelismen („Träumtest? Ja, ich träumte ...“, Z. 30; „verloren ... Ja, verloren ...“, Z. 41–42, „Muß“, Z. 51), Enumeratio („und ... und ... und ...“, Z. 20–21). Der überwiegend parataktische Satzbau entspricht der Erregung Dantons, der Sprache des Zweifels und der Verzweiflung.
Die Sprache Julies ist weniger metaphorisch und eher sachlich, aber auch emotional. Julie reagiert im Dialog situationsangemessen, wenn auch hocherregt, und ihre Repliken rufen Danton aus seinem Albtraum heraus („erkennst du mich?“, Z. 19), worauf er mit sprachlichem Leerlauf antwortet. Sie entlockt ihm mit dem Reizwort „Traum“ seine Traumerzählung und kann ihn im gleichsam therapeutischen Gespräch („Könige ... von Paris“ bis „Ja, verloren“, Z. 39–42) von seinen Schuldgefühlen abbringen.

Notizen

Konflikt
Es geht in dieser Dramenszene um die Möglichkeit der Freiheit des Handelns und die Frage der Schuld bzw. der Verantwortung. Danton möchte einerseits für sein Handeln bei den Septembermorden nicht verantwortlich, nicht schuldig sein, andererseits rechtfertigt er sein Handeln als Notwendigkeit in der konkreten Situation. Die Vision vom Ritt auf der Erdkugel enthält ein ähnliches Problem, nämlich einerseits die Vorstellung, die Welt, die Geschichte lenken zu können, aber gleichzeitig die Erfahrung des Scheiterns, der Abhängigkeit von der Geschichte. Der Schlussmonolog über den „Fluch des Muß" enthält erneut die Frage nach der Handlungsfreiheit oder der Abhängigkeit des Handelns von der Geschichte (Fatalismus der Geschichte) und er schließt mit der Marionettenmetapher: „von unbekannten Gewalten am Draht gezogen" (Z. 53). Die Feststellung der Ausweglosigkeit und Abhängigkeit des Menschen hat folglich Nihilismus zur Konsequenz: „nichts, nichts (sind) wir selbst!" (Z. 53 f.).
Mit der Frage: „Was ist das, was in uns hurt, lügt, stiehlt und mordet?" (Z. 51 f.) relativiert Danton/Büchner Fragen der Schuld, der Moral und wendet sich gegen den Dogmatismus in der Moral. Die Taten müssen nach den Motiven und den Umständen, die die Tat bewirken, bewertet werden. Diese Relativierung der Moral bedeutet aber nicht die Aufhebung der Moral.

Kontextualisierung
Büchners Drama als erstes deutsches Revolutionsdrama lässt sich wegen der politischen und revolutionären Thematik dem Vormärz (1830–49) bzw. dem Jungen Deutschland zuordnen (Merkmale: Politisierung, Kritik an Monarchie und Absolutismus, Kampf für soziale Gerechtigkeit und Frauenemanzipation). Die resignative, melancholische, skeptische und fatalistische Grundhaltung Dantons zeigt aber eher einen Widerspruch zum aufbegehrenden und revolutionären Elan der oppositionellen Gruppen dieser Epoche und enthält damit auch Merkmale des Biedermeier (Rückzug aus der Politik, Flucht in die eigene Gefühls- und Gedankenwelt als Reaktion auf die Widersprüche zwischen der Wirklichkeit und den individuellen Werten).
Dantons Frage nach der Freiheit des Handelns bzw. seine Antwort, die Determiniertheit des Handelns durch die Geschichte, ist auch heute virulent – in etwas anderer Ausprägung angesichts der vielfältigen Erkenntnisse der Genetik, die viele Verhaltensmerkmale genetisch bestimmen und für jeden Menschen festlegen lässt. Man könnte hier durchaus zu einer pessimistischen Sicht gelangen.
In der Politik, in der politische, wirtschaftliche, soziale Entscheidungen getroffen werden müssen, ist es jedoch unumgänglich, die Vorstellung von der Freiheit des Handelns als Grundlage zu nehmen, denn erst unter dieser Voraussetzung kann in die Politik eingegriffen und kann sie gesteuert werden. Die Demokratie beruht auf der Idee der Freiheit und setzt die Mitwirkungsbereitschaft der Staatsbürger voraus, fordert sie sogar. Mit dem Rückzug der Bürger aus der Politik werden andere die Geschicke des Staates übernehmen, nicht unbedingt in dem Sinne, wie der Bürger es sich selbst wünscht.
Ein in manchen Grundzügen vergleichbares, in anderen gegenteiliges Beispiel gibt Antigone in dem gleichnamigen Drama von Sophokles, die sich mutig für ihre Überzeugung einsetzt. Ein positives Beispiel für vernunftorientiertes und erfolgreiches Handeln zugunsten der Toleranz bietet Nathan in Lessings Drama *Nathan der Weise*. Viele weitere Dramen zeigen Helden, die sich mit den gesellschaftlichen Zwängen auseinandersetzen müssen und ihre eigenen Entscheidungsmöglichkeiten (Freiheit des Handelns) grundsätzlich reflektieren, so beispielsweise Goethes *Iphigenie*, Schillers *Don Karlos* und sein *Wallenstein*.

Notizen

Trainingsaufgabe 8

Notizen

Aufgabentyp	Textinterpretation; Erörterung
Material	Franz Kafka: *Ein altes Blatt* (1917) Georg Büchner: *Woyzeck* (1879)
Textsorte	epische Texte: Erzählung; Drama
Thema	Gewalt und Ohnmacht; 20. Jahrhundert; Vormärz
Niveau	grundlegendes Anforderungsniveau (g. A.)

Aufgaben

1. Interpretieren Sie Franz Kafkas Erzählung *Ein altes Blatt*, indem Sie neben der inhaltlichen und sprachlichen Gestaltung auch den Aufbau der Erzählung berücksichtigen.
2. Vergleichen Sie, wie die Erscheinungsformen von Gewalt und Ohnmacht in Kafkas Erzählung *Ein altes Blatt* und in Büchners Dramenfragment *Woyzeck* das Handeln der Personen bestimmen.
3. Diskutieren Sie auf der Grundlage Ihrer Ergebnisse aus Aufgabe 2, welcher der beiden Autoren „Gewalt und Ohnmacht" hinsichtlich heutiger Lebenserfahrung überzeugender thematisiert. Beziehen Sie dabei auch Beispiele aus Ihrer eigenen Lebenswelt und Erfahrung mit ein.

Material

Franz Kafka (1883-1924)
Ein altes Blatt (1917)

Es ist, als wäre viel vernachlässigt worden in der Verteidigung unseres Vaterlandes. Wir haben uns bisher nicht darum gekümmert und sind unserer Arbeit nachgegangen; die Ereignisse der letzten Zeit machen uns aber Sorgen.

Ich habe eine Schusterwerkstatt auf dem Platz vor dem kaiserlichen Palast. Kaum öffne ich in der Morgendämmerung meinen Laden, sehe ich schon die Eingänge aller hier einlaufenden Gassen von Bewaffneten besetzt. Es sind aber nicht unsere Soldaten, sondern offenbar Nomaden aus dem Norden. Auf eine mir unbegreifliche Weise sind sie bis in die Hauptstadt gedrungen, die doch sehr weit von der Grenze entfernt ist. Jedenfalls sind sie also da; es scheint, daß jeden Morgen mehr werden.

Ihrer Natur entsprechend lagern sie unter freiem Himmel, denn Wohnhäuser verabscheuen sie. Sie beschäftigen sich mit dem Schärfen der Schwerter, dem Zuspitzen der Pfeile, mit Übungen zu Pferde. Aus diesem stillen, immer ängstlich rein gehaltenen Platz haben sie einen wahren Stall gemacht. Wir versuchen zwar manchmal aus unseren Geschäften hervorzulaufen und wenigstens den ärgsten Unrat wegzuschaffen, aber es geschieht immer seltener, denn die Anstrengung ist nutzlos und bringt uns überdies in die Gefahr, unter die wilden Pferde zu kommen oder von den Peitschen verletzt zu werden.

Sprechen kann man mit den Nomaden nicht. Unsere Sprache kennen sie nicht, ja sie haben kaum eine eigene. Unter einander verständigen sie sich ähnlich wie Dohlen. Immer wieder hört man diesen Schrei der Dohlen. Unsere Lebensweise, unsere Einrichtungen sind ihnen ebenso unbegreiflich wie gleichgültig. Infolgedessen zeigen sie sich auch gegen jede Zeichensprache ablehnend. Du magst dir die Kiefer verrenken und die Hände aus den Gelenken winden, sie haben dich doch nicht verstanden und werden dich nie verstehen. Oft machen sie Grimassen; dann dreht sich das Weiß ihrer Augen und Schaum schwillt aus ihrem Munde, doch wollen sie damit weder etwas sagen noch auch erschrecken; sie tun es, weil es so ihre Art ist. Was sie brauchen, nehmen sie. Man kann nicht sagen, daß sie Gewalt anwenden. Vor ihrem Zugriff tritt man beiseite und überläßt ihnen alles.

Auch von meinen Vorräten haben sie manches gute Stück genommen. Ich kann aber darüber nicht klagen, wenn ich zum Beispiel zusehe, wie es dem Fleischer gegenüber geht. Kaum bringt er seine Waren ein, ist ihm schon alles entrissen und wird von den Nomaden verschlungen. Auch ihre Pferde fressen Fleisch; oft liegt ein Reiter neben seinem Pferd und beide nähren sich vom gleichen Fleischstück, jeder an einem Ende. Der Fleischhauer ist ängstlich und wagt es nicht, mit den Fleischlieferungen aufzuhören. Wir verstehen das aber, schießen Geld zusammen und unterstützen ihn. Bekämen die Nomaden kein Fleisch, wer weiß, was ihnen zu tun einfiele; wer weiß allerdings, was ihnen einfallen wird, selbst wenn sie täglich Fleisch bekommen.

Letzthin dachte der Fleischer, er könne sich wenigstens die Mühe des Schlachtens sparen, und brachte am Morgen einen lebendigen Ochsen. Das darf er nicht mehr wiederholen. Ich lag wohl eine Stunde ganz hinten in meiner Werkstatt platt auf dem Boden und alle meine Kleider, Decken und Polster hatte ich über mir aufgehäuft, nur um das Gebrüll des Ochsen nicht zu hören, den von allen Seiten die Nomaden ansprangen, um mit den Zähnen Stücke aus seinem warmen Fleisch zu reißen. Schon lange war es still, ehe ich mich auszugehen getraute; wie Trinker um ein Weinfaß lagen sie müde um die Reste des Ochsen.

Gerade damals glaubte ich den Kaiser selbst in einem Fenster des Palastes gesehen zu haben; niemals sonst kommt er in diese äußeren Gemächer, immer nur lebt er in dem innersten Garten; diesmal aber stand er, so schien es mir wenigstens, an einem der Fenster und blickte mit gesenktem Kopf auf das Treiben vor seinem Schloß.

„Wie wird es werden?“ fragen wir uns alle. „Wie lange werden wir diese Last und Qual ertragen? Der kaiserliche Palast hat die Nomaden angelockt, versteht es aber nicht, sie wieder zu vertreiben. Das Tor bleibt verschlossen; die Wache, früher immer festlich ein- und ausmarschierend, hält sich hinter vergitterten Fenstern. Uns Handwerkern und Geschäftsleuten ist die Rettung des Vaterlandes anvertraut; wir sind aber einer solchen Aufgabe nicht gewachsen; haben uns doch auch nie gerühmt, dessen fähig zu sein. Ein Mißverständnis ist es, und wir gehen daran zugrunde.“

Franz Kafka: Erzählungen, Stuttgart 1995, S. 175–177. (Die Rechtschreibung entspricht der Textvorlage.)

Notizen

Lösungsvorschlag

Notizen

Aufgabe 1

Interpretieren Sie Franz Kafkas Erzählung *Ein altes Blatt*, indem Sie neben der inhaltlichen und sprachlichen Gestaltung auch den Aufbau der Erzählung berücksichtigen.

HINWEIS Bei der Interpretation einer Erzählung geht es darum, den Inhalt und die sprachlich-stilistische Gestaltungsform des Textes zu untersuchen und auszulegen, zu erklären, zu deuten. Eine solche Deutung hat viele subjektive Elemente, sodass verschiedene Leser zu unterschiedlichen Ergebnissen kommen können. Wichtig ist, dass die eigene Sichtweise am Text belegt ist und dass die verschiedenen Untersuchungsmethoden für epische Texte (im Hinblick auf Erzählperspektive, Zeitgestaltung, Tempusformen, Charakterdarstellung, Atmosphäre etc.) berücksichtigt werden. In dieser Aufgabe soll zudem ein besonderes Augenmerk auf die Struktur der Erzählung gelegt werden. Sie sollen also untersuchen, wo Sinnabschnitte und/oder formale Einschnitte zu finden sind, wie die Spannungskurve verläuft, wie Anfang und Ende gestaltet sind.

Lösungsschritte

1. Lesen Sie die Erzählung von Franz Kafka zweimal gründlich durch.
2. Lesen Sie die Aufgabe durch und vergegenwärtigen Sie sich, was verlangt wird.
3. Teilen Sie die Erzählung in Abschnitte ein.
4. Finden Sie Titel für die einzelnen Abschnitte und notieren Sie diese am Rand.
5. Suchen Sie einen Höhe- bzw. Wendepunkt in der Erzählung; überlegen Sie, wie Anfang und Ende gestaltet sind.
6. Halten Sie die Ergebnisse stichwortartig fest.
7. Untersuchen Sie den Text auf sprachliche Besonderheiten, markieren Sie diese mit einer neuen Farbe und benennen Sie sie am Rand.
8. Stellen Sie eine Deutungshypothese auf und überprüfen Sie, ob Inhalt, Aufbau und sprachlich-stilistische Form der These entsprechen.
9. Formulieren Sie einen zusammenhängenden Text mit Einleitungssatz und Deutungshypothese sowie Inhaltsangabe und anschließender Deutung; berücksichtigen Sie dabei die sprachliche Form und den Aufbau und belegen Sie durch Textbeispiele und Zeilenverweise.
10. Schreiben Sie ein Resümee mit Bezug zur anfänglichen Deutungshypothese.
11. Überarbeiten Sie den fertigen Text im Hinblick auf sprachliche Formulierungen, Rechtschreibung und Zeichensetzung.

Stichpunktlösung

- Einleitungssatz: Die vorliegende Erzählung *Ein altes Blatt* (1917) von Franz Kafka handelt von einem Kaiserreich, dessen Zivilisation durch die Belagerung von Nomaden bedroht ist.

Aufbau und Inhalt

- Die friedliebende Bevölkerung ist nicht in der Lage, sich dem schleichenden Übergriff durch eine zügel- und regellose Außenwelt (repräsentiert durch die „Nomaden aus dem Norden“, Z. 7 f.) zu widersetzen.

- Präsentation der Situation aus der Innensicht eines betroffenen Bürgers (Schuster)
- **Kurze Einleitung** (Z. 1–3): Einführung in das Thema; Darstellung der Lage des Landes
- **Hauptteil** (Z. 4–45): Schilderung des Ist-Zustandes (Belagerungszustand) und Kontrastierung der Gewohnheiten von Nomaden und Stadtbewohnern
- Wesentliche Unterschiede zwischen beiden Bevölkerungsgruppen:
  - Stadtbewohner: leben friedlich miteinander; jeder hat einen Beruf; sprechen die gleiche Sprache; halten sich an bestimmte Regeln; halten Ordnung im öffentlichen Raum; legen Vorräte an; sind solidarisch untereinander; haben bestimmte Essrituale; Kaiser lebt zurückgezogen.
  - Nomaden: fallen in die Stadt ein; halten sich nicht an erkennbare Regeln; verständigen sich durch seltsame Laute; sprechen nicht die Sprache der Stadtbewohner; halten keine Ordnung; wirken auf die Stadtbewohner gefährlich, ohne physische Gewalt anzuwenden; zeigen keine Solidarität mit den Stadtbewohnern; ernähren sich auf deren Kosten; haben keine erkennbaren Tischmanieren; essen auch rohes Fleisch von lebendigen Tieren.
- Angst und Ohnmacht der Stadtbewohner; Passivität des Kaisers
- Höhepunkt der Barbarei: Verspeisung eines lebendigen Ochsen (vgl. Z. 38–45).
- **Schluss** (Z. 46–56): Frage nach der Zukunftsperspektive
- Einen Wendepunkt gibt es nicht, die Stadt ist bis zum Schluss von den Nomaden belagert. Es wird zwar angedeutet, dass der Kaiser ans Fenster treten und ein Machtwort sprechen könnte (vgl. Z. 46), um eine Wende herbeizuführen, doch er tut es nicht, er „versteht es […] nicht, sie wieder zu vertreiben“ (Z. 51 f.).
- Die Handwerker und Geschäftsleute erkennen, dass der Kaiser passiv bleiben wird und dass es an ihnen ist, die Rettung der Stadt zu übernehmen. Sie fühlen sich dazu allerdings nicht in der Lage und befürchten zu scheitern.

Interpretation

- Keine klare historische Einordnung: Zeitlosigkeit der Erzählung
- Titel deutet auf eine historische Quelle hin.
- Keine klare geografische Verortung: Hauptstadt (vgl. Z. 8) eines Kaiserreichs (vgl. Z. 4); Eindringlinge (Nomaden) „aus dem Norden“ (Z. 7)
- Universalität der Handlung: Es geht weniger um den Konflikt zwischen bestimmten Kulturen als vielmehr grundsätzlich um die Frage der Stabilität einer Werteordnung gegenüber Angriffen von außen.
- Schrecken verbreiten die Nomaden nicht durch die Ausübung physischer Gewalt („Man kann nicht sagen, daß sie Gewalt anwenden“, Z. 26 f.), sondern durch barbarische Missachtung der Ordnung in der Stadt („lagern […] unter freiem Himmel“, Z. 10; aus dem Platz vor dem kaiserlichen Palast „haben sie einen wahren Stall gemacht“, Z. 13; häufen „den ärgsten Unrat“ an, vgl. Z. 14).
- Ihre Beschäftigungen deuten an, dass sie sich auf eine kriegerische Auseinandersetzung zumindest vorbereiten (mit „dem Schärfen der Schwerter, dem Zuspitzen der Pfeile, mit Übungen zu Pferde“, Z. 11 f.).
- Diese Signale der Gewaltbereitschaft bringen die Stadtbewohner dazu, aus Angst alles zu tun, was die Nomaden von ihnen verlangen, ohne eine Gegenleistung zu fordern (vgl. Z. 27 ff.).
- Erzählerkommentare: Situation macht dem Erzähler Angst. Es ist ihm nicht klar, wie es zu der Situation kommen konnte („Auf eine mir unbegreifliche Weise“, Z. 7); er hat den Eindruck, dass die Lage immer bedrohlicher wird, da „es scheint, daß

Notizen

[es] jeden Morgen mehr werden“ (Z. 9). Er sieht die Nomaden als „Gefahr“ (Z. 16), „Last und Qual“ (Z. 50) für die Stadtbewohner und vergleicht ihr Verhalten mit dem von Tieren (vgl. Z. 19 f., Z. 32 f., Z. 42 f.). Bisweilen ähneln sie auch tollwütigen Tieren („dann dreht sich das Weiß ihrer Augen und Schaum schwillt aus ihrem Munde“, Z. 24 f.).

- Am Ende steht der Wunsch, die Nomaden „wieder zu vertreiben“ (Z. 52). Da der Ich-Erzähler sowohl den Kaiser als auch die Bürger der Stadt für unfähig hält, diesen Wunsch umzusetzen, sieht er die Gefahr, dass sie „zugrunde“ gehen (Z. 56).
- Ursache für den möglichen Untergang: Der Ich-Erzähler sieht die Ursache nicht in den Nomaden selbst, sondern in einem „Mißverständnis“ (Z. 56), einem Kommunikationsproblem zwischen „Handwerkern und Geschäftsleuten“ (Z. 53 f.) und dem „Kaiser“ (Z. 46). Aus Sicht des Ich-Erzählers weist Letzterer den Erstgenannten die Verantwortung für die „Rettung des Vaterlandes“ (Z. 54 f.) zu und erkennt nicht, dass diese dazu nicht in der Lage sind.
- Wunsch des Ich-Erzählers nach einem starken Kaiser, der sein Volk schützt vor Barbarei und Sittenverfall und sich nicht nur „in dem innersten Garten“ (Z. 47 f.) seines Palastes versteckt.
- Man könnte die Erzählung als Wunsch nach einer absolutistischen Staatsherrschaft missverstehen.
- Der Erzähler ist jedoch nicht verlässlich. Er selbst ist einer der Bürger, von denen er sagt, sie seien der „Aufgabe nicht gewachsen“ (Z. 55), das Vaterland zu retten.
- In diesem wenig wehrhaften Verhalten der Bürger, die zwar irgendwie versuchen, die äußere Ordnung zu wahren (vgl. Z. 13 ff.), aber keinerlei Anstrengung unternehmen, die Nomaden zu vertreiben, liegt eine Kritik der Erzählung.
- Die Erzählung kann auch als Kritik am Staat (= untätiger Kaiser) gelesen werden.
- Kindlich-passives Verhalten der Bürger: Obwohl die Stadtbewohner erkennen, dass der Kaiser nichts tut und nur sich selbst und seine Wachen schützt, setzen sie dem nichts entgegen, sondern gehen lieber zugrunde.
- Sprachlich-stilistische Gestaltung:
  - Vorsichtige, untertänige Formulierung der Staatskritik durch den Ich-Erzähler, z. B. durch Verwendung des Konjunktivs („Es ist, als wäre viel vernachlässigt worden“, Z. 1)
  - Der Einzelne versteckt sich hinter dem Kollektiv („fragen wir uns alle“, Z. 50).
  - Kritik am Kaiser wird mit einer Metonymie verdeckt („Der kaiserliche Palast hat die Nomaden angelockt“, Z. 50).
  - Kritik an den Nomaden wird auch mit viel unterwürfigem Verständnis für deren Eigenarten formuliert („Ihrer Natur entsprechend“, Z. 10).
  - Die Nomaden hingegen geben sich keine Mühe, sich mit den Stadtbewohnern zu verständigen; weder auf verbale Kommunikation lassen sie sich ein (vgl. Z. 18) noch auf die nonverbalen Signale der „Zeichensprache“ (Z. 22).
- Gegenüber diesem sehr braven, fast schon devoten Verhalten der Stadtbürger, das sich in Sprache und Verhalten ausdrückt, wirken die Nomaden wie eine Art dionysisch-teuflische Übermacht.
- Die ängstlichen Stadtbürger (z. B. der Fleischhauer, Z. 34) sind hilflos, wenn sie Menschen begegnen, deren Handlungsmaxime nicht auf Konsens ausgerichtet sind.
- Solche „Untertanen“ sind in der Tat auf einen starken „Kaiser“ angewiesen, der sie vor den Bedrohungen von außen schützt, weil sie selbst nicht wehrhaft sind.

Notizen

Aufgabe 2

Vergleichen Sie, wie die Erscheinungsformen von Gewalt und Ohnmacht in Kafkas Erzählung *Ein altes Blatt* und in Büchners Dramenfragment *Woyzeck* das Handeln der Personen bestimmen.

HINWEIS In dieser Aufgabe sollen Sie Gemeinsamkeiten und Unterschiede des Motivs in beiden Texten herausarbeiten. Sie können erst kurz etwas zu den Motiven in *Woyzeck* schreiben und diese dann mit ihren Entsprechungen in der Erzählung Kafkas vergleichen oder beide Arbeitsschritte miteinander verschränken. Es reicht nicht, wenn Sie die Erscheinungsformen nur darstellen. Sie sollten sie direkt miteinander vergleichen und aus den daraus erwachsenden Erkenntnissen am Schluss ein Resümee ziehen.

Lösungsschritte

1. Lesen Sie die Aufgabenstellung gründlich und überlegen Sie, welche unterschiedlichen Aspekte die Aufgabe beinhaltet.
2. Fertigen Sie eine Tabelle an mit Spalte 1 *Ein altes Blatt*, Spalte 2 *Woyzeck*, Zeile „Gewalt“ und „Ohnmacht“.
3. Füllen Sie Spalte 1 stichwortartig aus; nutzen Sie die Notizen von Aufgabe 1.
4. Füllen Sie Spalte 2 zunächst aus dem Gedächtnis stichwortartig aus; suchen Sie dann geeignete Textstellen heraus und notieren Sie diese; ergänzen Sie eventuell auch die Stichwortsammlung noch.
5. Halten Sie Ähnlichkeiten und Unterschiede beider Texte im Hinblick auf diese Thematik stichwortartig fest.
6. Formulieren Sie aus den Stichwörtern einen zusammenhängenden Text mit Einleitung, Hauptteil und einer gut begründeten Schlussfolgerung; dabei die Tabelle spalten- oder zeilenweise abarbeiten.
7. Überarbeiten Sie den fertigen Text sprachlich.

Stichpunktlösung

- Einleitungssatz: Beim Vergleich der Erscheinungsformen von Gewalt und Ohnmacht in Georg Büchners Dramenfragment *Woyzeck* (1836/37) mit denen in Franz Kafkas Erzählung *Ein altes Blatt* (1917) zeigen sich trotz der historischen Distanz und der unterschiedlichen Gattungen erstaunlich viele Gemeinsamkeiten.

Vergleich

- Die Figur des Woyzeck ähnelt dem Ich-Erzähler aus Kafkas Erzählung insofern, als er das ohnmächtige Individuum in einer von Gewalt beherrschten Zivilisation repräsentiert. Anders aber als Kafkas Figur verändert sich Woyzeck im Verlauf der Handlung und übt am Ende selbst Gewalt aus.
- Marie fühlt sich ebenfalls ohnmächtig gegenüber den „großen Madamen mit ihren Spiegeln von oben bis untern und ihren schönen Herren“, sie selbst sei demgegenüber nur „ein arm Weibsbild“, das nichts ändern könne: „Ach! Was Welt? Geht doch alles zum Teufel“ (4. Szene[1] „Marie sitzt, ihr Kind auf dem Schoß, ein Stück

1 Im vorliegenden Lösungsvorschlag wurden zum Beleg zahlreiche Zitate aus *Woyzeck* verwendet. Bei Ihrer eigenen Lösung sollten Sie jeweils auf die Seiten und Zeilen der Ihnen vorliegenden Ausgabe verweisen. Zur Orientierung wurde hier nur auf die Szenen verwiesen.

Notizen

Spiegel in der Hand"). Wie der Ich-Erzähler aus Kafkas Geschichte sieht auch sie keine Möglichkeit, ihre Situation eigenständig zu verbessern.

- Woyzecks Gefühl der Ohnmacht drückt sich z. B. darin aus, dass er dem Hauptmann nicht widerspricht (5. Szene „Der Hauptmann. Woyzeck") und seinen zum Teil offensichtlich paradoxen Behauptungen zustimmt, nur weil der Hauptmann der Mächtigere ist („Ja wohl, Herr Hauptmann", 5. Szene). Er muss sich sogar vom Hauptmann verspotten lassen („Ha! ha! ha! Süd-Nord! Ha! Ha! Ha! O er ist dumm, ganz abscheulich dumm", 5. Szene). Der Hauptmann übt zwar keine physische Gewalt aus, aber er spielt seine soziale Überlegenheit auf unfaire Weise aus.
- In der 8. Szene („Woyzeck. Der Doctor") lässt Woyzeck das menschenunwürdige Experiment des Arztes über sich ergehen, weil er bzw. Marie mit dem Kind dringend auf Geld angewiesen ist („die Menage kriegt meine Frau", 8. Szene). Der Arzt sieht Woyzeck lediglich als „Casus", als „Subjekt" (8. Szene). Später wird Woyzeck sogar mit einem Tier verglichen („willst du's machen wie die Katze [...] Das sind so Übergänge zum Esel", vgl. 10. Szene).
- Hier sind es also keine Barbaren, die mit Tieren gleichgesetzt werden, sondern ein Normalbürger wird durch einen anderen Menschen zum Tier degradiert.
- Insgesamt wird in Büchners Drama Gewalt deutlich als scheinbar gewöhnlicher Teil des Lebens dargestellt (vgl. z. B. den Kommentar des Polizeidieners am Ende: „Ein guter Mord, ein echter Mord, ein schöner Mord", 26. Szene „Gerichtsdiener. Barbier. Arzt. Richter").
- Der Tambourmajor (vgl. 15. Szene „Wirtshaus") droht Woyzeck mit roher, physischer Gewalt („Ich will ihm die Nas ins Arschloch prügeln [...] Kerl, soll ich dir die Zung aus dem Hals ziehn und sie um den Leib herumwickeln?", 15. Szene) und übt auch körperliche Gewalt aus (vgl. die Regieanweisung: „Sie ringen, Woyzeck verliert", 15. Szene). Eine solche Form von physischer Gewalt kommt in Kafkas Erzählung nicht vor, aber die Nomaden wirken ähnlich grobschlächtig.
- Woyzeck ersticht Marie (vgl. 20. Szene „Marie und Woyzeck"), nachdem er ihrer Untreue gewahr wird. Er kann offenbar keine weitere Erniedrigung mehr ertragen und setzt seine Ohnmachtsgefühle in Gewalt um.
- Der Ich-Erzähler und die anderen Stadtbewohner in Kafkas Geschichte wenden keine Gewalt an, um sich gegen die Nomaden zu wehren. Sie äußern nur, dass sie sich „einer solchen Aufgabe nicht gewachsen" (Z. 54 f.) fühlen, und befürchten, „daran zugrunde" (Z. 56) zu gehen. Es bleibt offen, wie dies aussehen wird.
- Man könnte sagen, dass auch Woyzeck zugrunde geht, will man den Mord an Marie als ein solches Scheitern verstehen. Man könnte jedoch auch die Behauptung aufstellen, dass Woyzeck mit diesem Mord eine Art Gegenwehr vollzieht – anders als die Stadtbewohner bei Kafka, die alles duldend ertragen.
- Im Gegensatz zum Ich-Erzähler bei Kafka, der sich wünscht, dass der Kaiser etwas gegen die Nomaden tun möge, wird in Büchners *Woyzeck* an keiner Stelle deutlich, dass Woyzeck sich Hilfe von der staatlichen Obrigkeit erhofft.
- Während sich der Ich-Erzähler bei Kafka noch als Teil einer Gruppe erfährt, sieht sich Büchners Woyzeck von allen, inklusive seiner Partnerin Marie, im Stich gelassen und reagiert auf die ihn existenziell bedrohende Situation mit Gewalt. Diese Form der Gegenwehr trägt jedoch nicht zur Lösung seines Problems bei, sondern ist selbstzerstörerisch. Am Ende bleibt er allein zurück. Auch die Gruppe in Kafkas Erzählung findet bis zum Ende keine Lösung.

Notizen

Aufgabe 3

Diskutieren Sie auf der Grundlage Ihrer Ergebnisse aus Aufgabe 2, welcher der beiden Autoren „Gewalt und Ohnmacht“ hinsichtlich heutiger Lebenserfahrung überzeugender thematisiert. **Beziehen** Sie dabei auch Beispiele aus Ihrer eigenen Lebenswelt und Erfahrung mit **ein**.

HINWEIS Hier wird von Ihnen erwartet, dass Sie dialektisch erörtern, welche der beiden literarischen Darstellungen von Gewalt und Ohnmacht Sie aus heutiger Sicht für überzeugender halten. Dabei ist es wichtig, für beide Sichtweisen schlüssige Argumente zu finden, diese gegeneinander abzuwägen anhand von Beispielen aus Ihrem heutigen Erfahrungsbereich (Privatleben/Gesellschaft) und am Ende eine gut begründete Entscheidung zu treffen.

Lösungsschritte

1. Legen Sie eine Mindmap an und sammeln Sie stichpunktartig Assoziationen zum Thema „Gewalt und Ohnmacht heute“.
2. Machen Sie durch unterschiedliche farbige Markierungen jeweils deutlich, ob sich die gesammelten Stichworte eher in *Woyzeck* oder in *Ein altes Blatt* widerspiegeln oder in keinem der beiden Texte ein Bezug zu finden ist.
3. Nehmen Sie eine Bewertung in Stichworten vor.
4. Verfassen Sie aus den Stichworten einen zusammenhängenden, gut strukturierten Text aus Einleitung, Hauptteil mit abwägender Erörterung und Schlussfolgerung.
5. Überarbeiten Sie den fertigen Text in Bezug auf sprachliche Formulierungen, Rechtschreibung und Zeichensetzung.

Stichpunktlösung

- Einleitungssatz: In Abwägung der Frage, ob Büchner oder Kafka das Thema „Gewalt und Ohnmacht“ hinsichtlich heutiger Lebenserfahrung überzeugender thematisiert, komme ich zu dem im Folgenden dargelegten Ergebnis ...

Mögliche Vergleichspunkte

- Auch heute sind viele Menschen nicht in der Lage zu entscheiden, was passieren soll, wenn Gewalt in der Gesellschaft ausgeübt wird (Beispiele: Anschlag auf das World Trade Center 2001, Morde im öffentlichen Raum wie z. B. an der Münchener U-Bahn, Kindesmissbrauchsfälle). Alle fühlen sich ohnmächtig, keiner fühlt sich verantwortlich; es wird der Ruf nach einer starken Obrigkeit, nach mehr Sicherheitsvorkehrungen laut, aber niemand weiß wirklich, wie man den Ausbruch von Gewalt verhindern kann – so, wie Kafka es in dem Kaiserreich darstellt.
- Viele Jugendliche fühlen sich von Eltern, Lehrern usw. allein gelassen, sind hilflos angesichts der eigenen Situation (Scheitern in der Schule, Arbeitslosigkeit usw.) und sehen nur den Ausweg, Gewalt gegen sich selbst oder gegen andere auszuüben, um ihre Aggressionen abzubauen – ähnlich wie Woyzeck.
- Beide Texte spiegeln also Aspekte von Gewalt und Ohnmacht wider, die es in veränderter Form auch heute noch gibt, obwohl sich unsere Gesellschaft wesentlich von den Gesellschaftsformen bei Kafka (Kaiserreich) und Büchner (Ständeordnung) unterscheidet.

Notizen

Trainingsaufgabe 9

Notizen

Aufgabentyp	untersuchendes Erschließen literarischer Texte: Textinterpretation; erörterndes Erschließen literarischer Texte: literarische Erörterung
Material	Alfred Döblin: *Berlin Alexanderplatz. Die Geschichte vom Franz Biberkopf* (1929) Georg Büchner: *Lenz* (1839)
Textsorte	epische Texte: Roman, Erzählung
Thema	Wirklichkeitszerfall; Großstadterfahrung; Subjekt in der Moderne; Vormärz; 20. Jahrhundert
Niveau	erhöhtes Anforderungsniveau (e. A.)

Aufgaben

1. Interpretieren Sie den vorliegenden Textauszug aus *Berlin Alexanderplatz* von Alfred Döblin.
2. Setzen Sie sich mit der Frage auseinander, inwiefern die Figurenkonzeptionen von Franz Biberkopf und Lenz unter dem Aspekt von Ich- und Wirklichkeitszerfall miteinander vergleichbar sind.

Material

Alfred Döblin (1878 - 1957)

Berlin Alexanderplatz. Die Geschichte vom Franz Biberkopf (Auszug) (1929)

Mit der 41[1] in die Stadt

Er stand vor dem Tor des Tegeler Gefängnisses[2] und war frei. Gestern hatte er noch hinten auf den Äckern Kartoffeln geharkt mit den andern, in Sträflingskleidung, jetzt ging er im gelben Sommermantel, sie harkten hinten, er war frei. Er ließ Elektrische auf Elektrische vorbeifahren, drückte den Rücken an die rote Mauer und ging nicht. Der Aufseher am Tor spazierte einige Male an ihm vorbei, zeigte ihm seine Bahn, er ging nicht. Der schreckliche Augenblick war gekommen (schrecklich, Franze, warum schrecklich?), die vier Jahre waren um. Die schwarzen eisernen Torflügel, die er seit einem Jahre mit wachsendem Widerwillen betrachtet hatte (Widerwillen, warum Widerwillen), waren hinter ihm geschlossen. Man setzte ihn wieder aus. Drin saßen die andern, tischlerten, lackierten, sortierten, klebten, hatten noch zwei Jahre, fünf Jahre. Er stand an der Haltestelle.

Die Strafe beginnt.

Er schüttelte sich, schluckte. Er trat sich auf den Fuß. Dann nahm er einen Anlauf und

1 Nummer einer Straßenbahnlinie in Berlin, auch Elektrische genannt

2 Franz Biberkopf, ehemaliger Transportarbeiter, wegen Totschlags zu vier Jahren Haft verurteilt; Tegel: Stadtteil Berlins

saß in der Elektrischen. Mitten unter den Leuten. Los. Das war zuerst, als wenn man beim Zahnarzt sitzt, der eine Wurzel mit der Zange gepackt hat und zieht, der Schmerz wächst, der Kopf will platzen. Er drehte den Kopf zurück nach der roten Mauer, aber die Elektrische sauste mit ihm auf den Schienen weg, dann stand nur noch sein Kopf in der Richtung des Gefängnisses. Der Wagen machte eine Biegung, Bäume, Häuser traten dazwischen. Lebhafte Straßen tauchten auf, die Seestraße, Leute stiegen ein und aus. In ihm schrie es entsetzt: Achtung, Achtung, es geht los. Seine Nasenspitze vereiste, über seine Backe schwirrte es. „Zwölf Uhr Mittagszeitung", „B.Z."[3], „Die neuste Illustrirte", „Die Funkstunde neu", „Noch jemand zugestiegen?" Die Schupos[4] haben jetzt blaue Uniformen. Er stieg unbeachtet wieder aus dem Wagen, war unter Menschen. Was war denn? Nichts. Haltung, ausgehungertes Schwein, reiß dich zusammen, kriegst meine Faust zu riechen. Gewimmel, welch Gewimmel. Wie sich das bewegte. Mein Brägen[5] hat wohl kein Schmalz mehr, der ist wohl ganz ausgetrocknet. Was war das alles. Schuhgeschäfte, Hutgeschäfte, Glühlampen, Destillen[6]. Die Menschen müssen doch Schuhe haben, wenn sie so viel rumlaufen, wir hatten ja auch eine Schusterei, wollen das mal festhalten. Hundert blanke Scheiben, laß die doch blitzern, die werden dir doch nicht bange machen, kannst sie ja kaputt schlagen, was ist denn mit die, sind eben blankgeputzt. Man riß das Pflaster am Rosenthaler Platz auf, er ging zwischen den andern auf Holzbohlen. Man mischt sich unter die andern, da vergeht alles, dann merkst du nichts, Kerl. Figuren standen in den Schaufenstern in Anzügen, Mänteln, mit Röcken, mit Strümpfen und Schuhen. Draußen bewegte sich alles, aber - dahinter - war nichts! Es - lebte - nicht! Es hatte fröhliche Gesichter, es lachte, wartete auf der Schutzinsel gegenüber Aschinger[7] zu zweit oder zu dritt, rauchte Zigaretten, blätterte in Zeitungen. So stand das da wie die Laternen - und - wurde immer starrer. Sie gehörten zusammen mit den Häusern, alles weiß, alles Holz.

Schreck fuhr in ihn, als er die Rosenthaler Straße herunterging und in einer kleinen Kneipe ein Mann und eine Frau dicht am Fenster saßen: die gossen sich Bier aus Seideln[8] in den Hals, ja was war dabei, sie tranken eben, sie hatten Gabeln und stachen sich damit Fleischstücke in den Mund, dann zogen sie die Gabeln wieder heraus und bluteten nicht. Oh, krampfte sich sein Leib zusammen, ich kriege es nicht weg, wo soll ich hin? Es antwortete: Die Strafe.

Er konnte nicht zurück, er war mit der Elektrischen so weit hierher gefahren, er war aus dem Gefängnis entlassen und mußte hier hinein, noch tiefer hinein.

Das weiß ich, seufzte er in sich, daß ich hier rin muß und daß ich aus dem Gefängnis entlassen bin. Sie mußten mich ja entlassen, die Strafe war um, hat seine Ordnung, der Bürokrat tut seine Pflicht. Ich geh auch rin, aber ich möchte nicht, mein Gott, ich kann nicht.

Er wanderte die Rosenthaler Straße am Warenhaus Wertheim[9] vorbei, nach rechts bog er ein in die schmale Sophienstraße. Er dachte, diese Straße ist dunkler, wo es dunkel ist, wird es besser sein. Die Gefangenen werden in Einzelhaft, Zellenhaft und Gemeinschaftshaft untergebracht. Bei Einzelhaft wird der Gefangene bei Tag und Nacht unausgesetzt von andern Gefangenen gesondert gehalten. Bei Zellenhaft wird der Gefangene in einer Zelle untergebracht, jedoch bei Bewegung im Freien, beim Unterricht, Gottes-

3 Berliner Zeitung
4 Schutzpolizisten
5 umgangssprachlich, scherzhaft für Hirn
6 ursprünglich berlinerisch, kleinere Gastwirtschaft
7 Name eines Bierlokals
8 Bierglas
9 großer Kaufhaus-Konzern mit zahlreichen Filialen in Berlin

Notizen

dienst mit andern zusammengebracht. Die Wagen tobten und klingelten weiter, es rann Häuserfront neben Häuserfront ohne Aufhören hin. Und Dächer waren auf den Häusern, die schwebten auf den Häusern, seine Augen irrten nach oben: wenn die Dächer nur nicht abrutschten, aber die Häuser standen grade. Wo soll ick armer Deibel[10] hin, er latschte an der Häuserwand lang, es nahm kein Ende damit. [...]

Alfred Döblin, Berlin Alexanderplatz. Winkler Weltliteratur. Düsseldorf/Zürich: Artemis & Winkler Verlag 2001, S. 13-15.

Notizen

10 umgangssprachlich, mundartlich für ‚Teufel'

Lösungsvorschlag

Notizen

Aufgabe 1

Interpretieren Sie den vorliegenden Textauszug aus *Berlin Alexanderplatz* von Alfred Döblin.

HINWEIS Zunächst ist es wichtig, dass Sie die elementaren inhaltlichen, formalen, strukturellen und sprachlichen Merkmale des Textauszugs erkennen und diese in ihrer Wechselbeziehung zueinander analysieren. Im Rückgriff auf Ihre Analyseergebnisse erläutern Sie die Wirkungsabsicht bzw. die Gesamtaussage des Textes.
Lassen Sie den Textauszug des Romans auf sich wirken und beobachten Sie, welches Gefühl der Text in Ihnen auslöst. Dies hilft Ihnen bei der Erkennung und Formulierung der Wirkungsabsicht. Stellen Sie sich vor, wie dieser Text filmisch umgesetzt werden könnte (z. B. Perspektivwechsel, Überblendungen u. Ä.).

Lösungsschritte

1. Lesen Sie den Textauszug mindestens zweimal sehr aufmerksam durch.
2. Setzen Sie sich mit der Aufgabenstellung auseinander und verdeutlichen Sie sich, was genau verlangt wird.
3. Lesen Sie den Text ein weiteres Mal und markieren Sie mit unterschiedlichen Farben am Textrand inhaltliche Vorgänge, sprachliche Auffälligkeiten und Besonderheiten.
4. Anschließend skizzieren Sie den inhaltlichen Handlungsablauf und die Figurenkonzeption; achten Sie dabei besonders auf die Zuspitzung der beschriebenen Situation.
5. Notieren Sie sprachliche und stilistische Auffälligkeiten.
6. Weisen Sie der inhaltlichen Erzählgestaltung die jeweiligen stilistischen Besonderheiten und Auffälligkeiten zu; stellen Sie den Zusammenhang zwischen beiden dar; untersuchen Sie besonders die Erzählhaltung (Montage von Erzähl- und Figurenrede, Perspektivwechsel).
7. Fassen Sie die Ergebnisse in einem schriftlichen Text zusammen.
8. Überarbeiten Sie Ihren Text im Hinblick auf den sprachlichen Ausdruck, die Verständlichkeit sowie Rechtschreibung und Zeichensetzung.

Stichpunktlösung

Einleitung

- Der Textauszug beschreibt, wie Franz Biberkopf nach vierjähriger Haftstrafe entlassen wird und sich der Lebenswirklichkeit eines molochartigen Berlins ausgesetzt sieht. Der Romanbeginn steht ganz im Zeichen eines Protagonisten, dessen Bemühungen, in ein Leben außerhalb der Gefängnismauern zurückzukehren, zu scheitern drohen, und der sich dem Großstadtalltag nicht gewachsen sieht.

Wichtige Punkte der Inhaltswiedergabe

- Bereits zu Beginn muss sich Biberkopf überwinden, in die Straßenbahn einzusteigen („Er schüttelte sich, schluckte. Er trat sich auf den Fuß. Dann nahm er einen Anlauf und saß in der Elektrischen“, Z. 14 f.).

- Die Straßenbahnfahrt überfordert ihn schließlich; Biberkopf fühlt sich durch die Schnelligkeit und die rasche Abfolge der Eindrücke verwirrt; wenig später steigt er wieder aus und setzt seinen Weg zu Fuß fort („Er drehte den Kopf zurück nach der roten Mauer, aber die Elektrische sauste mit ihm [...] Er stieg unbeachtet wieder aus dem Wagen, war unter Menschen.“, Z. 17–24).
- Biberkopf erschrickt über die Leblosigkeit der Menschen hinter all der ihn umgebenden Hektik („Draußen bewegte sich alles, aber - dahinter - war nichts! Es - lebte - nicht! [...] So stand das da wie die Laternen - und - wurde immer starrer“, Z. 35–38); Biberkopf begibt sich immer „tiefer“ in die Stadt hinein („er war aus dem Gefängnis entlassen und mußte hier hinein, noch tiefer hinein“, Z. 46 f.).
- Schließlich versucht Biberkopf, ins Dunkle zu fliehen, aber auch hier übermannt ihn die großstädtische Hektik („Er wanderte die Rosenthaler Straße am Warenhaus Wertheim vorbei [...] Er dachte, diese Straße ist dunkler, wo es dunkel ist, wird es besser sein. [...] Die Wagen tobten und klingelten weiter [...] er latschte an der Häuserwand lang, es nahm kein Ende damit.“, Z. 52–62).

Figurenkonzeption

- Von Anfang an wird der Protagonist durch einen Widerspruch bestimmt: Die Freiheit des Neuanfangs gerät für ihn zur Bedrohung, zur Strafe („Er stand vor dem Tor des Tegeler Gefängnisses und war frei. [...] Der schreckliche Augenblick war gekommen [...] die vier Jahre waren um. [...] Die Strafe beginnt.“, Z. 1–13).
- Zunehmende Verunsicherung durch die großstädtische Hektik („Das war zuerst, als wenn man beim Zahnarzt sitzt, der eine Wurzel mit der Zange gepackt hat und zieht, der Schmerz wächst, der Kopf will platzen“, Z. 15–17; „Man mischt sich unter die andern, da vergeht alles, dann merkst du nichts“, Z. 33 f.).
- Die Konfrontation Biberkopfs mit der Großstadt Berlin führt zu einer Depersonalisierung des Subjekts: Depersonalisierung der Umwelt einerseits („Es hatte fröhliche Gesichter, es lachte, wartete auf der Schutzinsel“, Z. 36 f.) und Depersonalisierung seiner selbst („In ihm schrie es entsetzt“, Z. 20 f.).
- Unterschiedliche Reaktionen Biberkopfs auf die Bedrohung:
  - Zögern, in das Großstadtleben „einzusteigen“ („Er ließ Elektrische auf Elektrische vorbeifahren“, Z. 4 f.), dann steigt er wieder aus (Z. 24).
  - Er reagiert aggressiv gegen sich selbst („Nichts. Haltung, ausgehungertes Schwein, reiß dich zusammen, kriegst meine Faust zu riechen“, Z. 25 f.).
  - Aggressionen gegen Außenwelt: („Hundert blanke Scheiben, laß die doch blitzern, die werden dir doch nicht bange machen, kannst sie ja kaputt schlagen“, Z. 30 f.).
  - Sehnsucht nach Schutz durch Gefängnismauern („Man setzte ihn wieder aus.“, Z. 10 f.).
- Biberkopf ist nicht in der Lage, die bedrückende Situation zu meistern; Unvermögen, die Eindrücke der Außenwelt für sich einzuordnen. Daraus resultieren körperliche Schmerzen (Z. 15 f.), Orientierungslosigkeit („wo soll ich hin?“, Z. 44 f.), Fluchtgedanken („mußte hier hinein, noch tiefer hinein“, Z. 47).
- Rückzug in die Dunkelheit der Erinnerung („Er dachte, diese Straße ist dunkler, wo es dunkel ist, wird es besser sein. Die Gefangenen werden in Einzelhaft, Zellenhaft, und Gemeinschaftshaft untergebracht“, Z. 53–55).
- Steigerung bis Wahrnehmungsverzerrung; selbst Alltägliches wie Essen verliert jegliche Sinnhaftigkeit („dann zogen sie die Gabeln wieder heraus und bluteten nicht“, Z. 43 f.).

Notizen

- Schließlich Verzweiflung, die an Wahnvorstellungen erinnert („Und Dächer waren auf den Häusern, die schwebten auf den Häusern, seine Augen irrten nach oben: wenn die Dächer nur nicht abrutschten.“, Z. 59–61).

Erzählgestaltung und sprachliche Gestaltung in ihrer Wirkungsabsicht

- Diskontinuierliche Erzählgestaltung (Montage von Erzähler- und Figurenrede, Perspektivwechsel) verdeutlicht die Zerrissenheit des Protagonisten:
  - Vermischung von Erzählerbericht („Gestern hatte er noch hinten auf den Äckern Kartoffeln geharkt [...] jetzt ging er im gelben Sommermantel, sie harkten hinten, er war frei.“, Z. 1–3) und plötzlicher Figurenrede „aus dem Nichts“ („schrecklich, Franze, warum schrecklich?“, Z. 7; „Widerwillen, warum Widerwillen“, Z. 9); dadurch abrupter Wechsel von Außen- und Innensicht; Kombination von auktorialer und personaler Erzählhaltung (Z. 5–13).
  - Bewusstseinsstromtechnik durch unzusammenhängende Assoziationsketten („Seine Nasenspitze vereiste, über seine Backe schwirrte es. ‚Zwölf Uhr Mittagszeitung‘, ‚B. Z.‘, ‚Die neuste Illustrirte‘, ‚Die Funkstunde neu‘, ‚Noch jemand zugestiegen?‘ Die Schupos haben jetzt blaue Uniformen.“, Z. 21–24).
  - Durch den personalen Erzählstil und die Bewusstseinsstromtechnik wird Nähe zwischen Leser und Protagonist geschaffen.
- Personifikationen steigern das Gefühl der Bedrohung („Der Wagen machte eine Biegung, Bäume, Häuser traten dazwischen. Lebhafte Straßen tauchten auf [...] In ihm schrie es entsetzt: Achtung, Achtung, es geht los.“, Z. 19–21); gleichzeitig Anonymität durch den Gebrauch des Personalpronomens „es“ (s. o.).
- Intertextuelle Collagen: Zitate von Produktnamen im Bewusstseinsstrom (Z. 22 f.); Erinnerung manifestiert sich als Zitat der Gefängnisordnung („Bei Einzelhaft wird der Gefangene bei Tag und Nacht unausgesetzt von andern Gefangenen gesondert gehalten“, Z. 55 f.).
- Parataktische Satzstrukturen spiegeln Hektik wider („Was war das alles. Schuhgeschäfte, Hutgeschäfte, Glühlampen, Destillen.“, Z. 27 f.).
- Verwendung gesprochener Sprache sowohl auf lexikalischer als auch syntaktischer Ebene („Nichts. Haltung, ausgehungertes Schwein, reiß dich zusammen, kriegst meine Faust zu riechen. Gewimmel, welch Gewimmel.“, Z. 25 f.); Soziolekt („Wo soll ick armer Deibel hin“, Z. 61).

Fazit

- Sprache und Erzählstrukturen der Moderne als Versuch, die Orientierungslosigkeit des Individuums angesichts einer molochartig und destabilisiert empfundenen Welt widerzuspiegeln.

Notizen

Aufgabe 2

Setzen Sie sich mit der Frage **auseinander**, inwiefern die Figurenkonzeptionen von Franz Biberkopf und Lenz unter dem Aspekt von Ich- und Wirklichkeitszerfall miteinander vergleichbar sind.

HINWEIS Bevor Sie mit dem Vergleich der zwei literarischen Figuren beginnen, führen Sie sich nochmals den Inhalt von Büchners Erzählung *Lenz* vor Augen. Bedenken Sie, dass Büchner unterschiedliche Quellen für die Konzeption seiner Erzählung nutzte und den Ich-Wirklichkeitszerfall von Lenz sprachlich sehr realistisch und naturwissenschaftlich exakt (Büchner studierte Medizin) darstellte.

Lösungsschritte

1. Lesen Sie die Aufgabenstellung sehr genau durch und verdeutlichen Sie sich, was verlangt wird.
2. Lesen Sie die Analyseergebnisse aus der Aufgabe 1 und beachten Sie Ihre Randbemerkungen auf dem Textblatt.
3. Reflektieren Sie anschließend nochmals die Thematik und die sprachliche Gestaltung der Erzählung *Lenz*.
4. Notieren Sie in Stichworten, was man unter Ich- und Wirklichkeitszerfall versteht; als Grundlage dienen die Analyseergebnisse aus Trainingsaufgabe 1.
5. Skizzieren Sie die Stationen des Ich- und Wirklichkeitszerfalls der Figur Lenz auf einem Blatt: Lenz' Gang durch das Gebirge, die mit der Dunkelheit einsetzende Angst usw.
6. Vergleichen Sie die Ergebnisse Ihrer Überlegungen mit dem Ich- und Wirklichkeitsverlust Franz Biberkopfs. Wo gibt es Gemeinsamkeiten? Worin unterscheiden sich beide Figuren? Notieren Sie Gemeinsamkeiten und Unterschiede in einer Auflistung.
7. Fassen Sie die Ergebnisse in einem schriftlichen Text zusammen und begründen Sie Ihre Ausführungen an geeigneten Beispielen.
8. Überarbeiten Sie Ihren Text im Hinblick auf den sprachlichen Ausdruck, die Verständlichkeit sowie Rechtschreibung und Zeichensetzung.

Stichpunktlösung

Unterschiede zwischen Biberkopf und Lenz

- Neuanfang und Erinnerung: Für Lenz bedeutet der Neuanfang eine Chance; die Erinnerung ist negativ. Biberkopf hingegen empfindet den Neuanfang als Strafe; die Erinnerung an das Gefängnis ist positiv konnotiert.
- Ländlicher und städtischer Kontext: Lenz flieht vor der väterlichen Autorität und einer unglücklichen Liebe ins Gebirge – also von der Stadt auf das Land. Die Begegnung mit dem einfachen Landleben hilft ihm erst einmal. Die Begegnung mit dem Moloch Berlin verstört Biberkopf hingegen von Anfang an zutiefst und er versucht, sich in die Erinnerung zu flüchten.
- Ichzerfall und Realitätsverlust: Bei Lenz handelt es sich um plötzliche Krankheitsschübe; Ausgangspunkt ist sein eigenes gespaltenes Ich. Biberkopfs Zustand resultiert hingegen aus der ungeahnten Konfrontation mit der modernen Umwelt: Angesichts einer nicht mehr zu ordnenden Wirklichkeit löst sich sein Ich auf – und

Notizen

die zerfallende Welt gerät wiederum zur Projektion seiner zerrissenen Persönlichkeit.

Gemeinsamkeiten zwischen Biberkopf und Lenz

- Gestörte Raum- und Zeitwahrnehmung: bei Lenz Desorientierung durch Dauer des Abstiegs und Wahnvorstellungen von Wolken und Licht; bei Biberkopf zunehmende Verstörung durch Großstadttempo und Wahnvorstellungen von abrutschenden Dächern.
- Verhaltens- und affektive Auffälligkeiten bei beiden Protagonisten (Selbstgespräche, Überreaktionen, Aggressionen, Gefühl der Depersonalisierung).
- Der Wirklichkeitszerfall wird in beiden Werken mit sprachlichen Mitteln abgebildet: assoziative Reihungen, fragmentarischer Stil, abrupte Perspektivwechsel, Metaphorik; dabei allerdings Verstärkung der Aussageabsicht Döblins durch Radikalisierung der sprachlichen Mittel.

Notizen

Trainingsaufgabe 10

Aufgabentyp	Interpretationsaufsatz zu einem Gedicht/Gedichtvergleich
Material	Hermann Hesse: *Der Liebende* (1921) Dagmar Nick: *Früher* (1996)
Textsorte	Gedicht
Thema	Liebe; 20. Jahrhundert; zeitgenössisch
Niveau	grundlegendes und erhöhtes Anforderungsniveau (g. A. und e. A.)

Notizen

Aufgabe

Interpretieren und vergleichen Sie die Gedichte.

Material 1

Hermann Hesse (1877-1962)
Der Liebende (erschienen 1921)

Der Liebende

Nun liegt dein Freund wach in der milden Nacht,
Noch warm von dir, noch voll von deinem Duft,
Von deinem Blick und Haar und Kuss - o Mitternacht,
O Mond und Stern und blaue Nebelluft!
In dich, Geliebte, steigt mein Traum
Tief wie in Meer, Gebirg und Kluft hinein,
Verspritzt in Brandung und verweht zu Schaum,
Ist Sonne, Wurzel, Tier,
Nur um bei dir,
Um nah bei dir zu sein.
Saturn kreist fern und Mond, ich seh sie nicht,
Seh nur in Blumenblässe dein Gesicht,
Und lache still und weine trunken,
Nicht Glück, nicht Leid ist mehr,
Nur du, nur ich und du, versunken
Ins tiefe All, ins tiefe Meer,
Darein sind wir verloren,
Drin sterben wir und werden neugeboren.

Aus: Hermann Hesse: Gesammelte Werke. Bd. 1. Frankfurt a. M.: Suhrkamp Verlag 1970, S. 82

Material 2

Dagmar Nick (* 1926)
Früher (erschienen 1996)

Früher

Früher liebten wir uns
über dem Abgrund, wo anderntags
der Orientexpress von der Brücke
sprengte; die Wüsten Arabiens
durchrasten wir ohne Kompass und
kamen doch auf den erkorenen
Gipfel, betraten die Arche,
die keine Planken mehr hatte,
und kreuzten damit übers Meer;
bei der Ankunft im Hafen
der Albatrosse steckte der Frühling
uns an, und wir phosphoreszierten[1]
mit den Hinterleibern der Leuchtkäfer
um die Wette; eine einzige
steingemeißelte Quetzalfeder[2]
genügte uns, abzuheben
von dieser Welt. Früher
liebten wir uns.

Aus: Dagmar Nick: Wegmarken. Ausgewählte Gedichte. Aachen: Rimbaud-Verlagsges. 2003, (2. Aufl.), S. 19

Notizen

1 im Dunkeln nachleuchten
2 Schmuckfeder eines mittelamerikanischen Vogels

Lösungsvorschlag

Notizen

Aufgabe

Interpretieren und **vergleichen** Sie die Gedichte.

Lösungsschritte

1. Lesen Sie beide Gedichte mehrfach und aufmerksam.
2. Widmen Sie sich dann dem Gedicht von Hesse. Markieren Sie Auffälligkeiten und notieren Sie Besonderheiten. Formulieren Sie einen Interpretationsansatz.
3. Markieren Sie die Sinnabschnitte und notieren Sie Stichworte zu:
   - inhaltlicher Analyse,
   - Analyse der fiktiven Kommunikationssituation: lyrisches Ich, Adressat, äußere Situation, innerer Zustand,
   - Analyse der Form: Strophe, Vers, Reim, Metrum, Rhythmus usw.,
   - Analyse des Satzbaus: Hypotaxe, Parataxe, Enjambement, Inversion, Ellipse usw.,
   - Analyse der Bildlichkeit: Vergleich, Metapher, Symbol usw.,
   - Analyse von weiteren Stilmitteln und rhetorischen Figuren.
4. Untersuchen Sie die Liebesauffassung: Wie ist die Aussage zum Thema Liebe?
5. Für die Interpretation führen Sie die Ergebnisse der Analyse von Inhalt, Sprache und Form zusammen und beziehen sie aufeinander. Machen Sie sich entsprechende Notizen.
6. Überprüfen Sie, ob alle anfangs notierten Auffälligkeiten und Beobachtungen berücksichtigt wurden.
7. Überlegen Sie sich den Einstieg in die Interpretation und formulieren Sie einen Interpretationsansatz in Interpretationshypothesen.
8. Gehen Sie die Lösungsschritte 2 bis 7 auch für das Gedicht von Dagmar Nick durch.
9. Arbeiten Sie anschließend die Gemeinsamkeiten und Unterschiede heraus, z. B. in Tabellenform; Vergleichsaspekte sind die Aspekte der Analyse und Interpretation von beiden Gedichten, besonders wichtig sind die Behandlung der Liebesthematik in den Gedichten sowie ihre sprachliche und formale Gestaltung.
10. Konzipieren Sie eine Überleitung von der Interpretation zum Vergleich: Zusammenfassung, Ausblick, persönliche Wertung usw.
11. Formulieren Sie Interpretation und Vergleich aus, stützen Sie dabei eigene Behauptungen argumentativ mit Belegen aus den Texten.
12. Lesen Sie Ihren Text und überarbeiten Sie ihn im Hinblick auf sprachlichen Ausdruck, Verständnis, Rechtschreibung und Zeichensetzung.

Ausführliche Lösung

Hermann Hesse wendet sich in seinem 1921 erschienenen Gedicht *Der Liebende* einem Thema zu, das Menschen schon immer beschäftigt und in ihren Bann gezogen hat: der Liebe. Seit der Antike haben Dichter die Liebe in ihrer vielfältigen Form zum Gegenstand literarischen Schaffens gemacht. Hesse widmet sein Gedicht allerdings nicht hymnengleich dem Gefühl der Liebe im Allgemeinen, sondern personalisiert sein Anliegen, indem er dem Leser Einblick in die Gefühls- und Fantasiewelt eines lyrischen Ichs gewährt, das gerade das Gefühl der Liebe besonders intensiv erfährt. Dass die Reflexionen des schon in der Überschrift erwähnten „Liebende[n]“ am Ende des 18 Verse umfassenden Gedichtes dennoch zu einer Hommage an die Liebe werden und von daher die Ebene des rein Subjektiven zu Gunsten einer eher kosmisch-universalen Ebene verlassen, liegt in der Natur der Liebe selbst, die nicht nur menschlichen Zeitvorstellungen enthoben ist („Drin sterben wir und werden neugeboren“, V. 18), sondern in deren Makrokosmos („Ins tiefe All, ins tiefe Meer“, V. 16) das einzelne Subjekt sich zwangsläufig verlieren muss („Darein sind wir verloren“, V. 17).

Hesses Gedicht handelt also - dies suggeriert die Wahl des bestimmten Artikels in der Überschrift („Der Liebende“) - von den Gefühlen eines bestimmten Liebenden. Dies ist insofern von Bedeutung, als die Authentizität der Gefühlsschilderung intensiviert wird. Anstatt in allgemeiner Art fasst Hesse Gedanken, Gefühle und Träume eines bestimmten Liebenden - man kann davon ausgehen, dass es sich um einen Mann handelt - exemplarisch-subjektiv in Worte. Diese Gefühle werden am Ende so intensiv, dass sie das rein Subjektive übersteigen und einem eher universalen Gefühl Raum lassen, das durch die oben erwähnte Authentizität in der Schilderung zusätzliche Legitimation erhält.

Das Gedicht verzichtet aufgrund des allumfassenden Sujets bewusst auf die Einteilung in Strophen, greift dafür aber häufig auf Zeilensprünge zurück, um das Ineinander-Greifen unterschiedlicher Eindrücke zu betonen. Es besteht im Grunde nur aus der sprachlich in regelmäßigen Jamben gefassten Skizzierung von drei inhaltlichen Bereichen, die in jeweils einem Satz konkretisiert werden.

Im ersten (V. 1-4) geht es um die Gefühle des Liebenden, der gerade noch mit seiner Geliebten zusammen war. Die sinnlichen Eindrücke, die das Liebeserlebnis beim lyrischen Ich hinterlassen hat, sind äußerst angenehm („Noch warm von dir, noch voll von deinem Duft, /Von deinem Blick und Haar und Kuss“, V. 2 f.). Sowohl die Adjektive „warm“ und „voll“ als auch die Nomen, welche die hinterlassenen Eindrücke der Geliebten („Duft“, „Blick“, „Haar“, „Kuss“) „gegenständlich“ festzuhalten versuchen, sind Belege für die Intensität der stattgefundenen Begegnung. Doch auch schon am Ende des ersten Abschnittes schweift der Blick des lyrischen Ichs, überwältigt vom eigenen Empfinden, hin zu den ihn umgebenden Sphären, die in Form einer Apostrophe angesprochen werden („O Mitternacht, / O Mond und Stern und blaue Nebelluft!“, V. 3 f.)

In einem zweiten inhaltlichen Abschnitt (V. 5-10), der wie der erste aus nur einem Satz besteht, geht es um einen von starker Sinnlichkeit beeinflussten Traum des Liebenden. Direkt spricht er seine Geliebte an und teilt ihr seinen Traum mit, in dem er eine Vereinigung mit ihr herbeisehnt, um möglichst nahe bei ihr zu sein („In dich, Geliebte, steigt mein Traum [...] hinein, [...] Nur um bei dir, um nah bei dir zu sein.“, V. 5-10). In der Wortwahl und dem Gebrauch der Bilder wird die Unbedingtheit seiner Sehnsucht deutlich („Tief wie in Meer, Gebirg und Kluft“, V. 6). In den Zeilen sieben und acht werden seine erotischen Fantasien, die dynamische, fast schon animalische Anklänge erahnen lassen, nochmals verstärkt („Verspritzt in Brandung und verweht zu Schaum, / Ist Sonne, Wurzel, Tier“). An den verwendeten Formen des Partizip Perfekts wird rein sprachlich schon deutlich, dass das lyrische Ich nicht mehr Herr seiner Gefühle ist, sondern ihnen unterliegt. Die Reihung der symbolhaften Nomen „Sonne“, „Wurzel“, „Tier“ am Ende des Gedankengangs und der Verzicht auf weitere erklärende Worte intensivieren den Eindruck des zunehmenden Zwangs, dem der Liebende unterliegt und dem er sich unterwirft, „Nur um bei dir, / Um nah bei dir zu sein“ (V. 9 f.).

In dem dritten Sinnabschnitt (V. 11-18) wird dieser Traum fortgeführt und es kommt nun zu der ersehnten Vereinigung des Liebenden und seiner Geliebten. Einerseits wird der

Notizen

Blick des bzw. der Liebenden verengt und auf sich selbst fokussiert („Saturn kreist fern und Mond, ich seh sie nicht, / Seh nur in Blumenblässe dein Gesicht", V. 11 f.). Die Gefühle im Augenblick der Vereinigung entgleiten dem Liebendem, spielen verrückt, werden chaotisch und widersprüchlich („Und lache still und weine trunken, / Nicht Glück, nicht Leid ist mehr", V. 13 f.), um im gleichen Augenblick ganz zu verschwinden, um nur noch dem Ich und dem Du der Liebenden Platz zu machen („Nur du, nur ich und du", V. 15), das aber im gemeinsamen „wir" „ins tiefe All, ins tiefe Meer" (V. 16) versinkt, um dort verloren zu sein, zu sterben und wieder neugeboren (vergleiche V. 17 f.) zu werden.

Mit diesem „circle of love" klingt das Gedicht aus. Was am Anfang als individuelle und sehr subjektive Gefühlswahrnehmung begann, fügt sich am Ende in den kosmischen Kreislauf von Leben und Liebe ein. Dem Liebenden wird im Augenblick höchsten Glückes diese Erfahrung zuteil.

In Dagmar Nicks Gedicht *Früher* aus dem Jahre 1996 geht es um eine Liebe, die früher einmal bestand und nun vorüber ist. Das Gedicht beginnt und endet mit der sehr sachlich wirkenden Feststellung „Früher liebten wir uns" (V. 1 und V. 18). Allerdings ist die erste Feststellung über das Ende der Liebe der Beginn eines langen Satzes, der sich über 17 der insgesamt 18 Zeilen des strophenlosen Gedichtes erstreckt und der die früher erlebte Liebe eines Paares anhand fünf unterschiedlicher Orte bzw. Situationen näher konkretisiert. Der zweiten Feststellung „Früher liebten wir uns" folgt hingegen keine nähere Erklärung mehr. Fast wie eine Waise im Gedicht macht diese nüchterne Feststellung unmissverständlich klar, dass die Liebe zu Ende ist.

Dagmar Nick hat ein modernes Gedicht über die Liebe geschrieben. Sie verzichtet auf viele gattungstypische Merkmale wie Strophen, ein festes Versmaß oder Reime. Dennoch ist es ihr gelungen, einen berührenden und überaus poetisch-lyrischen Text zu schreiben, der nicht zuletzt auch als eine Art Loblied an die Liebe verstanden werden kann, wenn auch an eine unwiederbringlich verflossene, wie das im gesamten Gedicht verwendete Präteritum erahnen lässt. Denn in dem ersten langen Satzgefüge lässt das lyrische Ich durchscheinen – man weiß nicht genau, welcher der beiden Liebespartner spricht; es wird immer noch die „Wir-Form" verwendet –, zu welch Außergewöhnlichem die Liebe die beiden Liebenden befähigte.

Die ersten drei Orte, die mit der Liebe in Verbindung gebracht werden, liegen in fernen Gegenden („Orientexpress", V. 3; „Arabien[s]", V. 4; „Arche", V. 7; „Meer", V. 9; „Hafen der Albatrosse", V. 10 f.) und sind stets, darauf weisen die jeweiligen Adverbialen hin, mit Gefahren verbunden: „Wir liebten uns über dem Abgrund [...] Wüsten Arabiens [...] Arche" (V. 2–8). Durch die näheren Erläuterungen, die vom lyrischen Ich in sehr nüchterner Art, fast schon buchhalterisch präzise, nachgereicht werden und die die Gefahren, unter denen geliebt wurde, sehr anschaulich verdeutlichen, ebenso wie das Tempo, in dem geliebt wurde, wird die „Leistung" der Liebe nochmals hervorgehoben („wo anderntags / der Orientexpress von der Brücke / sprengte [...] durchrasten wir ohne Kompass [...] die keine Planken mehr hatte", V. 2–8). Die einst bestehende Liebe hielt seinerzeit widrigsten Bedingungen stand und ersetzte abgründigen Boden unter den Füßen, den fehlenden Kompass und fehlende Planken im Schiffsboden. Mehr noch: Sie entzündete Gefühle in den Liebenden („steckte der Frühling / uns an", V. 11 f.) und ließ sie sogar abheben von der realen Welt („abzuheben / von dieser Welt.", V. 16 f.).

Mit Hilfe der Liebe trotzten die Liebenden nicht nur den Gefahren dieser Welt, sondern suchten sie vielleicht sogar, bestärkt durch die Kraft aus dem Bewusstsein, geliebt zu werden und zu lieben. Mit dieser Kraft gelang es ihnen sogar, den physikalischen Ge-

Notizen

setzmäßigkeiten dieser Welt zu entkommen, und, wie von Flügeln getragen, von der Welt abzuheben. Beendet wird diese „Leistungsschau" der Liebe durch die sachlich eingeworfene Bemerkung „Früher / liebten wir uns". Und mit diesem Ende der Liebe schließt auch das Gedicht. Was bleibt, sind schöne Erinnerungen und vielleicht auch ein wenig Wehmut, was sich aber geschickt hinter dem modern gestalteten lyrischen Text verbirgt.

Vergleich der Gedichte

Beide Gedichte beschäftigen sich inhaltlich mit der Liebe. Beiden Gedichten ist gemeinsam, dass sie die Liebe als außerordentliche Kraft verstehen, die in der Lage ist, Gefühle von Menschen entscheidend zu beeinflussen.

In wesentlichen Punkten hingegen unterscheiden sich die beiden Gedichte voneinander: Hermann Hesses Gedicht *Der Liebende* preist eine Liebe, die im Entstehen bzw. noch im Stadium des Wachsens ist; sie ist somit auf die Zukunft hin ausgerichtet. Ganz anders das Gedicht von Dagmar Nick *Früher*. Aus der Retrospektive heraus wird eine zu Ende gegangene Liebe geschildert, die abgeschlossen ist und keine Chance hat, in einer nahen Zukunft wieder zu wachsen.

Auch in dem lyrischen Zugriff auf das Thema Liebe werden prinzipielle Unterschiede deutlich: Hesse idealisiert die Liebe als etwas Einzigartiges, Übermenschliches, ja Metaphysisches. Diese fast schon romantisch-idealisierte Liebe ist allumfassend, schließt die Natur und den Kosmos mit ein und ermöglicht, dass das „Ich" und das „Du" miteinander verschmelzen und zu einer Einheit werden. Die so Liebenden vergessen die reale Welt um sich herum und nehmen nur noch sich selbst wahr, um sich schließlich im sie umgebenden Makrokosmos zu vergessen und zu verlieren.

In Dagmar Nicks modernem Gedicht *Früher* führte die Liebe nicht zu der allumfassenden Einheit der Liebenden, sondern ging zu Ende. Nur in einer Rückblende wird nochmals berichtet, wozu die einst gefühlte Liebe im Stande war. Dagmar Nicks Blick auf die Liebe ist kein romantisch-idealisierender wie der Hesses, sondern ein moderner, der die Liebe als etwas Brüchiges, mit Gefahren Verbundenes und Schnelles versteht. Zwar sieht auch Nick in der Liebe eine außerordentliche Kraft, die Menschen verändert, zu Unglaublichem befähigt und von der realen Welt abheben lässt; in der Konsequenz allerdings führt sie nicht zu einer dauerhaften Beziehung der beiden Liebenden.

Die oben genannten inhaltlichen Unterschiede spiegeln sich auch in der sprachlichen Gestaltung der lyrischen Texte. Gemeinsam ist beiden Gedichten das Poetische der Sprache, unabhängig von der unterschiedlich intensiven Verwendung gattungstypischer Merkmale. Beide Texte sind von großer Bildhaftigkeit und Symbolik geprägt. Hesses Gedicht betont durch zahlreiche Wiederholungen von Wörtern und Wendungen die Innigkeit, das Besondere der Beziehung. Nicks Gedicht gibt sich, vor allem durch den Anfang und das Ende, wesentlich moderner. Es betont durch seine Sprache die Rast- und Ruhelosigkeit der Liebesbeziehung.

Gemeinsam ist beiden Gedichten, dass die inhaltliche Aussage sich in der sprachlichen Gestaltung spiegelt, ergänzt und intensiviert. In beiden Gedichten findet sich eine starke Naturmetaphorik, die auch das Erotisch-Sexuelle andeutet.

Notizen

Trainingsaufgabe 11

Aufgabentyp	Interpretationsaufsatz zu einem Gedicht/Gedichtvergleich
Material	Rainer Maria Rilke: *Die Liebende* (1906) Volker Braun: *Hingebung* (1974)
Textsorte	Gedicht
Thema	Liebe; 20. Jahrhundert; zeitgenössisch
Niveau	erhöhtes Anforderungsniveau (e. A.)

Aufgabe

Interpretieren und vergleichen Sie die Gedichte.

Material 1

Rainer Maria Rilke (1875-1926)
Die Liebende (1906)

Die Liebende

Ja ich sehne mich nach dir. Ich gleite
mich verlierend selbst mir aus der Hand,
ohne Hoffnung, daß ich Das bestreite,
was zu mir kommt wie aus deiner Seite
ernst und unbeirrt und unverwandt.

... jene Zeiten: O wie war ich Eines,
nichts was rief und nichts was mich verriet;
meine Stille war wie eines Steines,
über den der Bach sein Murmeln zieht.

Aber jetzt in diesen Frühlingswochen
hat mich etwas langsam abgebrochen
von dem unbewußten dunkeln Jahr.
Etwas hat mein armes warmes Leben
irgendeinem in die Hand gegeben,
der nicht weiß was ich noch gestern war.

Aus: Rainer Maria Rilke: Werke. Band I, 1: Gedicht-Zyklen. Frankfurt a. M.: Insel Verlag 1980, S. 133 f.

Notizen

Material 2

Volker Braun (* 1939)
Hingebung (1974)

Hingebung

Wie der Sommer kommt!
Die Abende sind warm und lang.
Ich bin ganz ruhig. Wir sitzen im Gesträuch
Reden uns aus uns heraus.
In seinen Gedanken plötzlich
Finde ich meine.

Die Wiesen liegen in ihrem Duft
Der strömt durch uns durch.
Die Bäume stehen in seltsamen Gruppen
Wie Liebende. Sie werden ganz dunkel.
Ich küß ihn, er küßt mich vom Fuß zur Stirn
Meinen ganzen Leib
Nehm ich nun ein.

Alle Natur
Ist mit dem gleichen beschäftigt.
Das zu denken ist schön.
Ich geb mich ihm hin
Und gehör doch mir. Nach meinem Sinn
Geht nun mein Tag.

Aus: Volker Braun: Gegen die symmetrische Welt. Gedichte. Frankfurt a. M.: Suhrkamp Verlag 1974, S. 14

Notizen

Lösungsvorschlag

Notizen

Aufgabe

Interpretieren und **vergleichen** Sie die Gedichte.

HINWEIS Hier gibt es keine Teilaufgaben; es wird von Ihnen verlangt, dass Sie Ihre Gedanken klar gliedern und Ihren Aufsatz schlüssig aufbauen. Die Aufgabenstellung schreibt kein bestimmtes Schema vor, sondern lässt Ihnen dabei viel Freiheit. Eine Analyse der Sprache und Form ist in jedem Fall Teil der Interpretation, auch wenn die Aufgabenstellung nicht gesondert darauf hinweist. Sie müssen sprachliche und formale Gestaltungsmittel untersuchen und in ihrer Funktion und Wirkung deuten. Achten Sie bei dieser Aufgabe unbedingt darauf, beide Anforderungen („interpretieren und vergleichen") zu lösen. Im Vergleich müssen Sie auf das Thema Liebe in den Texten eingehen.

Lösungsschritte

1. Lesen Sie die Gedichte mehrfach genau durch.
2. Widmen Sie sich zuerst dem Gedicht von Rilke. Markieren Sie Auffälligkeiten, notieren Sie Ihre Beobachtungen und formulieren Sie einen Interpretationsansatz.
3. Analysieren Sie das Gedicht inhaltlich, untersuchen Sie den Gedankengang und markieren Sie Sinnabschnitte.
4. Analysieren Sie die fiktive Kommunikationssituation: lyrisches Ich, Adressat, äußere Situation, innerer Zustand.
5. Analysieren Sie die Form: Strophe, Vers, Reim, Metrum, Rhythmus usw.
6. Betrachten Sie nun den Satzbau: Hypotaxe, Parataxe, Enjambement, Inversion, Ellipse usw. und verbinden Sie Ihre Beobachtungen mit der inhaltlichen Analyse.
7. Analysieren Sie die Bildlichkeit: Vergleich, Metapher, Symbol usw.
8. Betrachten Sie weitere Stilmittel und rhetorische Figuren.
9. Untersuchen Sie die Liebesauffassung: Welche Aussage über das Thema Liebe macht das Gedicht?
10. Für die Interpretation fassen Sie die Ergebnisse der Analyse von Inhalt, Sprache und Form zusammen und beziehen sie aufeinander.
11. Überprüfen Sie, ob alle anfangs notierten Auffälligkeiten und Beobachtungen berücksichtigt wurden.
12. Konzipieren Sie einen Einstieg in die Interpretation und formulieren Sie einen Interpretationsansatz in Interpretationshypothesen.
13. Wiederholen Sie die Schritte 2–12 für das Gedicht von Volker Braun.
14. Arbeiten Sie Unterschiede und Gemeinsamkeiten heraus, z. B. in Tabellenform. Vergleichsaspekte sind die Aspekte der Analyse und Interpretation (Schritte 2–10). Besonders wichtig ist die Behandlung der Liebesthematik.
15. Arbeiten Sie die im Vergleich erworbenen Ergebnisse in die Interpretation des Gedichts von Volker Braun ein.
16. Konzipieren Sie einen Schluss des Aufsatzes: Zusammenfassung, Ausblick, persönliche Wertung usw.
17. Formulieren Sie die Interpretation des ersten Gedichts und die vergleichende Interpretation des zweiten Gedichts aus. Stützen Sie Ihre Behauptungen argumentativ mit Belegen aus den Texten.
18. Lesen Sie Ihren Text noch einmal durch und überarbeiten Sie ihn.

Stichpunktlösung

Notizen

Rainer Maria Rilke, *Die Liebende*

- Beschreibt, dass die Erfahrung von Liebe zu Veränderung im Leben des Einzelnen führt.
- Liebe wird als etwas dargestellt, das dazu führt, dass der liebende und geliebte Mensch seine Identität neu bestimmen muss.

Form
- Drei Strophen unterschiedlicher Länge (fünf, vier und sechs Verse)
- Unregelmäßige Reimform: erste Strophe abaab, zweite Strophe cdcd (Kreuzreim), dritte Strophe eefggf (Paarreim und umarmender Reim)
- Trochäisches Versmaß mit fünf Hebungen und teils weiblicher (V. 1, V. 3, V. 4, V. 6, V. 8, V. 10, V. 11, V. 13, V. 14), teils männlicher Kadenz (V. 2, V. 5, V. 7, V. 9, V. 12, V. 15)

Gedankengang, Sinnabschnitte, lyrisches Ich
- Drei Strophen, drei Abschnitte:
  - V. 1–5: Das lyrische Ich beschreibt seine gegenwärtige Sehnsucht nach der geliebten Person (V. 1, erster Satz) sowie die Veränderungen, die diese Liebe auslöst (V. 1–5, zweiter Satz); Tempus: Präsens.
  - V. 6–9: Rückblick in die Vergangenheit: Die Situation vor der Liebesbeziehung wird dargestellt; dieser Satz steht bis auf den Relativsatz (V. 9) im Präteritum.
  - V. 10–15: In zwei gleich langen Sätzen (V. 10–12, V. 13–15) werden die Gedanken aus der ersten Strophe weitergeführt; Tempus: Perfekt als Mittler zwischen Gegenwart und Vergangenheit.
- Weibliche Perspektive (vgl. Titel); monologische Sprechsituation (Sehnsucht, V. 1) deutet auf Abwesenheit der angesprochenen Person hin.

Bildlichkeit im Überblick
- Vergleich: „wie aus deiner Seite“ (V. 4); „wie eines Steines“ (V. 8)
- Metapher: „Ich gleite/[...] selbst mir aus der Hand“ (V. 1–2); „hat mein armes warmes Leben/irgendeinem in die Hand gegeben“ (V. 13–14)

Weitere Stilmittel, rhetorische Figuren
- Hier fallen besonders klangliche Figuren auf:
  - Alliteration: „und unbeirrt und unverwandt“ (V. 5)
  - Binnenreim: „eines Steines“ (V. 8) und „armes warmes“ (V. 13)
  - Wiederholung von Lauten: „ohne Hoffnung“ (V. 3), „unbewußten dunkeln“ (V. 12)
  - Parallelismus: „nichts was rief und nichts was mich verriet“ (V. 7)
- Enjambements: Strenger Zeilenstil in der zweiten Strophe (V. 6–10) steht für Ruhe; in der ersten und dritten Strophe verdeutlichen die Enjambements (V. 1 f., V. 4 f., V. 10 f., V. 11 f., V. 13 f.) die Aufgewühltheit der liebenden Person.

Liebesauffassung
- Die Sprecherin beschreibt, dass sie sich selbst verliert (V. 1 f.), und „bestreite[t]“ „Das“ (auffällige Großschreibung im Original) nicht, also wehrt sich nicht gegen die Liebe des anderen Menschen, die als unausweichlich empfunden wird (V. 5).
- In der Vergangenheit, die nicht näher bestimmt ist („jene Zeiten“ V. 6), war sie allein und „Eines“ (V. 6, auffällige Großschreibung im Original). Sie lebte für sich (V. 7): abgeschieden, bewegungslos, lautlos, aber sicher vor äußeren Einflüssen.

Notizen

- Mit der Formulierung „Aber jetzt“ (V. 10) wird der Gegensatz zwischen Vergangenheit und Gegenwart herausgestellt (Antithese). Die Zeitangabe „Frühlingswochen“ (V. 10) steht für Neubeginn, Veränderung, Leben.
- Im Gegensatz dazu steht das „unbewußte [...] dun[kle] Jahr“ (V. 12); das lyrische Ich erwacht also gleichermaßen.
- Die Erfahrung ist für das lyrische Ich ungewohnt und noch nicht ganz begreifbar; unbestimmtes Pronomen („etwas“ V. 11, V. 13) weist auf eine Liebe hin, die nicht näher in Worte gefasst werden kann.
- Wiederaufnahme des Hand-Bildes: Im Zuge der Liebeserfahrung wandert die Liebende aus ihrer eigenen Hand in die Hand eines anderen (V. 1 f., V. 13 f.); Selbstverlust.
- Das Gedicht spricht von der Liebenden ausschließlich mit Pronomen in der ersten Person Singular und vom Gegenüber mit Pronomen in der zweiten Person Singular („dir“, V. 1; „deiner“, V. 4). Von einem „Wir“ ist an keiner Stelle die Rede.
- Der Partner wird mit dem Indefinitpronomen „irgendeinem“ (V. 14) benannt; beide kennen sich kaum, wissen wenig voneinander (vgl. V. 15).
- Der letzte Vers betont noch einmal die Veränderung (V. 15) und verweist mit „gestern“ (V. 15) zurück auf die zweite Strophe.

Volker Braun, *Hingebung*

- Beschreibt eine Liebeserfahrung, die ganz im Gegensatz zu der bei Rilke beschriebenen nicht von Gefühlen der Verunsicherung, sondern der Sicherheit geprägt ist.

Gedankengang, Sinnabschnitte, lyrisches Ich

- Drei Strophen, drei Absätze (wie bei Rilke):
  - V. 1–6: Beschrieben wird, wie das lyrische Ich sich mit einem Gegenüber an einem Sommerabend unterhält. Die beiden tauschen Gedanken aus.
  - V. 7–13: Die Erfahrung der Natur wird intensiver. Es kommt zur körperlichen Begegnung im Kuss.
  - V. 14–19: Verallgemeinerung, Steigerung, Schluss
- Die geliebte Person ist ein Mann („in seinen Gedanken“, V. 5; „ihn“, „er“, V. 11; „ihm“, V. 17).
- Das lyrische Ich könnte ein Mann oder eine Frau sein, denn der Text lässt eine eindeutige Zuordnung anders als bei Rilke offen; der Sprecher darf jedoch keineswegs einfach mit dem männlichen Autor gleichgesetzt werden.
- Der Text lässt die Lesart einer homoerotischen Beziehung zwar zu, legt sich aber nicht auf diese fest.

Form

- Drei Strophen unterschiedlicher Länge (sechs, sieben und sechs Verse)
- Verse von unterschiedlicher Länge
- Kein Reim und kein festes Metrum
- Zahlreiche Enjambements (V. 3 f., V. 5 f., V. 9 f., V. 14 f., V. 17 f., V. 18 f.)
- Formal ein typisches modernes Gedicht; Gegensatz zur traditionellen Form des Rilke-Gedichts

Satzbau

- Parataktischer Satzbau, der an Prosa erinnert.
- Teilweise fehlen Satzschlusszeichen (am Ende von V. 7, V. 11).

Bildlichkeit im Überblick

- Vergleich: „Wie Liebende“ (V. 10)
- Bild des Sommers („Sommer“, V. 1); vgl. Frühling bei Rilke

Liebesauffassung

- Im intensiven Gespräch („Reden uns aus uns heraus“, V. 4) entdeckt die liebende Person eine Verbindung mit dem Gegenüber (V. 5 f.).
- Das lyrische Ich erlebt die Natur an einem Sommerabend (V. 7–9) und nimmt eine Baumgruppe als „Liebende“ (V. 10) wahr; Einklang mit der Natur kündigt sich an.
- In der körperlichen Begegnung des Küssens (V. 11), die ebenfalls intensiv ist („vom Fuß zur Stirn“, V. 11), erfährt sich das lyrische Ich als von sich selbst erfüllt („Meinen ganzen Leib/Nehm ich nun ein“, V. 12 f.).
- Das lyrische Ich hat das angenehme Gefühl (V. 16), im Einklang mit der Natur zu sein (V. 14 f.).
- In der dritten Strophe wird der Titel „Hingebung“ aufgegriffen („Ich geb mich ihm hin“, V. 17).
- In der Liebesbegegnung wird Hingabe nicht als Selbstaufgabe empfunden („Und gehör doch mir“, V. 18).
- Im Gegensatz zu Rilke ist Hingabe bei Braun nicht mit Verlust verbunden. Im letzten Satz („Nach meinem Sinn/Geht nun mein Tag“, V. 18 f.) betont das lyrische Ich, dass Liebe den liebenden Menschen nicht bedroht, sondern stärkt.
- Anders als bei Rilke taucht an keiner Stelle das Pronomen „du“ auf; allerdings findet sich neben „ich“ (V. 3, V. 6, V. 11, V. 13, V. 17; auch in flektierten Formen) das gemeinsame „Wir“ (V. 3; auch in flektierten Formen).
- Im Gebrauch der Pronomen wird also bereits die unterschiedliche Liebesauffassung deutlich:
  - In *Die Liebende* ist es die Spannung zwischen Ich und Du, das Sichverlieren im Du.
  - In *Hingebung* steht das Ich im Vordergrund, das nicht durch ein Du bedroht wird, sondern sich findet.

Schluss

- In formaler Hinsicht sind die beiden Gedichte sehr verschieden; beiden gemeinsam ist allerdings, dass in einer poetischen Sprache und mit dichterischen Mitteln gesprochen wird.
- Die darin beschriebene Situation des lyrischen Ichs ist unterschiedlich:
  - Rilke: Sprecherin hat Sehnsucht nach dem abwesenden Geliebten, denkt über ihre Liebe nach.
  - Braun: Lyrisches Ich beschreibt die als gegenwärtig erlebte Erfahrung einer erfüllenden Liebesbegegnung.
- Beide Texte thematisieren die Wirkung einer Liebesbegegnung auf einen Menschen:
  - Rilke: Liebe erzeugt Verunsicherung, weil sie neben positiv empfundener Sehnsucht („Ja“, V. 1) auch Gefühle der Angst vor Selbstverlust verursacht. Liebe löst also ambivalente Gefühle aus.
  - Braun: Liebe gibt Sicherheit, weil sie zur Selbsterfüllung führt und das Individuum stärkt.

Notizen

Trainingsaufgabe 12

Aufgabentyp	Analyse eines literarischen Textes mit weiterführendem Schreibauftrag (Gedichtanalyse; literaturgeschichtliche Einordnung)
Material	Günter Kunert: *Der ungebetene Gast* (1963)
Textsorte	Gedicht
Thema	Holocaust; Nachkriegszeit; Lyrik nach 1945; zeitgenössisch
Niveau	grundlegendes Anforderungsniveau (g. A.)

Aufgaben

1. Analysieren Sie das Gedicht *Der ungebetene Gast* von Günter Kunert, indem Sie herausarbeiten, wie es inhaltlich und formal die Auseinandersetzung der deutschen Nachkriegsgesellschaft mit dem Holocaust gestaltet.
2. Stellen Sie Strömungen der Lyrik nach 1945 dar und überprüfen Sie, inwieweit Kunerts Gedicht diesen zugeordnet werden kann.

Material

Günter Kunert (* 1929)
Der ungebetene Gast (1963)

1
Stellt noch einen Stuhl an den Tisch.

2
Es ist ein Gast gekommen
(Aus der Gegend um Warschau dort)[1]
Und hat am Tisch Platz genommen
Und sagte kein einziges Wort.

3
Füllet ihm ein Glas.

4
Die Füße mit Lappen umwunden,
Und die Augen haben gefehlt.
An der Kehle klaffende Wunden
Haben stumm seine Geschichte erzählt.

1 Anspielung sowohl auf das Warschauer Ghetto und dessen Vernichtung durch die SS im Jahr 1943 als auch auf das nordöstlich von Warschau gelegene Vernichtungslager Treblinka.

Notizen

5
Was steht dem Gast zu Diensten?

6
Er schwieg gleich der dunklen Tiefe
Im allertiefsten Meer.
Dann hob er den Kopf, als riefe
Seinen Namen irgendwer.

7
Öffnet ihm die Tür.

8
So ist der Gast gegangen
Sacht wie ein Licht verlischt.
Sich doch zum Essen zwangen,
Denen man aufgetischt.

9
Wohl bekomm es.

10
Da schmeckten nach Asche die Bissen,
Und die Esser senkten den Blick;
Voreinander ihre Gewissen
Verbargen sie ohne Geschick.

11
So rückt doch den Stuhl wieder fort.

Günter Kunert: Der ungebetene Gast. In: Ders.: Erinnerung an einen Planeten. Gedichte aus fünfzehn Jahren. München/Wien: Hanser Verlag 1963, S. 39 f.

Der Autor:
Günter Kunert wurde 1929 in Berlin geboren; Sohn einer jüdischen Mutter; Textillehre und Studium an der Hochschule für angewandte Kunst in Berlin; ab 1948 freier Schriftsteller in Ost-Berlin; 1979 Übersiedlung in die Bundesrepublik Deutschland; schriftstellerische Tätigkeit.

Notizen

Lösungsvorschlag

Notizen

Aufgabe 1

Analysieren Sie das Gedicht *Der ungebetene Gast* von Günter Kunert, indem Sie herausarbeiten, wie es inhaltlich und formal die Auseinandersetzung der deutschen Nachkriegsgesellschaft mit dem Holocaust gestaltet.

HINWEIS Beachten Sie die Einschränkung in der Aufgabenstellung und machen Sie sich klar, was mit den Begriffen „inhaltlich" und „formal" konkret gemeint ist.

Lösungsschritte

1. Lesen Sie das Gedicht mindestens zweimal sehr aufmerksam durch.
2. Lesen Sie die Aufgabenstellung und überlegen Sie, was genau verlangt wird.
3. Fassen Sie die inhaltliche Aussage des Gedichts zusammen.
4. Lesen Sie das Gedicht noch einmal und beschreiben Sie die Form, den Aufbau und die inhaltliche sowie gedankliche Gliederung.
5. Untersuchen Sie die Kommunikationssituation in den unterschiedlichen Gedichtteilen.
6. Untersuchen Sie die Darstellung der Situation und der Handlungsträger.
7. Deuten Sie die Bildebene des Gedichts.
8. Fassen Sie die Ergebnisse in einem schriftlichen Text zusammen.
9. Lesen Sie Ihren Text durch und überarbeiten Sie ihn.

Stichpunktlösung

Einleitung

- In dem Gedicht *Der ungebetene Gast* von Günter Kunert geht es um den Umgang mit der NS-Vergangenheit im Nachkriegsdeutschland der 1950er- und 1960er-Jahre.

Inhalt

- Beschreibung eines Zusammentreffens zwischen einer nicht weiter spezifizierten Tischgesellschaft und einem als „ungebeten" (vgl. Überschrift) beschriebenen Gast, der spezifische Kennzeichen eines Opfers trägt (V. 3, V. 7–10).

Form und Aufbau

- Wechsel zwischen sechs Einzeilern und fünf Strophen mit jeweils vier Zeilen
- Vor allem dreihebige Verse mit unregelmäßiger Füllung
- In den vierzeiligen Strophen Kreuzreim; Einzeiler reimlos
- Rahmung durch den ersten und letzten Einzeiler („Stellt noch einen Stuhl an den Tisch", V. 1, und „So rückt doch den Stuhl wieder fort", V. 26)

Kommunikationssituation

- Einzeiler sind auffordernde Redebeiträge des lyrischen Sprechers an die Tischgesellschaft, sich um den Gast zu kümmern (V. 1, V. 6, V. 16) bzw. nach seinem Weggehen seine Spuren zu beseitigen (V. 26), und eine fiktive Frage der Tischgesellschaft an den Gast („Was steht dem Gast zu Diensten?", V. 11).
- Vierzeiler erzählen den Vorgang.

Beschreibung der Situation und der Handlungsträger

- Ein Fremder stößt als „ungebetene[r] Gast“ (vgl. Überschrift) zu einer Tischgesellschaft und nimmt ungefragt Platz („Und hat am Tisch Platz genommen“, V. 4).
- Der Gast kommt „Aus der Gegend um Warschau“ (V. 3), ist geschunden und körperlich entstellt; er erscheint als personifiziertes Opfer („Die Füße mit Lappen umwunden/Und die Augen haben gefehlt./An der Kehle klaffende Wunden/Haben stumm seine Geschichte erzählt“, V. 7–10); Entstellung wird durch die Alliteration „Kehle klaffende“ besonders hervorgehoben.
- Der Fremde kommuniziert nicht („Und sagte kein einziges Wort“, V. 5; „Er schwieg gleich der dunklen Tiefe/Im allertiefsten Meer“, V. 12 f.), zwingt aber trotzdem die Tischgemeinschaft, ihn und seine Geschichte wahrzunehmen („Haben stumm seine Geschichte erzählt“, V. 10).
- Der Gast verlässt die Tischgesellschaft so überraschend und fast unbemerkt („Sacht wie ein Licht verlischt“, V. 18), wie er gekommen ist.
- Die Tischgesellschaft bleibt ein nicht näher spezifiziertes Kollektiv („Denen man aufgetischt“, V. 20; „die Esser“, V. 23) in einer alltäglichen Situation.
- Die Tischgemeinschaft will nach dem Verschwinden des ungebetenen Gastes möglichst schnell zur Normalität zurückkehren (sie zwingen sich zum Essen, V. 19), dies gelingt ihr jedoch nicht („Da schmeckten nach Asche die Bissen“, V. 22); das schlechte Gewissen der Tischgesellschaft im Umgang mit dem ungebetenen Gast, aber auch die fehlende Auseinandersetzung mit ihrer eigenen Schuld werden thematisiert (V. 23–25).
- Die Verdrängung der Schuld wird auch durch die Aufforderung des lyrischen Sprechers an die Tischgesellschaft, den Stuhl „doch“ wieder fortzurücken (V. 26), und die ironische Einladung „Wohl bekomm es“ (V. 21) verdeutlicht.

Deutung

- „Tisch“ und „Stuhl“ sind Hinweise auf Gemeinschaft und Vertrautheit, aber auch auf Ausgrenzung („Der ungebetene Gast“) und Verdrängung (fehlende Kommunikation; den Stuhl fortrücken); die Tatsache, dass die Tischgesellschaft gemütlich isst, lässt auf den neuen Wohlstand schließen.
- „Asche“ spielt auf Vernichtung und Tod an, evtl. auf die Vernichtungslager des Zweiten Weltkrieges; hierfür spricht auch die adverbiale Bestimmung des Ortes („Aus der Gegend um Warschau dort“, V. 3), die in Klammern beinahe beiläufig ergänzt wird; sie steht zum einen für das Vernichtungslager Treblinka und das Warschauer Ghetto, zum anderen aber auch metonymisch für den Holocaust als Ganzes.
- „Der ungebetene Gast“ personifiziert die NS-Verbrechen, die die Menschen in der Nachkriegszeit zu verdrängen versuchen.

Notizen

Aufgabe 2

Notizen

Stellen Sie Strömungen der Lyrik nach 1945 **dar** und **überprüfen** Sie, inwieweit Kunerts Gedicht diesen zugeordnet werden kann.

HINWEIS Machen Sie sich die Zweiteiligkeit der Aufgabenstellung bewusst. Beschreiben Sie zunächst die literarischen Strömungen der Nachkriegsliteratur (möglichst mit konkreten Beispielen) und ordnen Sie anschließend das Gedicht begründet einer dieser Strömungen zu.

Lösungsschritte

1. Lesen Sie die Aufgabenstellung gründlich und verdeutlichen Sie sich, was genau verlangt wird.
2. Notieren Sie die Strömungen der Nachkriegsliteratur und deren Merkmale in Stichpunkten.
3. Überprüfen Sie anhand der Stichpunkte, welcher Strömung das Gedicht von Kunert zuzuordnen ist.
4. Über Rückbezug auf die Aufgabe 1 erläutern Sie, inwieweit Kunert den Umgang mit der „jüngsten Vergangenheit" in der BRD der 1950er- und 1960er-Jahre kritisiert.
5. Erläutern Sie den gesellschaftlichen Charakter des Gedichts.
6. Verfassen Sie nun den Text und achten Sie dabei auf Struktur und Textbezug.
7. Abschließend lesen Sie Ihre Ausführungen noch einmal durch und überarbeiten sie.

Stichpunktlösung

Überleitung

- Aufgrund seiner Thematik und Entstehungszeit lässt sich das Gedicht eindeutig der Lyrik der Nachkriegszeit zuordnen. Es bleibt zu prüfen, welcher Strömung es angehört.

Strömungen der Lyrik nach 1945

- **Trümmerlyrik oder Literatur des Kahlschlags:** Bezeichnung für die Lyrik der sogenannten Stunde null nach dem Zweiten Weltkrieg; programmatisch ist der Wille zur unbedingten Wahrhaftigkeit, aber auch die Intention, mit der herkömmlichen lyrischen Formensprache zu brechen. Das Erlebnis zerstörter Städte und Landschaften, der Verlust individueller wie auch kollektiver Identität bilden den Hintergrund für eine Poesie, die buchstäblich mit nichts neu anfangen muss. Ausgesprochen wird nur das unbedingt Nötige, auf eine ausgefeilte Sprache wird verzichtet (Beispiel: Günter Eich: *Latrine*).
- **Hermetische und existenzialistische Lyrik:** Lyrik, die sich auf semantischer Ebene einem unmittelbaren Verstehen entzieht. Den Hintergrund bilden die Sprachskepsis der Moderne sowie die Erfahrung des Nationalsozialismus; Kritik der verlogenen Sprache der Nationalsozialisten und deren Kontinuität in der Nachkriegszeit durch einen bewusst distanzierten Sprachgebrauch (Beispiel: Nelly Sachs: *In den Wohnungen des Todes*).

- **Naturlyrische Tendenzen:** Nach dem Zweiten Weltkrieg tritt eine Skepsis in Bezug auf den Zusammenhang zwischen Sprache und repräsentierter Wirklichkeit zutage; die den Menschen umgebende Natur wird nicht mehr als sinnvoll erfahren, sie scheint sich dem suchenden Ich zu verschließen, wirkt unzugänglich und erstarrt.
- **Politisch-gesellschaftskritische Literatur:** Gegen Ende der 1950er-Jahre tritt eine Politisierung der Literatur ein: Abrechnung mit der Nazizeit, kritische Auseinandersetzung mit der Nachkriegsgesellschaft.

Begründete Zuordnung des Gedichts

- Das Gedicht gehört zur Strömung der politisch-gesellschaftskritischen Lyrik; sowohl der neue Wohlstand und die einkehrende Normalität (Essen) als auch die Toten des Holocaust („Der ungebetene Gast“) werden angesprochen.
- Gesellschaftskritik an der mangelnden Auseinandersetzung mit der Vergangenheit im Nachkriegsdeutschland: Der „Gast“, d. h., die Erinnerung, kommt „ungebeten“ und verdirbt das Essen, das dann nach „Asche“ (V. 22) schmeckt; die Teilnehmer der Tischrunde müssen sich zum Essen zwingen (V. 19); die Tatsache, dass die Tischgesellschaft nicht näher beschrieben wird, deutet darauf hin, dass es sich um ein gesamtgesellschaftliches Phänomen handelt.

Fazit

- Die fehlende Auseinandersetzung mit der Vergangenheit und der eigenen Schuld ist ein typisches Thema in der Lyrik der Nachkriegszeit, z. B. auch im Gedicht *Hiroshima* von Marie-Luise Kaschnitz. Anstatt sein Leben aus Reue im Kloster zu verbringen, Selbstmord begangen zu haben oder wahnsinnig geworden zu sein, führt derjenige, der die Atombombe über Hiroshima abgeworfen hat, ein normales Familienleben mit seiner Familie in neu gewonnenem Wohlstand. Auch er verdrängt seine Verantwortung.

Notizen

Trainingsaufgabe 13

Aufgabentyp	Erschließung eines poetischen Textes
Material	Johann Wolfgang von Goethe: *Wiederfinden* (1819) Johann Wolfgang von Goethe: *Die Farbenlehre* (1810); denkbares Vergleichswerk: Georg Büchner: *Woyzeck* (1879)
Textsorte	Gedicht; nichtfiktionaler Text; Drama
Thema	Welt- und Menschenbild der Klassik; Naturwissenschaften und Literatur
Niveau	erhöhtes Anforderungsniveau (e. A.)

Aufgaben

1. Erschließen und interpretieren Sie das Gedicht *Wiederfinden* von Johann Wolfgang von Goethe. Erarbeiten Sie insbesondere das zugrunde liegende Welt- und Menschenbild und berücksichtigen Sie dabei auch den beigefügten Auszug aus Goethes *Farbenlehre*.
2. Zeigen Sie, ausgehend von Ihren Ergebnissen, anhand eines literarischen Werks eines anderen Autors vergleichend auf, wie sich naturwissenschaftliche Vorstellungen auf Literatur auswirken.

Material 1

Johann Wolfgang von Goethe (1749-1832)
Wiederfinden (1819)

Ist es möglich, Stern der Sterne,
Drück' ich wieder dich ans Herz!
Ach! was ist die Nacht der Ferne
Für ein Abgrund, für ein Schmerz.
Ja du bist es! meiner Freuden
Süßer, lieber Widerpart;
Eingedenk vergangner Leiden
Schaudr' ich vor der Gegenwart.

Als die Welt im tiefsten Grunde
Lag an Gottes ew'ger Brust,
Ordnet' er die erste Stunde
Mit erhabner Schöpfungslust,
Und er sprach das Wort: Es werde!
Da erklang ein schmerzlich Ach!
Als das All, mit Machtgebärde,
In die Wirklichkeiten brach.

Notizen

Auf tat sich das Licht! sich trennte
Scheu die Finsternis von ihm,
Und sogleich die Elemente
Scheidend auseinanderfliehn.
Rasch, in wilden wüsten Träumen,
Jedes nach der Weite rang,
Starr, in ungemeßnen Räumen,
Ohne Sehnsucht, ohne Klang.

Stumm war alles, still und öde,
Einsam Gott zum erstenmal!
Da erschuf er Morgenröte,
Die erbarmte sich der Qual;
Sie entwickelte dem Trüben
Ein erklingend Farbenspiel
Und nun konnte wieder lieben
Was erst auseinanderfiel.

Und mit eiligem Bestreben
Sucht sich, was sich angehört,
Und zu ungemeßnem Leben
Ist Gefühl und Blick gekehrt.
Sei's Ergreifen, sei es Raffen,
Wenn es nur sich faßt und hält!
Allah[1] braucht nicht mehr zu schaffen,
Wir erschaffen seine Welt.

So, mit morgenroten Flügeln
Riß es mich an deinen Mund,
Und die Nacht mit tausend Siegeln
Kräftigt sternenhell den Bund.
Beide sind wir auf der Erde
Musterhaft in Freud und Qual
Und ein zweites Wort: Es werde!
Trennt uns nicht zum zweitenmal.

Johann Wolfgang von Goethe: Berliner Ausgabe. Poetische Werke, Band 1, Berlin 1960 ff., S. 536-537.
(Rechtschreibung folgt der Vorlage)

Notizen

1 hier allgemein für *Schöpfergott*

Material 2

Johann Wolfgang von Goethe (1749-1832)
Farbenlehre (1810)

[...] Wir nennen sie[2] Urphänomene, weil nichts in der Erscheinung über ihnen liegt, sie aber dagegen völlig geeignet sind, daß man stufenweise [...] von ihnen herab bis zu dem gemeinsten Falle der täglichen Erfahrung niedersteigen kann. Ein solches Urphänomen ist dasjenige, das wir bisher dargestellt haben. Wir sehen auf der einen Seite das Licht, das Helle, auf der andern die Finsternis, das Dunkle, wir bringen die Trübe zwischen beide, und aus diesen Gegensätzen, mit Hülfe gedachter Vermittlung, entwickeln sich, gleichfalls in einem Gegensatz, die Farben, deuten aber alsbald, durch einen Wechselbezug, unmittelbar auf ein Gemeinsames wieder zurück.

Johann Wolfgang von Goethe: Berliner Ausgabe. Kunsttheoretische Schriften und Übersetzungen, Band 18, (Auszug aus Paragraph 175) Berlin 1960 ff. (Rechtschreibung folgt der Vorlage)

Notizen

2 sie - als fundamental erkannte Erscheinungsmuster in der Natur

Lösungsvorschlag

Notizen

Aufgabe 1

Erschließen und **interpretieren** Sie das Gedicht *Wiederfinden* von Johann Wolfgang von Goethe. Erarbeiten Sie insbesondere das zugrunde liegende Welt- und Menschenbild und berücksichtigen Sie dabei auch den beigefügten Auszug aus Goethes *Farbenlehre*.

HINWEIS Zunächst wird Goethes Gedicht *Wiederfinden* sorgfältig analysiert und interpretiert. Dabei ist eine inhaltliche Erfassung unumgänglich. Anschließend wird das Gedicht in Korrespondenz gesetzt mit Goethes naturwissenschaftlichem Werk *Die Farbenlehre*.

Lösungsschritte

1. Lesen Sie das Gedicht und den Textauszug aufmerksam durch.
2. Lesen Sie die Aufgabenstellung sorgfältig und unterstreichen Sie dabei die Kernbegriffe.
3. Gehen Sie das Gedicht Zeile für Zeile durch und markieren Sie formale und stilistische Auffälligkeiten und Besonderheiten.
4. In einem zweiten Durchgang erfassen Sie den Inhalt und schreiben ihn in eigenen Worten stichwortartig auf.
5. Lesen Sie den Textauszug zur *Farbenlehre* abermals und entwickeln Sie einen interpretatorischen Ansatz.
6. Erstellen Sie gemäß dem vorliegenden Arbeitsauftrag eine Gliederung. Berücksichtigen Sie dabei folgende Aspekte: Inhalt und Aufbau, sprachlich-stilistische Gestaltung im Wirkungszusammenhang, Welt- und Menschenbild, Bezug zur *Farbenlehre*.
7. Formulieren Sie nun die Analyse und die Interpretation aus.
8. Überprüfen und überarbeiten Sie zum Schluss Ihren Text.

Stichpunktlösung

Einleitung

- Goethes Gedicht kann einen Leser überraschen. Die Lektüre der ersten Strophe lässt vielleicht ein Liebesgedicht vermuten. Bei weiterer Lektüre aber geben die Metaphern „Stern der Sterne“ (V. 1) und „Nacht der Ferne“ (V. 3) einen Hinweis auf den Kosmos, dessen Entstehung in den folgenden Strophen dargestellt wird.

Inhalt und Aufbau des Gedichts

Das Gedicht ist gerahmt durch eine konkrete Situation in den Strophen I und VI; dazwischen findet sich die Schilderung eines zweistufigen kosmischen Geschehens.

- **Strophe I:** Getrübtes Glücksgefühl des lyrischen Ichs bei Wiederbegegnung mit der Geliebten
  - V. 1 bis V. 4 beinhalten freudiges Erstaunen des lyrischen Ichs über die wiedergewonnene Nähe der Geliebten und Klage über die Trennungsphase.
  - V. 5 bis V. 8 beschreiben eine emphatische Bestätigung der Anwesenheit der Geliebten und die angedeutete Sorge über eine mögliche Wiederholung der vorangegangenen Entbehrung („Schaudr' ich vor der Gegenwart“, V. 8).

- **Strophe II und III:** Göttlicher Schöpfungsakt als Beginn des Trennungsprozesses
  - V. 9 bis V. 13 zeigen die Beendigung der ursprünglichen kosmischen Einheit durch einen verbalen Akt Gottes zur Erschaffung der Welt.
  - V. 14 bis V. 16 erklären das Entstehen der Welt als zugleich imposanten und gewaltsamen Vorgang.
  - V. 17 bis V. 24 erklären das Erscheinen von Hell und Dunkel als Beginn einer stetig fortschreitenden Dissoziation („sich trennte/Scheu die Finsternis von ihm", V. 17f.; „Jedes nach der Weite rang", V. 22).
- **Strophe IV und V:** Ergänzung des Schöpfungsakts als Anstoß zu einem Vereinigungsprozess
  - In V. 25 bis V. 27 ist die Schöpfung der Morgenröte als Reaktion auf die Isolationserfahrung Gottes definiert („Einsam Gott zum erstenmal", V. 26).
  - V. 28 bis V. 32 erklären die Ausbildung einer zwischen Licht und Finsternis vermittelnden Farbenvielfalt durch die Morgenröte („Sie entwickelte [...]/Ein erklingend Farbenspiel", V. 29f.).
  - In V. 33 bis V. 38 ist die Rede von einem ungebändigten Drang zu erneutem Zusammenhalt und wechselseitiger Aneignung des vormals Getrennten („Sucht sich, was sich angehört", V. 34; „Wenn es nur sich faßt und hält!", V. 38).
  - V. 39 bis V. 40 beschreiben die Übernahme der Schöpfungsaufgabe durch die Menschen („Wir erschaffen seine Welt", V. 40).
- **Strophe VI:** Verabsolutierung der Liebesbeziehung durch Übereinstimmung mit Schöpfungsvorgang
  - V. 41 bis V. 44 stellen eine Bestärkung der Zusammengehörigkeit der Liebenden durch die festgestellte Entsprechung zum kosmischen Geschehen dar („So, mit morgenroten Flügeln", V. 41; „Und die Nacht", V. 43; „den Bund", V. 44).
  - V. 45 bis V. 48 bekräftigen die Unauflöslichkeit der Liebe durch das Wissen um ihre Modellhaftigkeit („Musterhaft in Freud und Qual", V. 46; „Trennt uns nicht zum zweitenmal", V. 48).

Analyse formaler und sprachlich-stilistischer Gestaltungsmittel

- Das Gedicht *Wiederfinden* ist gegliedert in sechs Strophen mit jeweils acht Versen. Das Versmaß ist ein regelmäßiger vierhebiger Trochäus. Am Schluss von Strophe VI (V. 45/47 bzw. 46/48) gibt es einen Rückgriff auf die Reime von V. 13/15 bzw. 26/28. Dies deutet auf die grundlegende kosmische Harmonie hin, die die Abgeschlossenheit des Schöpfungsvorgangs signalisiert.
- Regelmäßig wechselnde weibliche und männliche Kadenzen, Kreuzreim und Verbindung je zweier Verse zu syntaktischen Einheiten zum Teil mithilfe von Enjambements.
- Syntaktische Abweichung in V. 13/14: Der Ausgangspunkt für Trennung und Wiederfinden im „Es werde!" wird auf diese Weise besonders hervorgehoben.
- Das Gedicht beginnt im Präsens (Strophe I), wechselt ins Präteritum (Strophe II–IV) und kehrt schließlich ins Präsens (Strophe V–VI) zurück. Das Tempus weicht in V. 20 bzw. V. 42 ab, denn hier geht es um ein unmittelbares subjektives Erleben. Das Präteritum steht für ein distanziertes Berichten des Schöpfungsvorgangs, für die Darstellung dauerhafter Harmonie. Es geht um eine szenische Vergegenwärtigung (Präsens) bzw. den Rückbezug auf die Rahmensituation (Präteritum).
- In *Wiederfinden* ist eine Häufung von Asyndeta (z. B. „Für ein Abgrund, für ein Schmerz!", V. 4; „Ohne Sehnsucht, ohne Klang", V. 24) zu beobachten.

Notizen

- Das Wortfeld der „Beziehungslosigkeit" wird in Strophe III bis IV erschöpfend bemüht; Epiphrasen (z. B. „Stumm war alles, still und öde", V. 25 f.) dienen der Veranschaulichung der Dissoziation und der damit einhergehenden Isolation.
- Das Gedicht enthält darüber hinaus Antithesen („Musterhaft in Freud und Qual", V. 46) und Anaphern („Sei's Ergreifen, sei es Raffen", V. 37). Auch Parallelismen („Ach! was ist die Nacht der Ferne/Für ein Abgrund, für ein Schmerz", V. 3 f.) und Synästhesie dienen der Akzentuierung der Gegensätzlichkeit in der Phase der Trennung bzw. deren Aufhebung in der Phase der Vereinigung.
- Schließlich ist eine Häufung von Personifikationen (z. B. die „Morgenröte", V. 27) in Strophe II bis V zu beobachten.
- Das Gedicht lebt von Metaphern aus dem kosmischen Bereich: Eine Analogie zwischen Natur und Liebespaar, zwischen Liebesbeziehung und Schöpfungsgeschehen wird hergestellt.

Welt- und Menschenbild und Bezug zur *Farbenlehre*

- Das Gedicht beschreibt das für die Weimarer Klassik bezeichnende dreiphasige Welt- und Menschenbild: Die ursprüngliche, ungestaltete Harmonie geht verloren und wird wiedergewonnen in einer neuen, gestalteten Harmonie.
- Goethe stellt einen epochentypischen Prozess bis hin zum autonom handelnden Menschen dar, den Liebesbund als Voraussetzung für die Fortsetzung des Schöpfungsaktes durch den Menschen anstelle der Gottheit.
- In *Wiederfinden* ist die komplementäre Verbundenheit von Mann und Frau als Ausdruck des Ideals menschlicher Ganzheit thematisiert.
- Auf der subjektiv-persönlichen, der religiösen sowie der naturwissenschaftlichen Ebene wird ein Dreischritt von ursprünglicher Einheit über Trennung und Polarität hin zu erneuter, gesteigerter Vereinigung vollzogen. Die Morgenröte dient hier als das zentrale Sinnbild.
- Der von Goethe erforschte naturwissenschaftliche Hintergrund ist Legitimationsbasis eines solchen Dreischritts: In der gesamten Natur wirkt nach seiner Beobachtung ein erkennbares Urphänomen einer wiederkehrenden Abfolge antithetischer und synthetischer Prozesse, wie eben auch in *Wiederfinden* beschrieben. So sieht Goethe in seiner *Farbenlehre* ein Urphänomen in der Kontrastierung von Licht und Dunkel, dazwischen findet sich die „Trübe" (Z. 5). Alle Farben entwickeln sich aus diesem Gegensatz und deuten doch auch zurück auf „ein Gemeinsames" (Z. 8), einen gemeinsamen Ursprung.
- Analog wird ein exemplarisches Liebeserlebnis gestaltet: Schöpfungsdarstellung und naturwissenschaftliche Phänomene verbinden sich: Das Allgemeine wird im Besonderen erkennbar.
- Auffällig sind die vielen Bezugspunkte **gegen** die bestmögliche aller Welten des Gottfried Wilhelm Leibniz: Es beginnt mit dem schmerzlichen „Ach" des Schöpfungsaktes (V. 14), dann folgen die „wilden, wüsten Träume [...]" (V. 21), starre Räume „Ohne Sehnsucht, ohne Klang" (V. 23 f.), „stumm", „still", „öde", „einsam", „Qual", „im Trüben" (V. 25–29).
- Gott weiß sich zu helfen und beauftragt die Morgenröte, Licht und Farbe ins Geschehen zu bringen. Mit dem Farbspektrum ordnet sich das Auseinanderfallende. Erst jetzt tritt das Zusammenspielen der Elemente ein. Mit der Harmonie unter den Teilen des Universums kann geliebt werden (V. 31 f.).

Notizen

Aufgabe 2

Zeigen Sie, ausgehend von Ihren Ergebnissen, anhand eines literarischen Werks eines anderen Autors **vergleichend auf**, wie sich naturwissenschaftliche Vorstellungen auf Literatur auswirken.

HINWEIS Diese Aufgabe überlässt es Ihnen, einen geeigneten Vergleichstext heranzuziehen. Zur Vorbereitung des Abiturs empfiehlt es sich, alle besprochenen Werke ins Gedächtnis zu rufen. Hierbei spielt die literarische Gattung keine Rolle. Sie können also lyrische Texte mit epischen oder dramatischen Werken vergleichen. Wörtliche Zitate werden nicht von Ihnen erwartet, aber ein möglichst konkreter Textbezug. Es ist zudem wichtig, dass Sie die Entscheidung für einen Vergleichstext begründen können.

Lösungsschritte

1. Lesen Sie die Aufgabenstellung sorgfältig durch und kennzeichnen Sie als Hilfestellung die Kernbegriffe.
2. Listen Sie die im Unterricht besprochenen Lektüren auf und berücksichtigen Sie dabei auch lyrische und kleinere epische Texte.
3. Überprüfen Sie, welche der aufgelisteten Werke einen naturwissenschaftlichen Bezug aufweisen. Hilfreich ist es, den biografischen Hintergrund der Autoren einzubeziehen (Ärzte, Naturwissenschaftler usw.).
4. Benennen Sie Gemeinsamkeiten und Unterschiede der Vergleichstexte und notieren diese stichwortartig.
5. Formulieren Sie nun einen Vergleich aus und begründen Sie die Entscheidung für Ihren Vergleichstext.

Stichpunktlösung

Einleitende Überlegungen

- Zur Erfüllung dieser Teilaufgabe kann einleitend auf das Nebeneinander von Goethes poetischer und naturwissenschaftlicher Tätigkeit hingewiesen werden, wie es auch im vorliegenden Gedicht zum Ausdruck kommt. Charakteristisch für Goethe sind das Prinzip der Harmonie sowie die wechselseitige Durchdringung von naturwissenschaftlicher und ästhetischer Betrachtungsweise.
- Der Einfluss naturwissenschaftlicher Vorstellungen auf Literatur kann auf unterschiedliche Weisen erfolgen, die einander nicht ausschließen. Dazu gehören z. B. die Auseinandersetzung mit dem positivistischen, von den Naturwissenschaften geprägten Menschenbild im Zeitalter der Industrialisierung sowie mit dem zerstörerischen Potenzial naturwissenschaftlicher Erkenntnisse, aber auch die Übernahme naturwissenschaftlicher Vorstellungen und Errungenschaften als Ausgangspunkt für den Blick in hochtechnisierte Zukunfts- oder Parallelwelten. Auch Texte, die Kritik an den Naturwissenschaften äußern, können also angeführt werden.

Georg Büchners *Woyzeck*

- Auf der Suche nach Autoren mit naturwissenschaftlichem Hintergrund wird man u. a. auf Friedrich Schiller, Arthur Schnitzler oder Gottfried Benn stoßen. Mit großer Sicherheit werden auch Vertreter des Naturalismus genannt werden, deren Bestreben es war, sich intensiv mit den Gesetzmäßigkeiten der Natur auseinander-

Notizen

zusetzen und diese abzubilden. Sicher wird aber auch Georg Büchner Erwähnung finden, der umfangreiche naturwissenschaftliche und medizinische Forschungen betrieb und nicht zuletzt eine wissenschaftliche Untersuchung über das Nervensystem der Barbe veröffentlichen ließ. Seine Forschung nahm Einfluss auf sein literarisches Werk, besonders auf die beiden Hauptwerke *Lenz* und *Woyzeck*, von denen Letzterer zu den am häufigsten gewählten Kurslektüren zählt.

- Für die literarische Figur des Doktors im *Woyzeck* scheint es ein Vorbild in Büchners Studienzeit in Gießen gegeben zu haben - einen Dozenten, der ähnlich sadistische Züge trug wie sein literarisches Ebenbild.
- Der Arzt als Inbegriff unmenschlicher Forschung
  - In der Gestalt des Doktors zeigt Georg Büchner ein pervertiertes naturwissenschaftliches Verständnis, das für zweifelhafte Forschungsergebnisse eine nachhaltige Schädigung des Patienten billigend, ja freudig in Kauf nimmt. So zwingt der Doktor Woyzeck, der sich in großer finanzieller Not befindet, zu einer einseitigen Ernährung.
  - Über die sich entwickelnden Krankheiten, über die Verschlechterung von Woyzecks allgemeinem Zustand jubelt der Doktor förmlich: „Woyzeck, Er hat die schönste Aberratio mentalis partialis, die zweite Spezies, sehr schön ausgeprägt. Woyzeck, Er kriegt Zulage! Zweite Spezies: fixe Idee mit allgemein vernünftigem Zustand."
  - Seinen Höhepunkt findet die Grausamkeit des Doktors in einer Vorführung Woyzecks vor Studenten. Woyzeck ist für ihn nur noch ein Objekt zur Erforschung höchst fragwürdiger pseudowissenschaftlicher Thesen: „Sehen Sie: der Mensch, seit einem Vierteljahr ißt er nichts als Erbsen; bemerken Sie die Wirkung, fühlen Sie einmal: Was ein ungleicher Puls! Der und die Augen! [...] So, meine Herren! Das sind so Übergänge zum Esel, häufig auch die Folge weiblicher Erziehung und die Muttersprache."
  - Die literarische Figur des Doktors gerät daher zur Karikatur des Forschers, die dem Leser die Gefahren einer ungebremsten Entwicklung naturwissenschaftlicher Methoden aufzeigen soll.

Vergleich Büchner und Goethe

- Die Folgerungen, die Büchner aus seinen naturwissenschaftlichen und medizinischen Studien und aus der Beobachtung von Dozenten und Kollegen zieht, stehen Goethes Auffassung diametral gegenüber. So übt *Woyzeck* deutliche Kritik an naturwissenschaftlicher Methodik: Der Medizin werden Inhumanität und Verstöße gegen die Menschenrechte vorgeworfen, für die sich Büchner politisch engagierte.
- Aus den vorliegenden Texten Goethes lässt sich hingegen Folgendes ableiten: Seine naturwissenschaftlichen Forschungen fügen sich in ein Weltbild, das auf der wiederkehrenden Abfolge sich trennender und schließlich sich vereinender Prozesse basiert und ganz im Zeichen eines höheren Ganzen steht.
- Während im *Woyzeck* der Mensch durch unmenschliche naturwissenschaftliche Forschungen auf das medizinische Phänomen, auf das willenlose Einzelne reduziert und damit „fragmentiert" wird, erscheint der Mensch in *Wiederfinden* als autonomer, selbstbestimmter Bestandteil einer wiedererlangten harmonischen Einheit.

Notizen

Trainingsaufgabe 14

Aufgabentyp	Textinterpretation, Textvergleich
Material	Christian Kracht: *Faserland* (1995) Florian Illies: *Generation Golf. Eine Inspektion* (2000)
Textsorte	Roman; pragmatischer Text
Thema	moderne Formen des Erzählens – Vergleich: Adoleszenzerfahrungen im literarischen und pragmatischen Text
Niveau	grundlegendes Anforderungsniveau (g. A.)

Aufgaben

1. Analysieren und interpretieren Sie den Auszug aus dem Roman *Faserland* von Christian Kracht.
2. Analysieren Sie vergleichend den Auszug aus dem *Inspektionsbericht Generation Golf* von Florian Illies. Verdeutlichen Sie Gemeinsamkeiten und Unterschiede in der Wahrnehmung und Darstellung der Lebenswirklichkeit.

Material 1

Christian Kracht (* 1966)
Faserland. Roman (1995)

[...] Das Odin ist rappelvoll, obwohl es noch früh am Abend ist. Normalerweise bekommt man hier erst ab elf, halb zwölf Uhr keinen Platz mehr, aber heute ist schon alles belegt. Karin kennt die Besitzerin der Bar, und sie winkt freundlich und scheucht einen Kellner zu uns hin. Ich denke daran, daß die Bedienung im Odin immer gut aussieht, braungebrannt und so, und daß die immer extrem gutgelaunt sind, und ich überlege, woher das wohl kommt. Der Haushund ist ein dunkelbrauner Labrador namens Max, und Karin gibt ihm anscheinend immer ein Brötchen, wenn sie im Odin ist, der Hund kennt das nämlich schon. Da kommt er auch schon angelaufen, drückt sich an den vielen Beinen vorbei und schnappt sich das Brötchen, das Karin ihm hinhält.
Danach bestellt sie zwei Flaschen Roederer, und als sie kommen, trinken wir jeder ein Glas auf ex, und jemand hinter der Bar legt *Hotel California* von den Eagles auf, und wie die Musik so spielt und der Hund Max sein Brötchen zerkaut und draußen die Sonne untergeht, fühle ich mich auf einmal so verdammt glücklich. Ich bekomme ein dämliches Grinsen, weil ich so glücklich bin, und Anne merkt das und fängt auch an zu grinsen, und jetzt grinst auch Karin und sogar Sergio muß lächeln.
Das Odin wird langsam zu voll. Am Nebentisch stehen drei Männer und reden ziemlich laut über ihren Testarossa. Sie tragen alle Cartier-Uhren, und man sieht ihnen förmlich an, daß sie Golf spielen. Die haben eine Behäbigkeit, die sich nach dreißig einstellt, so eine braungebrannte, unsympathische Behäbigkeit. Der eine wischt sich immer an der

Notizen

Nase herum, und tatsächlich verschwindet er alle zehn Minuten aufs Klo und kommt dann immer ganz erfrischt zurück und klatscht sich in die Hände und sagt immer so Zeug wie: Bestens, Männer!
Karin und ich sehen uns an, und Karin verdreht die Augen. Irgendwie ist es besser, man geht. Wir verabschieden uns von Sergio und von Anne, weil die noch bleiben wollen, und ich zahle die zwei Flaschen Roederer, damit ich vor Sergio angeben kann, obwohl mir das im gleichen Moment wieder extrem peinlich ist, und ich kaufe dann gleich noch eine dritte Flasche, die wir mitnehmen, und die Chefin küßt Karin dreimal auf die Wange, genau wie in Frankreich, und dann gibt die Chefin uns noch zwei Sektgläser mit.
Karin und ich laufen zu ihrem Wagen, und unterwegs sehe ich, wie ein völlig betrunkener junger Mann auf die Tür seines maulbeerfarbenen Porsche-Cabrios kotzt, während er versucht, den Wagen aufzuschließen.

Aus: Christian Kracht, Faserland. Köln: Verlag Kiepenheuer & Witsch 11. Auflage 2011, S. 20f.

Material 2

Florian Illies (* 1971)
Generation Golf. Eine Inspektion (2000)

[...] Weil die Frau meines älteren Bruders grundsätzlich etwas gegen den Gedanken hat, Personal zu haben, putzt sie bis heute abends nach ihrem Tag als Ärztin in der Klinik. Da hilft auch kein gutes Zureden mehr. Dabei hätte sie so schöne Ausreden beziehungsweise Erklärungen. Unternehmensberater oder Juristen, die abends gerne mal um halb zehn aus ihrem Büro kommen, und das eben fünf-, sechsmal die Woche, können einem in der Tat den Eindruck vermitteln, daß sie nicht mehr die Zeit haben, dann noch daheim den Boden zu wischen. Auch haben sie natürlich genug Geld, um es sich zu leisten, daß andere für sie wienern. Am angenehmsten sind die Menschen, die eine Putzfrau haben, aber nicht darüber reden. Denn wenn manche darüber reden, dann hört es sich so an wie bei Leo, einer Figur aus Karen Duves Regenroman, der für einen Kfz-Mechaniker die schönen Worte fand: „Ich muß solche Dinge nicht können. Ich nicht. Ich werde meinen Kopf nicht mit Proletenwissen vollstopfen, nur weil du das sagst. Ich glaube nämlich an die arbeitsteilige Gesellschaft; und für Autoreparaturen gibt es Leute wie dich, Tausende von Leuten wie dich - alle mit einem Ohrring und Stoppelhaarschnitt mit Nackenspoiler. Und es gibt Leute wie mich, die Leute wie dich bezahlen, damit sie ihnen die Autos reparieren und dabei die Schnauze halten." Das ist natürlich etwas kraftmeierisch ausgedrückt, aber so in etwa ist die Haltung unserer Generation, beziehungsweise natürlich des Starnberger-See-Düsseldorf-Bonn-Berliner-Teils von ihr, aber von ebendem ist ja ohnehin die ganze Zeit die Rede. Bekommt jener Teil unserer Generation dann seine ersten Kinder, dann wird der Personalbestand inzwischen gerne noch um ein Kindermädchen aufgestockt. Da die Familien zu diesem Zeitpunkt oft bereits in jenen Berliner oder Münchner oder Hamburger 7-Zimmer-Altbauwohnungen wohnen, die schon beim Erstbezug vor 120 Jahren auf Personal angelegt waren, kommt es inzwischen zu einer seltsamen Form der Rehabilitation fast vergessener Wohnformen. Matthias Horx spricht bereits von einer neoaristokratischen Lebensform. Sie basiert neben der Delegierung der Hausarbeit und Kinderbetreuung an meist polnische oder jugoslawische Hilfen auch auf einer Teilung der Sphären von Mann und Frau, wie

Notizen

man sie aus den Romanen von Fontane kennt - und von der Wohnung von Veronica Ferres und Helmut Dietl. Denn nach ein paar, am Ende doch sehr anstrengenden Jahrzehnten Geschlechterkampf fragen sich Paare immer öfter, ob es nicht besser sei, die Spannung in der Beziehung dadurch zu erhalten, daß man manchmal auch in einem eigenen Bett schlafen kann. Auch wieder eine Angelegenheit, bei der uns unsere Großeltern wahrscheinlich gut, unsere Gemeinschaftskundelehrer hingegen gar nicht verstehen werden. Ist aber auch egal. Denn jetzt wollen wir alle erst einmal heiraten, das neue Jahrtausend ist ein guter Zeitpunkt. Und egal, ob die Frauen im Bauchnabel gepierct sind und der Gatte der vierundzwanzigste Sexualpartner ist - die Braut trägt Weiß und Schleier. Und vielleicht gibt es später auch viele kleine Kinder. Aber dann bitte mit Kindermädchen.

Aus: Florian Illies: Generation Golf. Eine Inspektion. Berlin: Argon Verlag 11. Auflage 2000. S. 159 f.

Notizen

Lösungsvorschlag

Notizen

Aufgabe 1

Analysieren und **interpretieren** Sie den Auszug aus dem Roman *Faserland* von Christian Kracht.

Lösungsschritte

1. Lesen Sie den Romanauszug mindestens zweimal sehr aufmerksam durch.
2. Setzen Sie sich mit der Aufgabenstellung auseinander und verdeutlichen Sie sich, was genau verlangt wird.
3. Informieren Sie sich gegebenenfalls über die Operatoren „analysieren“ und „interpretieren“.
4. Lesen Sie den Textauszug ein weiteres Mal und kennzeichnen Sie dabei inhaltliche Aspekte mit grünem Marker, sprachliche Aspekte mit einem gelben Marker.
5. Vermerken Sie erste Ergebnisse stichwortartig am Textrand.
6. Formulieren Sie die Deutung des Textauszugs auf einem Blatt.
7. Formulieren Sie inhaltliche Aspekte in Thesen und ordnen Sie jeder inhaltlichen Aussage die sprachlichen Besonderheiten zu.
8. Fassen Sie Ihre Ergebnisse in einem schriftlichen Text zusammen.
9. Überarbeiten Sie Ihre Ausführungen im Hinblick auf den sprachlichen Ausdruck, der Verständlichkeit sowie Rechtschreibung und Zeichensetzung.

Stichpunktlösung

Inhaltliche Aspekte

- Der Icherzähler besucht mit seiner Bekannten Karin und einem weitläufig befreundeten Paar das Bistro-Café „Odin“ in Kampen auf Sylt.
- Der Icherzähler scheint hier öfters einzukehren, denn er kennt sich offensichtlich aus („Normalerweise bekommt man hier erst ab elf, halb zwölf Uhr keinen Platz mehr“, Z 1 f.; „Ich denke daran, dass die Bedienung im Odin immer gut aussieht“, Z. 4; „Karin gibt ihm anscheinend immer ein Brötchen, wenn sie im Odin ist, der Hund kennt das nämlich schon“, Z. 7 f.).
- Die Bekannte des Icherzählers bestellt zwei Flaschen Roederer; alle trinken Champagner, hören im Hintergrund Musik und sind glücklich („trinken wir jeder ein Glas auf ex, und jemand hinter der Bar legt Hotel California von den Eagles auf [...] fühle ich mich auf einmal so verdammt glücklich“, Z. 10-13).
- Am Nachbartisch prahlen braun gebrannte Männer mit ihrem Ferrari oder verschwinden alle paar Minuten zur Toilette, um Kokain zu schnupfen („Am Nebentisch stehen drei Männer und reden ziemlich laut über ihren Testarossa [...] Der eine wischt sich immer an der Nase herum, und tatsächlich verschwindet er alle zehn Minuten aufs Klo und kommt dann immer ganz erfrischt zurück und klatscht sich in die Hände und sagt immer so Zeug wie: Bestens, Männer!“, Z. 16-22).
- Der Icherzähler und seine Freundin Karin langweilen sich und verlassen das Odin, nachdem sie noch eine Flasche Champagner gekauft haben („Karin und ich sehen uns an, und Karin verdreht die Augen. Irgendwie ist es besser, man geht.“ Z. 23 f.).
- Vor der Tür beobachten die beiden noch einen jungen betrunkenen Mann, der sich auf die Tür seines Porsche-Cabrios erbricht.

Sprachliche Aspekte

- Icherzähler bedient sich einer eher schnoddrigen Alltagssprache („Das Odin ist rappelvoll“, Z. 1; „braungebrannt und so“, Z. 5; „und scheucht einen Kellner zu uns“, Z. 3 f.; „fühle ich mich auf einmal so verdammt glücklich“, Z. 13; „Ich bekomme ein dämliches Grinsen“, Z. 13; „verschwindet alle zehn Minuten aufs Klo“, Z. 20; „auf die Tür seines maulbeerfarbenen Porsche-Cabrios kotzt“, Z. 13 f.).
- Erwähnung vieler Luxuslabels („Odin“, Z. 1, „Roederer“, Z. 10, „Testarossa“, Z. 17, Cartier-Uhren“, Z. 17, „maulbeerfarbenes Porsche-Cabrio“, Z. 31)
- Polysyndetische Aneinanderreihung von einfachen Handlungen („Danach bestellt sie zwei Flaschen Roederer, und als sie kommen, trinken wir jeder ein Glas auf ex, und jemand hinter der Bar legt *Hotel California* von den Eagles auf, und wie die Musik so spielt und der Hund Max sein Brötchen zerkaut und draußen die Sonne untergeht, fühle ich mich auf einmal so verdammt glücklich“, Z. 10-14; „Der eine wischt sich immer an der Nase herum, und tatsächlich verschwindet er alle zehn Minuten aufs Klo und kommt dann immer ganz erfrischt zurück und klatscht sich in die Hände und sagt immer so Zeug wie: Bestens, Männer!“ Z. 19-22)

Deutungsansätze

- Textauszug zeigt das hohle und banale Lebensgefühl eines jungen Icherzählers, der inmitten der Schicki-Micki-Gesellschaft von Kampen auf Sylt „cool“ und abgeklärt erscheinen möchte (Alltagssprache).
- Luxusgüter wie teure Autos, Champagner oder Armbanduhren sind selbstverständlicher Teil seines Denkens und Lebens (beiläufige Erwähnung der Luxuslabels).
- Völlig emotionslos berichtet der Icherzähler von seinem nachmittäglichen Besuch der Prominentenbar „Odin“; alles scheint ihn nur zu langweilen (polysyndetische Reihungen).
- Icherzähler ist zu keiner (Selbst-)Reflexion fähig.

Notizen

Aufgabe 2

Analysieren Sie **vergleichend** den Auszug aus dem *Inspektionsbericht Generation Golf* von Florian Illies. **Verdeutlichen** Sie Gemeinsamkeiten und Unterschiede in der Wahrnehmung und Darstellung der Lebenswirklichkeit.

Lösungsschritte

1. Lesen Sie den Textauszug mindestens zweimal sehr aufmerksam durch.
2. Überlegen Sie, was genau in dieser Aufgabe verlangt wird.
3. Informieren Sie sich gegebenenfalls über die Operatoren „analysieren" und „interpretieren".
4. Lesen Sie den Textauszug ein weiteres Mal aufmerksam und kennzeichnen dabei inhaltliche Aspekte mit grünem Marker, sprachliche Aspekte mit einem gelben Marker,
5. Vermerken Sie erste Ergebnisse stichwortartig am Textrand.
6. Formulieren Sie die Deutung des Textauszugs auf einem Blatt.
7. Formulieren Sie inhaltliche Aspekte thesenartig und ordnen Sie jeder inhaltlichen Aussage die sprachlichen Besonderheiten zu.
8. Notieren Sie Gemeinsamkeiten und Unterschiede zum Romanauszug *Faserland*.
9. Fassen Sie Ihre Ergebnisse in einem schriftlichen Text zusammen.
10. Überarbeiten Sie Ihre Ausführungen im Hinblick auf sprachlichen Ausdruck, Verständlichkeit sowie Rechtschreibung und Zeichensetzung.

Stichpunktlösung

Inhaltliche Aspekte

- Der Icherzähler spricht in dem Textauszug mit ironischem Unterton vom Lebensverständnis eines Teils seiner Generation.
- Er versteht sich dabei als Repräsentant einer bestimmten Generation („aber so in etwa ist die Haltung unserer Generation, beziehungsweise natürlich des Starnberger-See-Düsseldorf-Bonn-Berliner-Teils von ihr, aber von ebendem ist ja ohnehin die ganze Zeit die Rede", Z. 17-19).
- Der Icherzähler macht sich über das Lebensgefühl der Alt-Achtundsechziger lustig („Weil die Frau meines älteren Bruders grundsätzlich etwas gegen den Gedanken hat, Personal zu haben, putzt sie bis heute abends nach ihrem Tag als Ärztin in der Klinik." Z. 1 f.).
- Der Icherzähler spricht sich für die diskrete Inanspruchnahme von Luxus aus („Am angenehmsten sind die Menschen, die eine Putzfrau haben, aber nicht darüber reden." Z. 8 f.).
- Er plädiert für den Fall, dass sich Nachwuchs einstellt, für die Aufstockung des Hauspersonals durch ein Kindermädchen („Bekommt jener Teil unserer Generation dann seine ersten Kinder, dann wird der Personalbestand inzwischen gerne noch um ein Kindermädchen aufgestockt." Z. 20 f.).

Notizen

- Autor entwickelt Sympathien für eine nach Matthias Horx neoaristokratische Lebensform: die Delegierung der Hausarbeit und der Kinderbetreuung an fremdes Personal und die Teilung der Sphären von Mann und Frau („Sie [die neoaristokratische Lebensform] basiert neben der Delegierung der Hausarbeit und Kinderbetreuung an meist polnische oder jugoslawische Hilfen auch auf einer Teilung der Sphären von Mann und Frau, wie man sie aus den Romanen von Fontane kennt - und von der Wohnung von Veronica Ferres und Helmut Dietl." Z. 25-29).
- Autor artikuliert den Wunsch von vielen Menschen seiner Generation, in Weiß zu heiraten („Denn jetzt wollen wir alle erst einmal heiraten, das neue Jahrtausend ist ein guter Zeitpunkt. Und egal, ob die Frauen im Bauchnabel gepierct sind und der Gatte der vierundzwanzigste Sexualpartner ist - die Braut trägt Weiß und Schleier." Z. 35-37).

Sprachliche Aspekte

- Autor bedient sich eines essayistischen Erzähltons („Da hilft auch kein gutes Zureden mehr", Z. 3; „Auch wieder eine Angelegenheit, bei der uns unsere Großeltern wahrscheinlich gut, unsere Gemeinschaftskundelehrer hingegen gar nicht verstehen werden. Ist aber auch egal." Z. 32-34).
- Flapsige und umgangssprachliche Wendungen („aber so in etwa ist die Haltung unserer Generation", Z. 18; „Ist aber auch egal", Z. 34)
- Wortneuschöpfungen („Starnberger-See-Düsseldorf-Bonn-Berliner-Teil", Z. 18 f.)
- Verbindung von Romanfiguren des 19. Jahrhunderts mit Yellow-Press-Promis („wie man sie aus den Romanen von Fontane kennt - und von der Wohnung von Veronica Ferres und Helmut Dietl." Z. 27 ff.)
- Ironische Distanzierung des Autors („Bekommt jener Teil unserer Generation dann seine ersten Kinder, dann wird der Personalbestand inzwischen gerne noch um ein Kindermädchen aufgestockt." Z. 19 ff.; „Da die Familien zu diesem Zeitpunkt oft bereits in jenen Berliner oder Münchner oder Hamburger 7-Zimmer-Altbauwohnungen wohnen, die schon beim Erstbezug vor 120 Jahren auf Personal angelegt waren, kommt es inzwischen zu einer seltsamen Form der Rehabilitation fast vergessener Wohnformen." Z. 21-25).
- Scheinbare arrogante Distanzierung von Handwerkern („der für einen KFZ-Mechaniker die schönen Worte fand: ‚Ich muß solche Dinge nicht können. Ich nicht. Ich werde meinen Kopf nicht mit Proletenwissen vollstopfen [...] und für Autoreparaturen gibt es Leute wie dich, Tausende von Leuten wie dich - alle mit einem Ohrring und Stoppelhaarschnitt mit Nackenspoiler. Und es gibt Leute wie mich, die Leute wie dich bezahlen, damit sie ihnen die Autos reparieren und dabei die Schnauze halten.'" Z. 10-16)
- Nachweis von bildungsbürgerlichen Kompetenzen durch Erwähnen von Literatur und Autoren („Karen Duves Regenroman", Z. 10]; „Matthias Horx", Z. 25; „wie man sie aus den Romanen von Fontane kennt", Z. 28)
- Seitenhiebe auf die 68er-Bewegung („Auch wieder eine Angelegenheit, bei der uns unsere Großeltern wahrscheinlich gut, unsere Gemeinschaftskundelehrer hingegen gar nicht verstehen werden." Z. 32-34)

Notizen

Deutungsansätze

- Autor geht in seinem „Inspektionsbericht" auf Distanz zu einem Teil seiner Generation und kritisiert deren Lebensverständnis.
- Mit viel Ironie distanziert er sich von einem Lebensverständnis, das von großem Luxus geprägt ist, der als gegeben und selbstverständlich angesehen wird.
- Menschen, die nicht so leben können (KFZ-Mechaniker) oder wollen (Frau des Erzählers), begegnet man mit Arroganz oder Unverständnis.

Vergleich mit *Faserland* von Christian Kracht

Gemeinsamkeiten:

- Thema: Beschreibung des Lebensgefühls einer Generation

Unterschiede vor allem in der Darstellung:

- Icherzähler aus *Faserland* beschreibt völlig unreflektiert das im Grunde defizitäre Lebensgefühl seiner Generation (Pop-Roman).
- Der Erzähler aus *Generation Golf* geht sehr reflektiert vor und distanziert sich durch zum Teil beißende Ironie vom Lebensgefühl eines Teils seiner Generation.

Notizen

Trainingsaufgabe 15

Notizen

Aufgabentyp	Analyse eines literarischen Textes mit weiterführendem Schreibauftrag
Material	Peter Stamm: *Agnes* (1998)
Textsorte	Roman
Thema	Moderne Formen des Erzählens: Auf der Suche nach dem Ich - Identitätsprobleme; Funktion des Erzählers
Niveau	grundlegendes Anforderungsniveau (g. A.)

Aufgaben

1. Analysieren Sie den Auszug aus dem Roman *Agnes* von Peter Stamm. Achten Sie hierbei vor allem auf die Erzählhaltungen und die Funktion des Erzählers für den Verstehensprozess des Lesers.
2. Im neunten Kapitel sagt der Icherzähler zu Agnes, nachdem sie den Wunsch äußerte, er möge eine Geschichte über sie schreiben: „Ich habe nie Geschichten über lebende Personen geschrieben. Am Anfang bin ich vielleicht von jemandem ausgegangen, den ich kannte. Aber in der Geschichte selbst muß man frei sein. Alles andere ist Journalismus."
   Erörtern Sie, ausgehend von diesem Zitat, inwiefern der Roman *Agnes* von Peter Stamm ein moderner Roman ist.

Material

Peter Stamm (* 1963)
Agnes (Auszug) (1998)

Der Icherzähler, ein namenloser Schweizer Sachbuchautor, lebt für einige Monate in Chicago, um ein Sachbuch über amerikanische Luxuseisenbahnwagen zu schreiben. Bei einem Aufenthalt in der Public Library von Chicago lernt er die junge Physikerin Agnes kennen. Aus der flüchtigen Bekanntschaft wird sehr schnell eine Liebesbeziehung. Der Icherzähler gibt kurzerhand sein Sachbuchprojekt auf und folgt dem Wunsch von Agnes, eine Geschichte über sie und ihre Beziehung zu schreiben. Die Beziehung scheitert allerdings an dem ständigen Verwirrspiel zwischen Fremd- und Selbstbestimmung.

[...] Als wir wieder in die Wohnung kamen, war uns kalt.
„Jetzt mußt du mit der Geschichte anfangen", sagte Agnes.
„Gut", sagte ich, „du mußt mir Modell sitzen."
Wir gingen ins Arbeitszimmer. Agnes setzte sich in den Korbstuhl am Fenster, und als solle sie fotografiert werden, strich sie sich die Haare aus dem Gesicht, zupfte am Kragen ihrer Bluse und lächelte mich an. Ich setzte mich an den Computer und schaute sie an. Wieder erstaunten mich trotz des Lächelns der Ernst in ihrem Gesicht und ihr Blick,

dessen Sprache ich nicht verstand.

„Wie möchtest du denn aussehen?“ fragte ich.

„Es muß schon stimmen“, sagte sie. „Aber nett soll es sein. Du hast dich ja schließlich in mich verliebt, nicht wahr?“

Ich schrieb.

Ich sah Agnes zum erstenmal in der Chicago Public Library, im April dieses Jahres.

„Was hast du geschrieben?“ fragte sie.

Ich las ihr den Satz vor, und sie war zufrieden.

„Du mußt mir nicht Modell sitzen“, sagte ich, „ich wollte dich nur wieder einmal in aller Ruhe anschauen.“

„Es macht mir nichts aus“, sagte Agnes.

„Aber ich kann gar nicht schreiben, wenn du so dasitzt und mich beobachtest. Machst du uns einen Kaffee?“

Agnes ging in die Küche. Als sie zurückkam, las ich ihr vor, was ich geschrieben hatte.

Ich sah Agnes zum erstenmal in der Chicago Public Library, im April dieses Jahres. Sie fiel mir gleich auf, als sie sich im Lesesaal mir gegenüber setzte. Ihre linkischen Bewegungen paßten nicht recht zum schlanken, fast zerbrechlichen Körper. Ihr Gesicht war schmal und bleich, ihr Haar fiel dunkel auf ihre Schultern. Unsere Blicke trafen sich für einen Moment, und ich sah ihre erstaunten blauen Augen. Als sie den Lesesaal verließ, folgte ich ihr. Auf der Treppe vor der Bibliothek trafen wir uns wieder, und ich lud sie ein zu einer Tasse Kaffee.

Unser Gespräch entwickelte sich seltsam rasch. Wir sprachen über Liebe und Tod, noch bevor wir unsere Namen kannten. Sie hatte strenge Ansichten. Mein Zynismus reizte sie, und wenn sie aufgeregt war, wurde sie rot und wirkte noch verletzlicher als sonst.

Agnes ärgerte sich. „Das brauchst du wirklich nicht so zu schreiben.“

„Soll ich oder soll ich nicht? Es war deine Idee.“

„Ich wurde als Kind immer rot. Und in der Schule haben sie mich ausgelacht und gehänselt deswegen. Mein Vater ertrug es nicht, daß ich ausgelacht wurde.“

„Und du?“

„Man gewöhnt sich daran. Ich habe viel gelesen. Und ich war gut in der Schule.“

„Soll ich es streichen?“

„Ja, bitte. Ist es unbedingt nötig, daß du von meiner Kindheit schreibst? Es ist doch nur eine Geschichte. Kann ich nicht einfach in der Bibliothek auftauchen, wie ich bin? So wie ich jetzt bin?“

„Gut“, sagte ich, „du wirst aus meinem Kopf neu geboren wie Athene aus dem Kopf von Zeus, weise, schön und unnahbar.“

„Ich will nicht unnahbar sein“, sagte Agnes und küßte mich auf den Mund.

In den folgenden Wochen vernachlässigte ich die Luxuseisenbahnwagen. Ich schrieb nun an Agnes‘ Geschichte, schrieb, wie alles gewesen war, und wenn wir uns trafen, las ich ihr die neuen Kapitel vor.

Ich war erstaunt, wie vieles Agnes und ich anders erlebt oder anders in Erinnerung hatten. Oft konnten wir uns nicht darauf einigen, wie etwas genau gewesen war, und auch wenn ich mich mit meiner Version meistens durchsetzte, war ich mir nicht immer sicher, ob Agnes nicht vielleicht doch recht hatte.

Notizen

So konnten wir uns zum Beispiel lange nicht einigen, in welchem Restaurant wir zum erstenmal zusammen gegessen hatten. Agnes behauptete, es sei im indischen, ich, es sei im chinesischen Restaurant gleich gegenüber gewesen. Ich glaubte sogar, mich daran zu erinnern, was ich gegessen hatte. Aber schließlich fiel Agnes ein, daß sie die Verabredung in ihren Taschenkalender notiert hatte, und der Eintrag bewies, daß ich im Unrecht war.

Manches, was ich ausführlich beschrieb, empfand sie als belanglos. Anderes, was ihr wichtig war, kam in der Geschichte gar nicht vor oder nur kurz, wie die tote Frau, die wir an jenem Abend vor dem Restaurant gefunden hatten. Ich erwähnte den Vorfall, schrieb aber nichts weiter darüber, nicht, daß wir später deren Geschichte erfahren hatten und sogar an ihrer Beerdigung gewesen waren. Agnes hatte großen Anteil an ihr genommen und den Angehörigen der Toten mehrmals geschrieben.

Herbert erwähnte ich nicht in der Geschichte, und Agnes meinte, ich sei eifersüchtig, und schien sich darüber zu freuen. Die wenigen Male, die wir auf ihn zu sprechen kamen, wich sie meinen Fragen aus oder gab nur vage Antworten. Über ihre Kindheit sprach sie ungern, erzählte nur manchmal - wenn sie guter Laune war - die eine oder andere Episode und hörte jedesmal so unerwartet wieder auf, wie sie begonnen hatte.

Mein Text war schon viel zu lange geworden, als ich spät im August endlich die Gegenwart erreichte.

Aus: Peter Stamm, Agnes. Zürich und Hamburg: Arche Verlag 1998, S. 53-56 (Die Rechtschreibung folgt der Quelle.)

Notizen

Lösungsvorschlag

Notizen

Aufgabe 1

Analysieren Sie den Auszug aus dem Roman *Agnes* von Peter Stamm. Achten Sie hierbei vor allem auf die Erzählhaltungen und die Funktion des Erzählers für den Verstehensprozess des Lesers.

Lösungsschritte

1. Lesen Sie den Romanauszug mindestens zweimal sehr aufmerksam durch.
2. Setzen Sie sich mit der Aufgabenstellung auseinander und verdeutlichen Sie sich, was genau verlangt wird.
3. Informieren Sie sich gegebenenfalls über den Operator „analysieren".
4. Strukturieren Sie den Textauszug, d.h. nochmals durchlesen und in Sinnabschnitte einteilen.
5. Lesen Sie den Textauszug ein weiteres Mal und kennzeichnen Sie dabei inhaltliche Aspekte mit grünem Marker, sprachliche Aspekte mit einem gelben Marker.
6. Fassem Sie die wichtigsten Analyseergebnisse thesenartig auf einem Blatt zusammen.
7. Weisen Sie sprachliche und formale Merkmale den einzelnen inhaltlichen Aspekten zu und stellen Sie den Zusammenhang zwischen beiden dar.
8. Fassen Sie die Ergebnisse in einem schriftlichen Text zusammen.
9. Überarbeiten Sie Ihre Ausführungen im Hinblick auf sprachlichen Ausdruck, Verständlichkeit sowie Rechtschreibung und Zeichensetzung.

Stichpunktlösung

Inhaltliche Aspekte

- Nach der erneuten Aufforderung von Agnes („Jetzt mußt du mit der Geschichte anfangen", Z. 2) beginnt der Icherzähler mit dem Verfassen einer Geschichte über Agnes und ihre gemeinsame Beziehung.
- Anfangs ist der Icherzähler noch der Ansicht, Agnes müsse ihm „Modell sitzen" (Z. 3).
- Schon bald erkennt er, dass er die (objektive) Wirklichkeit nicht verstehen kann („Wieder erstaunten mich trotz des Lächelns der Ernst in ihrem Gesicht und ihr Blick, dessen Sprache ich nicht verstand." Z. 7 f.).
- Mit seiner Frage, „Wie möchtest du denn aussehen?" (Z. 9) macht der Icherzähler deutlich, dass seine Sicht von Agnes in der Geschichte nur subjektiv sein kann.
- Agnes besteht auf einer objektiven Sicht ihrer selbst, schränkt diese Objektivität aber ebenfalls selbst ein („‘Es muß schon stimmen‘, sagte sie. ‚Aber nett soll es sein. Du hast dich ja schließlich in mich verliebt, nicht wahr?‘" Z. 11 f.).
- Während der Icherzähler anfängt, die Geschichte über Agnes zu schreiben, bemerkt er erneut, dass ihn das (objektive) Modell Agnes stört. („‘Du mußt mir nicht Modell sitzen‘, sagte ich", Z. 16 f.).

- In den ersten Zeilen, die der Verfasser über das Kennenlernen von Agnes schreibt, vermischen sich schon objektive Gegebenheiten und subjektive Wahrnehmungen („Ihre linkischen Bewegungen paßten nicht recht zum schlanken, fast zerbrechlichen Körper“, Z. 23f.; „Mein Zynismus reizte sie, und wenn sie aufgeregt war, wurde sie rot und wirkte noch verletzlicher als sonst“, Z. 30f.).
- Agnes ist mit dem ersten Teil der Geschichte nicht einverstanden. Es stört sie, dass der Erzähler erwähnt, dass sie gelegentlich errötet („Das brauchst du wirklich nicht so zu schreiben.“ Z. 32).
- Sie reklamiert, dass bestimmte Passagen aus ihrem Leben in der Geschichte ausgeblendet werden („Ist es unbedingt nötig, daß du von meiner Kindheit schreibst? Es ist doch nur eine Geschichte. Kann ich nicht einfach in der Bibliothek auftauchen, wie ich bin? So wie ich jetzt bin?“ Z. 39-41).
- Der Icherzähler macht deutlich, dass Agnes durch die Geschichte neu erschaffen wird („‘Gut‘, sagte ich, ‚du wirst aus meinem Kopf neu geboren wie Athene aus dem Kopf von Zeus, weise, schön und unnahbar.‘“ Z. 42f.).
- In dem folgenden Abschnitt (Z. 45-70) berichtet der Icherzähler über seine Erfahrungen beim Abfassen der Geschichte über Agnes.
- Der Icherzähler und Agnes stellen Unterschiede in ihrer Erinnerung an die vorausgegangenen Ereignisse fest („Ich war erstaunt, wie vieles Agnes und ich anders erlebt oder anders in Erinnerung hatten.“ Z. 48f.).
- Dies macht den Icherzähler, obwohl er sich meistens mit seiner Version durchsetzt, unsicher („war ich mir nicht immer sicher, ob Agnes nicht vielleicht doch recht hatte“, Z. 50f.), denn gelegentlich wird er auch in seiner Version widerlegt.
- Dies geschieht exemplarisch anhand einer Erinnerung an einen Restaurantbesuch (Z. 52-57).
- Hierdurch wird nicht nur die Subjektivität der innerfiktionalen Geschichte „Agnes“ deutlich, sondern auch das Ineinanderfließen der unterschiedlichen Erzählebenen des Romans „Agnes“ mit der innerfiktionalen Geschichte „Agnes“, das zur Verwirrung des Lesers führt.
- Im ständigen Changieren der Erzählebenen verliert der Leser weitgehend die Orientierung darüber, was sich scheinbar real im Roman „Agnes“ ereignete und was in der innerfiktionalen Geschichte über Agnes wiedergegeben wird.
- Der Icherzähler scheint selbst unter dieser orientierungslosen Subjektivität zu leiden, denn er ist erleichtert, als er mit seiner Geschichte über Agnes die Gegenwart erreicht („Mein Text war schon viel zu lange geworden, als ich spät im August endlich die Gegenwart erreichte.“ Z. 69f.).

Deutungsmöglichkeiten

- Der Roman zeigt sich als Konstrukt eines anonymen Icherzählers, der so sehr von seiner subjektiven Sichtweise bestimmt wird, dass er nicht mehr in der Lage ist, einen „objektiven“ Bericht zu verfassen – und es auch nicht mehr möchte.

Sprachliche Aspekte

- Ich-Erzählperspektive
- Sehr klare Sprache mit kurzen Sätzen
- Bis Z. 44 überwiegend Dialogform
- Ab Z. 45 Erzählerbericht

Notizen

- Verbindung von Gegensätzlichem („‘Es muß schon stimmen‘, sagte sie. ‚Aber nett soll es sein.‘“ Z. 10; „Manches, was ich ausführlich beschrieb, empfand sie als belanglos. Anderes, was ihr wichtig war, kam in der Geschichte gar nicht vor oder nur kurz“, Z. 58 f.)
- Häufige Verwendung von Indefinitem („oft“, Z. 49; „lange“, Z. 52; „manches“, Z. 58; „anderes“, Z. 58)
- Verwendung von Verben der subjektiven Wahrnehmung („Ich war erstaunt“, Z. 48; „Ich glaubte sogar, mich daran zu erinnern“, Z. 54 f.)

Notizen

Aufgabe 2

Im neunten Kapitel sagt der Icherzähler zu Agnes, nachdem sie den Wunsch äußerte, er möge eine Geschichte über sie schreiben: „Ich habe nie Geschichten über lebende Personen geschrieben. Am Anfang bin ich vielleicht von jemandem ausgegangen, den ich kannte. Aber in der Geschichte selbst muß man frei sein. Alles andere ist Journalismus.“

Erörtern Sie, ausgehend von diesem Zitat, inwiefern der Roman *Agnes* von Peter Stamm ein moderner Roman ist.

Lösungsschritte

1. Verdeutlichen Sie sich, was genau in der Aufgabenstellung verlangt wird.
2. Informieren Sie sich gegebenenfalls über den Operator „erörtern“.
3. Führen Sie sich nochmals die Rolle des Erzählers (Aufgabe 1) vor Augen.
4. Notieren Sie in Stichworten auf einem Blatt, was einen modernen Roman ausmacht.
5. Fassen Sie die Ergebnisse in einem schriftlichen Text zusammen.
6. Schreiben Sie eine Einleitung.
7. Überarbeiten Sie Ihre Ausführungen im Hinblick auf sprachlichen Ausdruck, Verständlichkeit sowie Rechtschreibung und Zeichensetzung.

Stichpunktlösung

Es ist nicht möglich, an dieser Stelle eine genaue Erwartung an den möglichen Schüleraufsatz zu formulieren. Wichtig ist, dass der Schüler zu der Problemstellung eine in der Sache fundierte und wertende Einsicht formuliert. Dabei soll deutlich werden, inwieweit der Roman *Agnes* von Peter Stamm ein moderner Roman ist.

Inhaltlich-thematische Aspekte

- Ausgehend vom Romanzitat in der Aufgabenstellung: modernes Thema, nämlich Reflexion der Identitätsproblematik: Du sollst dir ein/kein Bildnis machen
- Studie zwischenmenschlicher Beziehungen und tiefer Existenzkrisen
- Scheitern eines Menschen (Ich-Erzähler) an dem Widerspruch zwischen erdachter Geschichte und gelebtem Leben
- Roman als Beispiel dafür, inwieweit die Fiktion das tatsächliche Leben beeinflusst
- Roman wird zum Symbol des modernen Lebens – zwei Sehnsüchtige begegnen sich mehr oder weniger zufällig und erweisen sich nach einiger Zeit als beziehungsunfähig.

- Welt wird nicht als Ganzes gesehen, sondern fragmentiert
- Roman als Metapher des modernen Menschen

Sprachliche Aspekte:

- Verzicht auf einen allwissenden Erzähler zugunsten eines Erzählers, der selbst unsicher ist
- Erzähler weiß wesentlich weniger als der traditionelle auktoriale Erzähler
- Verlust eines verbindlichen Erzählers, der eine verlässliche Instanz darstellt
- Ich-Erzähler bleibt ein mehr oder weniger anonymer Mensch; Verzicht auf genaue Beschreibung seines Aussehens
- Verzicht auf logische Erklärungen der erzählten Handlung
- Trotz klarer Sprache und Struktur verzichtet der Roman auf eine innere Geschlossenheit.
- Mit nur wenigen Sätzen werden Handlungsszenen flüchtig umrissen, die der Leser aber zu einem vollständigen Bild ergänzt.
- Dies hat zur Folge, dass der Leser zu einer Art Mitautor der Erzählung wird.
- Verzicht auf prätentiöse Sprache; stattdessen einfacher Sprachstil - kurze Hauptsätze mit wenigen Adjektiven genügen, um die Fantasie des Lesers in Gang zu setzen.
- Zum Teil elliptischer Schreibstil - durch die Kunst des Weglassens bzw. Verschweigens werden Geschehnisse nicht genau beschrieben, sondern nur angedeutet.
- Trotz dieser äußerst knappen, sachlichen und scheinbar emotionslosen Sprache entstehen beim Leser komplexe Bilder von großer Klarheit.
- Wirkung auf den Leser: ständige Verunsicherung

Übergeordnete Aspekte:

- Auflösung normativer Gattungsvorstellungen: Erzählung/Roman - „ernste" Literatur/Unterhaltungsliteratur
- Roman verschweigt nicht seine Konstruktion, sondern legt sie offen dar.
- Vielfalt intertextueller Bezüge

Notizen

Trainingsaufgabe 16

Aufgabentyp	Verfassen einer materialgestützten Erörterung
Material	Jens Jessen: *Die verkaufte Sprache* (2007) Hadumod Bußmann: *Sprachpflege* (2008) Werbeplakat Berliner Stadtreinigung
Textsorte	nichtfiktionale Texte: Essay, Sachtext; Werbeplakat
Thema	Sprachbetrachtung
Niveau	grundlegendes Anforderungsniveau (g. A.)

Aufgabe

Nehmen Sie Stellung zu der Notwendigkeit, den Möglichkeiten und den Grenzen der Sprachpflege in der heutigen Zeit. Beziehen Sie sich bei Ihren Ausführungen auch auf die beigefügten Bild- und Textmaterialien.

Material 1

Jens Jessen (* 1955)
Die verkaufte Sprache (2007)

Aus dem Kreis der Weltsprachen ist das Deutsche schon verschwunden. Nun wird es auch in seiner Heimat zum Sanierungsfall.

Es gibt einen Typus des übellaunigen, heimattümelnden Sprachschützers, dem man nicht im Dunklen begegnen möchte. Aber es gibt auch Gründe, im hellen Mittagslicht der aufgeklärten Vernunft Sorge um den Bestand der deutschen Sprache zu empfinden. Warum ist auf Bahnhöfen kein Schalter für Auskünfte, sondern ein *Service Point*? Was hat der englische Genitiv-Apostroph in *Susi's Häkelstudio* zu suchen? Welcher Teufel trieb eine deutsche Wissenschaftsministerin zu einer Kampagne mit dem Motto „*Brain up*“, was weder auf Deutsch noch auf Englisch Sinn ergibt?
Die Überflutung mit englischen Wendungen ist nur ein, wahrscheinlich der kleinste Teil des Problems. Der größere Teil besteht in ihrer kenntnislosen Aneignung zu dekorativen Zwecken. Viel spricht dafür, den Geist einer aufschneiderischen Werbung dabei am Werk zu sehen. Die Deutsche Bahn will sich nicht nur technisch modernisieren; sie will auch modern wirken. Dass ihre sprachliche Modernisierung ein *fake* ist (um ein gutes englisches Wort zu verwenden), scheint ihr egal zu sein. Ähnliches gilt für ihre Neigung, jede Neuigkeit à tout prix *kommunizieren* zu müssen, anstatt sie einfach mitzuteilen.
Der Ausdruck *à tout prix* ist übrigens aus einer älteren Epoche überkommen. Den Import von französischen Wendungen des 18. Jahrhunderts hat das Deutsche allerdings gut überstanden. Die meisten Ausdrücke sind wieder verschwunden; die übrigen haben sich bis zur Unkenntlichkeit in den Wurzelbestand des Deutschen eingemoost. Von

Notizen

der erfolgreichen Anverwandlung zeugt sogar die Wortbildung: Die Endung *-ieren*, die ursprünglich dazu diente, französische Verben einzudeutschen (*parlieren*), wurde bald auch zu Neubildungen mit deutschen Wortstämmen benutzt (*spintisieren, verlustieren*). Um sprachschützerische Einfalt von berechtigter Sorge zu trennen, muss man sich klarmachen, dass Deutsch seit Langem eine Hybridsprache ist, die nicht nur Fluten fremder Wörter aufgenommen hat, sondern auch in ihrer Grammatik mehrfach überformt wurde. Den Anfang machten Mönche des Mittelalters, die zahllose Lehnbildungen nach lateinischem Vorbild prägten - berühmtes Beispiel ist die Neubildung *Gewissen* nach lateinisch *conscientia*. Den zweiten Schub besorgten Humanismus und Reformation, als die Syntax dem Lateinischen anverwandelt wurde. Man vergleiche die einfachen Satzmuster des Mittelhochdeutschen mit dem Frühneuhochdeutschen, erst recht aber mit dem barocken Deutsch, in dem die Hypotaxen, die Partizipialkonstruktionen und Verschachtelungen geradezu explodieren. Die Sprache eines Kleist oder Hegel wäre ohne diese syntaktische Überfremdung nicht denkbar.

Daraus folgt freilich keine Entwarnung für die Gegenwart. Denn die früheren Übernahmen haben das Deutsche komplexer, reicher, intellektueller und expressiver, philosophischer und dichterischer, auch wissenschaftsfähiger gemacht. Unter dem Einfluss des globalisierten Englisch aber vollzieht sich eine geradezu atemberaubende Simplifizierung. Die englischen oder pseudoenglischen Ausdrücke kommen nämlich nicht einfach hinzu, sie ersetzen auch nicht nur deutsche Wörter, was schlimmstenfalls überflüssig wäre. Sie verdrängen vielmehr die natürliche Wortbildung des Deutschen, die keinerlei Schwierigkeiten mit Neologismen hätte, weil sie mit ihrer Leichtigkeit der Wortzusammensetzung sonst nur im Altgriechischen einen Vergleich hat.

Es scheint aber, dass die Eigenarten des Deutschen inzwischen selbst zum Ärgernis geworden sind, vielleicht schon als Standortrisiko gelten. Das Hauptärgernis lässt sich freilich nur schlecht leugnen. Es gibt, mit Schweiz, Österreich und Südtirol, kaum 100 Millionen Sprecher des Deutschen. Das Englische, jedenfalls in seiner globalisiert heruntergekommenen Spielart, wird dagegen auf der ganzen Welt verstanden. Es hat daher seine Logik, wenn sich der Gebrauch des Deutschen aus der Wissenschaft zurückzieht, die auf weltweiten Austausch angewiesen ist. Aber muss deshalb neu gegründeten Universitäten in Deutschland gleich das Englische als Unterrichtssprache aufgezwungen werden? Manches spricht dafür, dass hier nicht internationale Konkurrenz, sondern ein Zeitgeistopportunismus am Werk ist, der das Deutsche wie eine überholte Technologie ablegen will. Denn es sind ja nicht Amerikaner, die uns ihre Wörter aufzwingen. Es sind Deutsche, die in ihrer Bewunderung für alles Amerikanische mit der transatlantischen Praxis zugleich die Begriffe dafür mitbringen - wie Geschenke, die glitzernd verpackt werden müssen, damit ihrem dürftigen Inhalt Respekt gezollt werde.

Es lohnt sich, bei der Psychologie des Sprachimporteurs zu verweilen. Es ist nicht deutscher Selbsthass, der ihn antreibt, wie manche Sprachschützer meinen. Der Sprachimporteur ist vor allem ein Marketingexperte in eigener Sache. Er will angeben mit der frisch erworbenen Kenntnis, er kehrt ins verschnarchte Dorf seines Ursprungs zurück und brilliert dort im Glanze seiner Glasperlen, die er den zurückgebliebenen Landsleuten andrehen will. Die Undeutlichkeit und die Euphemismen des Business-Englisch sind kein Mangel, sie sind die Voraussetzung des betrügerischen Tuns. So werden dem *Trainee* (deutsch: Lehrling) die *Karriere-Optionen eröffnet* (deutsch: Hoffnungen gemacht), zum *Asset Manager* (deutsch: Kaffeekocher) aufzusteigen. Unvergessen ist der Bertelsmann-Chef Thomas Middelhoff, dessen Lieblingsmotto *„Speed, speed, speed"* lautete und der selbst im internen Schriftverkehr seine leitenden Angestellten anwies, englisch zu schreiben.

Notizen

Es ist nicht so, dass überpersönliche Mächte für den Unfug verantwortlich wären. Es sind identifizierbare Sprecher, die der Sprache Gewalt antun, und nur selten unterläuft es ihnen. In den allermeisten Fällen ist, was uns ärgert, auch beabsichtigt. Der Business-Schwafler will uns ein X für ein U vormachen. Der Vergleich mit den Glasperlen ist nicht zufällig gewählt. Der Sprachimporteur handelt mit Waren, die in ihrem Herkunftsland bereits als wertlos gelten. Über die Ausdrucksweise der PowerPoint-Präsentationen wird in den USA längst gespottet.

Der Geist eines ridikülen Marketings, der in der Managersprache steckt, will Exklusivität, die elitäre Anmutung eines arkanen Wissensvorsprungs. Den Zweck der Ausschließung teilt sie mit der Jugendsprache, der es seit alters darum geht, sich von der Erwachsenenwelt abzuschotten. Töricht wäre es, sich über Kürzel aufzuregen, die von den Eltern nicht verstanden werden - denn das ist ihr Sinn. Es fragt sich allerdings, was von Geschäftsleuten zu halten ist, die sich wie Kinder gebärden, die Erwachsene verblüffen und ärgern wollen.

Es liegt bei uns, die Antwort zu formulieren. Es liegt in der Macht jeden einzelnen Sprechers, die Zukunft des Deutschen zu gestalten. Das unterscheidet marodes Deutsch etwa von einem maroden Kernkraftwerk, das nur Experten reparieren können. Das Deutsche wird nicht sterben, es sei denn, die Deutschen wollen es. Es sei denn, sie kapitulieren vor der Werbung, vor der Geschäftssprache, vor dem kollektiven Hass auf alles Komplizierte, den die Medien nähren. Aber selbst wenn das Deutsche stürbe - es würde als tote Sprache weiterleben, als eine Art Griechisch oder Latein der Neuzeit. Die Zahl kanonischer Autoren, von Philosophen wie Dichtern, wird den Gelehrten das Deutsche immer attraktiv erhalten. Das ist vielleicht kein Trost - aber ein Gedankenspiel, das uns Heutigen Respekt vor der achtlos malträtierten Umgangssprache einflößen sollte.

Text aus DIE ZEIT vom 26.07.2007, Nr. 31, zitiert nach: http://www.zeit.de/2007/31/Deutsch-Aufmacher (zuletzt aufgerufen am 01.06.2012)

Material 2

Hadumod Bußmann (* 1933)
Sprachpflege (2008)

Sprachpflege. Form der → Sprachlenkung: „beratende Bemühung" um die Verbesserung des Sprachgebrauchs bzw. der sprachlichen Kompetenz (Greule & Ahlvers-Liebel [1986]). Die moderate S. beruht auf wissenschaftlicher Sprachkritik, ihre Kriterien sind funktionale, strukturelle, soziale, historische (z. B. in der Fremdwort-Diskussion), aber auch ästhetische, kulturkritische (Korn [1962]) oder politische (z. B. in der Planungsphase der Rechtschreibreform). Die S. ist in Frankreich institutionalisiert (Académie Française), in Deutschland gehören S. und Sprachberatung zum Tätigkeitsfeld des „Instituts für Deutsche Sprache" (Mannheim), der Redaktion des → Duden am „Bibliographischen Institut" und der „Gesellschaft für Deutsche Sprache" (GfdS), dem Nachfolgeinstitut des puristisch und politisch ausgerichteten „Allgemeinen Deutschen Sprachvereins".
[...]

Aus: Hadumod Bußmann, Lexikon der Sprachwissenschaft, Stuttgart: Kröner Verlag, 2008 (4. Auflage).

Notizen

Material 3

Mit freundlicher Genehmigung der Berliner Stadtreinigung und der Heymann Brandt de Gelmini Werbeagentur AG

Notizen

Lösungsvorschlag

Aufgabe

Nehmen Sie **Stellung** zu der Notwendigkeit, den Möglichkeiten und den Grenzen der Sprachpflege in der heutigen Zeit. **Beziehen** Sie sich bei Ihren Ausführungen auch auf die beigefügten Bild- und Textmaterialien.

HINWEIS Sie sollen keine vollständige Analyse der vorliegenden Texte vornehmen, sondern die Texte nur so weit heranziehen, wie es in der Themenstellung vorgegeben ist. Arbeiten Sie wichtige inhaltliche und argumentative Aspekte so heraus, dass Sie eine eigene Stellungnahme verfassen können, die zustimmend, ablehnend oder teilweise zustimmend/ablehnend angelegt ist. Damit geben die Texte auch Anregung und Hilfestellung für Ihre eigene Reflexion.

Lösungsschritte

1. Lesen Sie die Aufgabenstellung gründlich durch und markieren Sie die Operatoren.
2. Lesen Sie die Texte aus Material 1 und 2 mindestens zweimal aufmerksam durch und notieren Sie entsprechend der Aufgabenstellung Randbemerkungen. Betrachten Sie das Bild aus Material 3 und werten Sie es aus. Erstellen Sie auf der Grundlage des Materials und der persönlichen Kenntnisse eine Stoffsammlung und sichten Sie diese kritisch.
3. Erstellen Sie eine Gliederung; berücksichtigen Sie dabei begründete Beispiele und nehmen Sie auf die vorgelegten Materialien Bezug.
4. Entwerfen Sie den Text und achten Sie auf Überleitungen.
5. Überprüfen Sie Ihren Text im Hinblick auf eine logisch nachvollziehbare Struktur, einen angemessenen Ausdruck, Rechtschreibung und Grammatik.

Stichpunktlösung

Allgegenwärtiger Sprachwandel

- Sprache hat sich in Wort und Schrift über Jahrhunderte entwickelt, da Denken und Handeln sich über Sprache offenbaren und der Mensch das Bedürfnis hat, verstanden zu werden.
- Im Sprachwandel drückt sich die Lebendigkeit und Dynamik einer Sprache aus; Gegenbeispiel Latein: keine Veränderungen mehr, da tote Sprache.
- Hier zeigt sich die Fähigkeit einer Sprache, neue Einflüsse aufzunehmen und sie zu integrieren (z. B. Mönche des Mittelalters, Zeitalter des Humanismus und der Reformation).
  - Syntax wurde der lateinischen Sprache angepasst.
  - Bedeutung Luthers: Bibelübersetzung aus dem Lateinischen und dessen Einfluss auf Wortschatz, Idiomatik und Grammatik
  - Flucht der Hugenotten aus Frankreich und Einfluss der französischen Sprache im 18. Jahrhundert besonders auf den politischen, juristischen Wortschatz und auf die Wortbildung (Material 1, Z. 16–22, Z. 26–33)
- Sprachwandel ist eine Notwendigkeit, um auf neue Entwicklungen im sozialen, politischen, wissenschaftlichen/technologischen und ökonomischen Bereich sprachlich angemessen reagieren zu können.

Notizen

Notizen

  - Beeinflussung des sozialen und kulturellen Lebens in Deutschland durch die Besatzungsmächte (z. B. durch Filme und Musik); Dominanz des englischen, amerikanischen Einflusses auf die deutsche Sprache in den westlich besetzten Zonen; Dominanz des russischen Einflusses in der östlich besetzten Zone
  - Globalisierung
  - Neue wissenschaftliche Entdeckungen/neue Technologien und Medien wie Telefon, Internet, E-Mail etc.
- Sprachwandel ist ein Zeichen von Kreativität und bereichert den Wortschatz.
  - Jugendsprache
  - Einfluss von Idiolekten und regionalen Dialekten auf die Standardsprache
- Sprachwandel geschieht durch Normierung.
  - Herausgabe von Wörterbüchern und Grammatiken
  - Rechtschreibreform (1996/2006)
  - Politisch korrekte Begriffe ersetzen oder verdrängen vorhandene, diffamierende Wörter.

Notwendigkeit der Sprachpflege heute

Bedeutung der Sprache als Kommunikationsmittel

- Sprache in Wort und Schrift ist ein notwendiges und grundlegendes Kommunikationsmittel jeder Gesellschaft.
- Gegenwärtige Tendenzen der Sprachentwicklung, wie in Material 1 geschildert, lassen Probleme der Deutschen im Umgang mit ihrer eigenen Sprache deutlich werden:
  - durch falschen Gebrauch der eigenen Sprache
  - durch übermäßige und häufig unangebrachte Verwendung der englischen Sprache
  - durch Fremdwortüberfrachtung
- Resultat: Verlust der allgemeinen Kommunikationsfunktion von Sprache
- Sprachverfall durch falschen Gebrauch der eigenen Sprache in Politik, Wirtschaft, Verwaltung und Medien:
  - unverständliche Verwaltungssprache, falsche Grammatik (z. B. falscher Gebrauch von Konjunktionen)
  - Simplifizierung von Wortschatz, Grammatik und Syntax sowie Orientierung an Idiolekten, Soziolekten (z. B. Verzicht auf Artikel und Präpositionen, falscher Numerusbezug in der Werbung: „Du bist Deutschland." „Wir sind Papst.")
  - Einfluss der neuen Medien: Internet-Sprache führt zu Verkürzung der Sprache, Aufweichung der Sprachregister, Verwendung von Emoticons, Smileys, Akronymen sowie Verkürzung der Sender-Empfänger-Zeit und damit der Zeit, in der über das Geschriebene reflektiert wird.
- Sprachverfall durch Überfrachtung mit Fremdwörtern und Anglizismen und durch falsch verstandenen Globalisierungsgedanken, welcher der deutschen Sprache keinen Raum mehr lässt.
  - Verwendung von Business-Englisch anstelle von konkreten, bekannten Begriffen zur Verschleierung wichtiger Tatsachen, zur Aufwertung von Institutionen, Aufgabenbereichen etc. (Material 1, Z. 62–68), zur Vortäuschung von Modernität (z. B. „Service Point" bei der Deutschen Bahn, Werbeslogan verschiedener Fernsehsender: „Colour your Life", „We love to entertain you")
  - Verwendung von Denglisch und Aufweichung des Wortschatzes beider Sprachen (Englisch und Deutsch), sodass eine Pseudosprache entsteht (Material 3, „We kehr for you")

  - Übertragung von Grammatikmustern aus dem Englischen in die deutsche Sprache (z. B. Genitiv-s mit Apostroph oder Ersatz des eigentlichen Genitivs durch Konstruktion mit „von“, die der Konstruktion mit „of“ in der englischen Sprache entspricht)
- Mögliche Ursachen für die Dominanz der englischen Sprache:
  - Globalisierungsprozess: Englisch als Weltsprache
  - Daraus resultierende Gültigkeit des Englischen als Wissenschaftssprache und Rückzug der deutschen Sprache aus der Wissenschaft (Material 1, Z. 47–51)
  - Englisch als PC-Sprache/Internet-Sprache (z. B. Chatroom, E-Mail etc.)
- Regionalisierung als neue Komponente der Globalisierung führt zu verstärkter Pflege von Dialekten, um die individuelle Zugehörigkeit zu einer Region zu verdeutlichen; Folge ist die erschwerte Kommunikation mit Sprechern anderer Dialektgruppen.

Möglichkeiten der Sprachlenkung
- Sprachpflege definiert sich laut Lexikon der Sprachwissenschaft (Material 2) als „Form der Sprachlenkung“, als „‚beratende Bemühung‘ um die Verbesserung des Sprachgebrauchs bzw. der sprachlichen Kompetenz“.
- Das Lexikon grenzt Sprachpflege auf „Sprachpflege von oben“ ein; lässt die „Sprachpflege von unten“ außer Acht, d. h. das Bedürfnis der Menschen nach richtiger Sprachverwendung.
- Schwierigkeit der Definition einer allgemein gültigen Sprachnorm, da sie der jeweiligen Sprech- und Schreibsituation anzupassen ist.
- Daraus resultiert die Diskrepanz zwischen Sprachnorm und Sprachrealität (z. B. Soziolekte, regionale Dialekte, Fachsprachen).

Institutionalisierte Möglichkeiten
- Ziel: Verbesserung des Sprachwissens und der richtigen Sprachverwendung
- Grundlagen sind die Rechtschreib- und Grammatikwerke zur deutschen Sprache
- Hauptinstrument der Sprachpflege ist, entgegen der o. g. Definition, die Sprachkritik.
- Aktionen der „Stiftung Deutsche Sprache“ und der „Gesellschaft für Deutsche Sprache“ üben direkt Sprachkritik und wenden sich gegen sachlich unangemessene oder die Menschenwürde verletzende Wörter (z. B. „Humankapital“, Unwort des Jahres 2005).
- Für solche Aktionen werden neue Medien genutzt, um neue Zielgruppen zu gewinnen und der Verrohung der Sprache entgegenzuwirken.
- Die Anzahl der kritischen populärwissenschaftlichen Werke zur Sprachverwendung nimmt zu (z. B. Bastian Sick: *Der Dativ ist dem Genitiv sein Tod*; Bodo Mrozek: *Lexikon der bedrohten Wörter*).
- Kolumnen der großen Tageszeitungen greifen sprachliche Missstände auf und kommentieren sie (z. B. Zwiebelfisch-Kolumne des *Spiegel*); es ist jedoch fraglich, ob diese Art der Sprachkritik tatsächlich zu einer verbesserten Sprachverwendung führen wird.
- Zunahme der Sprachberatungsstellen an den Universitäten sowie der telefonischen Sprachberatung (*Duden-/Wahrig*-Redaktion), um dem Bedürfnis der Bevölkerung nach der richtigen Verwendung von Sprache gerecht zu werden
- Rechtschreibreformen als Mittel der Sprachpflege und um eine einheitliche Schreibung und somit Verständlichkeit zu gewährleisten

Notizen

- Eine teilweise Zurücknahme von Regeln, wie bei der letzten Rechtschreibreform geschehen, erhöht den Unsicherheitsfaktor und führt zu einem Mangel an Akzeptanz in der Bevölkerung.
- Die Einführung einer „Deutschquote“ im Radio ist unrealistisch, da dies eine Einschränkung der Medienfreiheit bedeuten würde.

Spracherziehung zu Hause, in Kindergarten und Schule

- Eine bedeutende Rolle im Spracherziehungsprozess liegt bei den Eltern sowie bei Kindergarten und Schule, da mit Sprache gleichzeitig kulturelle, soziale und historische Werte vermittelt werden; Sprache hat eine Schlüsselfunktion in der Entwicklung des Menschen.
- Vorbildwirkung der Eltern; frühzeitiges richtiges Sprechen mit Kindern fördert den richtigen Einsatz von Sprache und auch das Denken.
- Kindergärten sind notwendig für die Spracherziehung, um allen Kindern einen angemessenen Übergang in die Schule zu ermöglichen und Defizite bei der Sprachentwicklung auszugleichen, besonders bei Kindern aus Familien, deren Alltagssprache nicht Deutsch ist.
- Eruierung der Sprachstandsentwicklung im Rahmen der Schuleingangsuntersuchung
- In der Schule findet die primäre Sprachvermittlung statt.
- Zur Förderung der bewussten Sprachverwendung muss im Deutschunterricht, aber auch in anderen Fächern, die angemessene Sprachverwendung eingefordert werden, denn Sprache ist die Voraussetzung für Denken und Lernen, für das Formulieren von Gedanken und Zusammenhängen.
- Pflege der deutschen Sprache im Ausland geschieht durch die Goethe-Institute sowie durch viele andere Institutionen, die Sprachkurse anbieten.
- Die Forderung nach Verankerung der Sprachpflege im Grundgesetz ist
  - sinnvoll, da die Pflege der Sprache in staatliche Obhut gegeben würde; auf diese Weise Sicherstellung der mit der Sprache verbundenen Werte und Förderung eines nationalen Gedankens.
  - nicht sinnvoll, da eine starke Reglementierung der eigenständigen Entwicklung und der Kreativität von Sprache entgegenwirken würde, was zu einer erheblichen Störung der Identifikation mit der eigenen Sprache führen könnte; intendierter nationaler Gedanke könnte sich ins Gegenteil verkehren.
- Sprachpflege ist ein Prozess, der von den Sprechern zuerst selbst vollzogen werden muss, um weitreichende Akzeptanz zu erreichen.

Grenzen der Sprachlenkung

- Einfluss und Bedeutung der modernen Medien als Mittel der Kommunikation und Informationsquellen werden weiter zunehmen, besonders die Kommunikation via Internet.
- Eine Sprachlenkung ist wegen der Unüberschaubarkeit der Daten im Internet fast unmöglich; interne Kontrollmechanismen sind kaum vorhanden (z. B. Wikipedia).
- Negative Vorbilder der Medien: Falsche Verwendung von Sprache bleibt unkommentiert.
- Die Verselbstständigung der Fachsprachen kann nicht aufgehalten werden; bei neueren technologischen Entwicklungen werden hauptsächlich englische Begriffe geprägt (vgl. z. B. Computer, Software, Hardware, Modem).

Notizen

- Durch die Globalisierung wird die Bedeutung von Englisch als Lingua franca weiter zunehmen; bei einer zunehmenden Verflechtung der nationalen Ökonomien ist eine gemeinsame Sprache Voraussetzung, um Verständigung zu ermöglichen.
- Die Forderung einiger „Sprachpuristen" nach komplettem Ersatz der Anglizismen ist unrealistisch und ineffektiv für den weltweiten Handel.
- Übersetzungen müssen präzise erfolgen, damit der Sinn nicht verlorengeht; deshalb sind Rückgriffe auf Fremdwörter und Anglizismen z. T. unabdingbar.
- Sprache als lebendiger Organismus wird von den Sprechern in vielfältigen Situationen geprägt; Eigenständigkeit und Kreativität sind nicht vorhersehbar und lenkbar.
- Die bedeutendste Grenze der Sprachlenkung ist der Mensch selbst; wenn keine Bereitschaft zur korrekten Sprachverwendung vorhanden ist, wenn der Mensch kapituliert „vor der Werbung, vor der Geschäftssprache, vor dem kollektiven Hass auf alles Komplizierte" (Material 1, Z. 87–88), dann wird Deutsch als Sprache sterben.

Relativierung des Sinns der Sprachpflege

- Sprachpflege in der heutigen Zeit ist aufgrund der Globalisierung notwendig, um eine Regionalisierung und Identifikationsmöglichkeit von Menschengruppen zu gewährleisten.
- Sprache bietet die Möglichkeit, eigene Werte und Traditionen zu bewahren und weiterzugeben.
- Sprache besitzt das Potenzial, Fremd- und Lehnwörter aufzunehmen, ohne dass sie von diesen verdrängt wird (Möglichkeit der Spracherweiterung).
- Sprache kann zudem nicht mehr benötigte Wörter verdrängen bzw. ersetzen (Möglichkeit der Sprachbereinigung).
- Ein genaues Abwägen des sprachpflegerischen Eingreifens ist notwendig, um einerseits Fremdwörter nicht komplett zu ersetzen, aber andererseits auch genau abzuwägen, wann es angebracht ist, diese zu vermeiden, damit die allgemeine Verständlichkeit der Sprache und somit ihre Funktion als Kommunikationsmittel gewahrt bleibt.

Notizen

Trainingsaufgabe 17

Aufgabentyp	untersuchendes Erschließen von Sachtexten: Textanalyse; Erörterung
Material	Georg Ringsgwandl: *Angriff der Käuze. Eine neue Initiative will mal wieder das Deutsche vor bösen Anglizismen retten. Wie cool ist das denn? Eine kleine Realitätsrundschau* (2009)
Textsorte	Sachtexte: Zeitungstext; Essay
Thema	Sprachpflege; deutsche Sprache
Niveau	erhöhtes Anforderungsniveau (e. A.)

Notizen

Aufgaben

1. Analysieren Sie den vorliegenden Textauszug aus *Angriff der Käuze* von Georg Ringsgwandl.
2. Ein Aspekt der „Realitätsrundschau" ist Ringsgwandls Rückblick auf seinen Deutschunterricht (Z. 60–64). Ringsgwandl stellt hier den Einfluss dar, den der Deutschunterricht auf seine Haltung zur deutschen Sprache und Literatur hatte. Bewerten Sie den Einfluss der von Ihnen zur Vorbereitung auf die Abiturprüfung gelesenen Texte von Johann Wolfgang von Goethe, Gerhart Hauptmann und Ödön von Horváth auf Ihre Haltung zur deutschen Sprache und Literatur.

Material

Georg Ringsgwandl (* 1948)

Angriff der Käuze[1]. Eine neue Initiative will mal wieder das Deutsche vor bösen Anglizismen retten. Wie cool ist das denn? Eine kleine Realitätsrundschau

(Auszug) (2009)

Es ist ein Wahnsinn, was die deutsche Sprache schon alles überlebt hat. Tausend Jahre Dialektdurcheinander, Jahrhunderte, in denen die Oberschicht Lateinisch oder Französisch gesprochen hat, und dann noch mal 1 000 Jahre[2] die regierungsamtliche Strapaze seitens Adolf Hitlers und Konsorten. Jetzt aber droht der Todesstoß aus den Tiefen des world wide web: die Aktion „Lebendiges Deutsch"[3].

Wir sollen künftig Klapprechner sagen statt Laptop, Prallkissen statt Airbag, meuten statt mobben, und wenn dich die Pubertät heimsucht, sollst du auf keinen Fall chatten, sondern netzplaudern.

1 übertragen „komischer Mensch"

2 Anspielung auf die Nationalsozialisten und deren Pläne für ein 1 000-jähriges Reich

3 „Haus der Deutschen Sprache" nennt sich ein Forum der Bürgerinitiative „Stiftung Deutsche Sprache". Deren Aktion „Lebendiges Deutsch" setzt sich das Ziel, Anglizismen durch treffende deutsche Ausdrücke zu ersetzen.

Das ist kein Witz, sondern eine Initiative aus dem „Haus der Deutschen Sprache“ (HDS), erbaut von einem Fähnlein[4] sprachbesorgter Käuze, die unerschrocken der Anglizismenflut entgegentreten. Noch ist das HDS nur eine Homepage, aber wenn sich genügend Sprachschuhplattler[5] finden, und das steht beim nächsten Anstieg der Arbeitslosenzahlen zu befürchten, so wird daraus bald ein richtiges Haus mit Schild außen und Ausstellungen innen drin, wo zeigen wie fuckin inglish unsere Sprach fertig macht. [...]
Man fragt sich nun, welche Zielgruppe diese Sprachwächter im Visier haben. Es können ja nur die sein, die bekehrbar sind zum manierlichen Deutsch. Die brauchen aber keine Nachhilfe mehr, sie kaufen schon seit Jahren die freundlich geschriebenen Sprachverbesserungsbücher von Bastian Sick und Epigonen[6]. Bei der Masse derer aber, die bzgl. dass/das-Unterscheidung schmerzfrei sind, pocht der Sprachsittenwächter vergeblich an eine fest verrammelte Tür. Drinnen sitzen Erna und Herbert im Jogginganzug auf dem Sofa und sehen fern.

Die Verhunzung des Deutschen droht von allen Seiten. Und das Problem sind aber nicht ein paar angstgebeutelte Industrieangestellte, die versuchen, ihr Gestammel mit englischen Brocken aufzumöbeln; die gefährlichste Art der Sprachverstümmelung kommt vielmehr direkt von der Regierung: *Job-AQTIV*-Gesetz[7] oder *Berufenet-Team*[8] sind amtlich verordnete Sprachgrausamkeiten, die mit verschärftem Kerker geahndet werden sollten. [...]

Agentur für Arbeit heißt es statt Arbeitsamt, liebe BürgerInnen und Bürger, Gleichstellungsstelle, Genderkompetenz[9], verhaltenskreative Kinder, Förderschule und so weiter, all dies sind nicht anglizistisch „durchrasste“[10], aber absolut hinterfotzige Wortklingeleien. Ist diese Art heimtückischer Schönsprech[11] der sprachliche Ausdruck zunehmend geschickterer Ausübung von Herrschaft?

Das wird einem in der Schule so nicht gesagt, aber wenn der Bachelor[12] für Kommunikationswissenschaft hört, wie ihm ein Abteilungsleiter in leisen, wohlgesetzten Worten mitteilt, dass er als Praktikant gerne gratis schuften darf, die festen Stellen aber anderweitig gebraucht werden, lernt der zutrauliche Jungwähler, dass die Beherrschung der Sprache keine Marotte weltfremder Schullehrer ist, sondern eine bewährte Waffe für den Überlebenskampf im modernen Dschungel. Und so schickt der gewiefte Personalchef sprachlich ungelenke BewerberInnen auf die Stellen, wo Nicole putzt und Kevin Regale einräumt. Wahrscheinlich also tun Ehrgeiz und das Gerangel um die besseren Stellen mehr für die Pflege der deutschen Sprache als die Appelle der Deutschbewahrer. [...]

Die Vorstellung, dass alle von klein auf astrein Deutsch lernen und es später ein Leben lang in Beruf und Familie vollstrecken, hat etwas Beklemmendes. Mir ist es lieber so, wie es ist: Eine sprachliche Elite spricht astreines Deutsch und drum herum wuchert eine Wildnis von Dialekten, Mixturen aus gebrochenem Deutsch und Fremdsprachen, Fachchinesisch vom Installateur bis zum Hirnchirurgen, und dazwischen wuseln die Journalisten mit permissiver[13] Orthographie.

4 übertragen „Gruppe Gleichgesinnter, die für eine Sache streiten“
5 Schuhplattler, oberbayerischer Tanz
6 Nachahmer ohne Schöpferkraft
7 Gesetz zur Neuregelung der Arbeitsförderung; AQTIV steht für „Aktivieren, Qualifizieren, Trainieren, Investieren, Vermitteln“
8 Internetportal der Bundesagentur für Arbeit, das Arbeitssuchenden bei der Suche nach Angeboten hilft
9 Kenntnis der Geschlechterrollen und -verhältnisse
10 Anspielung auf die vom ehemaligen CSU-Vorsitzenden Stoiber seinerseits zitierte Formulierung „durchrasste Gesellschaft“
11 Anspielung auf einen aus George Orwells Roman *1984* stammenden Begriff für staatliche Sprachlenkung
12 hier übertragen „Absolvent/Absolventin mit niedrigem Abschluss“
13 frei gewähren lassend

Notizen

Sprachliche Unbeholfenheit ist kein eindeutiges Merkmal, aber sie macht es einem immerhin einfacher zu erkennen, wen man vor sich hat. Früher, als man den Herrn oder die Dame körperlich vor sich hatte, kamen einem Kleidung, allgemeiner Pflegezustand, sogar geruchliche Faktoren bei der Beurteilung des anderen zuhülfe. Heute dagegen, wo die meisten Kontakte über Telefon, SMS oder E-Mail geschehen, ist die Sprache das einzige Kriterium zur Einschätzung des Gesprächspartners. Willst also nicht übel auffallen Du, bemüh' Dich um ordentlichen Ausdruck. Ernsthafte Gefahr droht der Sprache eigentlich nur von ihren berufsmäßigen Wächtern. Vermutlich hat Verona Feldbusch[14] mit ihrem „Hier werden Sie geholfen" dem Deutschen mehr geholfen als jene Literaturkritiker, die einen Edelverlag so lange in den Schwitzkasten nehmen, bis er ihren Roman veröffentlicht, darin sich dann über Hunderte von Seiten schön formulierte Trostlosigkeit verbreitet. Hätte man mich als Gymnasiast gezwungen, so etwas zu lesen, wäre ich für die deutsche Sprache verloren gewesen.

Georg R., dessen Eltern nur insgesamt vier Bücher besaßen, hatte aber das Glück von Deutschlehrern, die es verstanden, in dem Unterschichtsbuben eine Begeisterung für die Lyrik von Trakl[15] und die Prosa Wolfgang Borcherts[16] zu wecken. [...]

In dieser kleinen Realitätsrundschau hoffte ich zu zeigen, dass die Aktion Lebendiges Deutsch schon seit der Völkerwanderung läuft. Also, liebe Sprachwächter, das Haus der Deutschen Sprache kann vom Netz genommen und die Stiftung geschlossen werden.

Text zitiert nach: Süddeutsche Zeitung. Nr. 7, 10./11. Januar 2009. Wochenend-Beilage, S. 1

Notizen

14 „Da werden Sie geholfen" hieß eine Schlagzeile, mit der die Prominente für eine Telefonauskunft warb.
15 Georg Trakl, österreichischer Lyriker (1887–1914)
16 Wolfgang Borchert, deutscher Schriftsteller (1921–1947)

Lösungsvorschlag

Notizen

Aufgabe 1

Analysieren Sie den vorliegenden Textauszug aus *Angriff der Käuze* von Georg Ringsgwandl.

HINWEIS Zunächst ist es wichtig, dass Sie den Textauszug *Angriff der Käuze* aufmerksam durchlesen. Da es sich bei diesem Textauszug um einen sehr polemischen und zum Teil ironisch gefärbten Essay handelt, kommt der sprachlichen Gestaltung eine besondere Rolle zu.
Versuchen Sie, sich in die Person des Autors hineinzuversetzen. Worüber ärgert er sich? Was möchte er erreichen?

Lösungsschritte

1. Lesen Sie den Text mindestens zweimal aufmerksam durch.
2. Setzen Sie sich mit der Aufgabenstellung auseinander und verdeutlichen Sie sich, was genau von Ihnen verlangt wird: Sie sollen die inhaltlichen, formalen, strukturellen und sprachlichen Merkmale des Essays erkennen und diese in ihrer Wechselbeziehung zueinander im Sinne der Argumentation analysieren.
3. Lesen Sie den Text ein weiteres Mal; markieren Sie wesentliche Aussagen farbig und fassen Sie diese am Rand thesenartig zusammen. Untersuchen Sie den Text anschließend auf sprachliche Auffälligkeiten und ermitteln Sie deren Funktion für die Aussage.
4. Skizzieren Sie die wesentliche Aussage des Essays (Hauptinhalt bzw. Tenor) in ein oder zwei Sätzen.
5. Strukturieren Sie die einzelnen Randnotizen so, dass der Verlauf und der wesentliche Inhalt des Essays deutlich werden.
6. Fassen Sie die Ergebnisse in einem schriftlichen Text zusammen.
7. Überarbeiten Sie Ihren Text im Hinblick auf den sprachlichen Ausdruck und die Verständlichkeit; prüfen Sie dabei Rechtschreibung und Zeichensetzung.

Stichpunktlösung

Einleitung

- In seinem Essay nimmt Ringsgwandl mit zum Teil ironischem Unterton die übertriebene Sorge selbsternannter Sprachwächter um die deutsche Sprache aufs Korn, die aufgrund vieler Anglizismen angeblich immer mehr ihre Identität verliere. Seiner Meinung nach handele es sich weniger um einen Sprachverfall als um einen seit jeher bestehenden Sprachwandel. Im Umgang mit Sprache befürwortet Ringsgwandl Individualität statt einer rigiden Sprachnormierung, im Kampf um den Erhalt der deutschen Sprache weist er dem Deutschunterricht in der Schule eine herausragende Rolle zu.

Inhalt und Argumentationsstruktur

- Sprachgeschichtlicher Rückblick: Sprache habe bisher allen Einflüssen getrotzt („Es ist ein Wahnsinn, was die deutsche Sprache schon alles überlebt hat. Tausend Jahre Dialektdurcheinander, Jahrhunderte, in denen die Oberschicht Lateinisch oder Französisch gesprochen hat, und dann nochmal 1000 Jahre die regierungsamtliche Strapaze seitens Adolf Hitlers und Konsorten“, Z. 1-4).

- Neue Gefahr drohe nun seitens selbsternannter Sprachwächter („Jetzt aber droht der Todesstoß aus den Tiefen des world wide web: die Aktion ‚Lebendiges Deutsch‘ [...] eine Initiative aus dem ‚Haus der Deutschen Sprache‘ (HDS), erbaut von einem Fähnlein sprachbesorgter Käuze, die unerschrocken der Anglizismenflut entgegentreten“, Z. 4-11).
- Kritische Frage nach Adressatengruppe: Kritik der Sprachwächter verfehle Zielgruppe („Es können ja nur die sein, die bekehrbar sind zum manierlichen Deutsch. Die brauchen aber keine Nachhilfe mehr [...] Bei der Masse derer aber, die bzgl. dass/das-Unterscheidung schmerzfrei sind, pocht der Sprachsittenwächter vergeblich an eine fest verrammelte Tür“, Z. 15-20).
- Kritik am amtlichen Sprachgebrauch: Sprache werde missbraucht („die gefährlichste Art der Sprachverstümmelung kommt vielmehr direkt von der Regierung“, Z. 24 f.); sie diene v. a. der Machtausübung gegenüber sozial Benachteiligten („Ist diese Art heimtückischer Schönsprech der sprachliche Ausdruck zunehmend geschickterer Ausübung von Herrschaft?“, Z. 31 f.).
- Ringsgwandls Gegenentwurf: Sprachvarietät und Vielfalt statt rigider Normierung und einheitlich reglementiertem Sprachgebrauch („Mir ist es lieber so, wie es ist: Eine sprachliche Elite spricht astreines Deutsch und drum herum wuchert eine Wildnis von Dialekten, Mixturen aus gebrochenem Deutsch [...] und dazwischen wuseln die Journalisten mit permissiver Orthographie“, Z. 43-47).
- Gleichzeitige Forderung nach sprachlicher Kompetenz: Das Beherrschen der Sprache und ein korrekter Ausdruck seien wichtig für den Menschen, nicht zuletzt für sein „Image“ („lernt der zutrauliche Jungwähler, dass die Beherrschung der Sprache keine Marotte weltfremder Schullehrer ist, sondern eine bewährte Waffe für den Überlebenskampf im modernen Dschungel“, Z. 36-38; „bemüh’ Dich um ordentlichen Ausdruck“, Z. 55).
- Berufliches Weiterkommen ist die wichtigere Motivation für Sprachkompetenz als die der „Deutschbewahrer“ (Z. 41; „Wahrscheinlich also tun Ehrgeiz und das Gerangel um die besseren Stellen mehr für die Pflege der deutschen Sprache als die Appelle der Deutschbewahrer“, Z. 40 f.).
- Individuelle Sprache ist wichtig für Identitätsstiftung („Vermutlich hat Verona Feldbusch mit ihrem ‚Hier werden Sie geholfen‘ dem Deutschen mehr geholfen als jene Literaturkritiker [...] schön formulierte Trostlosigkeit verbreitet“, Z. 56-60).
- Betonung der Wichtigkeit von Deutschlehrern, um Jugendlichen das Vergnügen an Literatur und der Sprache zu vermitteln („Georg R., dessen Eltern nur insgesamt vier Bücher besaßen, hatte aber das Glück von Deutschlehrern, die es verstanden, in dem Unterschichtsbuben eine Begeisterung für die Lyrik von Trakl und die Prosa Wolfgang Borcherts zu wecken“, Z. 62-64).
- Fazit: Aufruf an das HDS, seine Aktionen zu beenden. Deutsch sei eine lebende und lebendige Sprache und bedürfe keiner Wächter („Also, liebe Sprachwächter, das Haus der Deutschen Sprache kann vom Netz genommen und die Stiftung geschlossen werden“, Z. 66 f.).

Sprachliche Gestaltung und ihre Funktion

- Ironische Verunglimpfung der Sprachpfleger („Fähnlein sprachbesorgter Käuze“, Z. 10; „Sprachschuhplattler“, Z. 12; „Sprachwächter“, Z. 15; „Sprachsittenwächter“, Z. 19)

Notizen

- Provokante Negativbeispiele von Sprachnormierung („Wir sollen künftig Klapprechner sagen statt Laptop, Prallkissen statt Airbag, meuten statt mobben, und wenn dich die Pubertät heimsucht, sollst du auf keinen Fall chatten, sondern netzplaudern", Z. 6–8; „Gleichstellungsstelle, Genderkompetenz, verhaltenskreative Kinder", Z. 28 f.)
- Absichtlicher Gebrauch von falschem und stilistisch schlechtem Deutsch („so wird daraus bald ein richtiges Haus mit Schild außen und Ausstellungen innen drin, wo zeigen wie fuckin inglish unsere Sprach fertig macht.", Z. 13 f.; „Willst also nicht übel auffallen Du, bemüh' Dich um ordentlichen Ausdruck", Z. 54 f.)
- Sprachpfleger werden ins gesellschaftliche Abseits und sprachlich in die Nähe der Nationalsozialisten gestellt („und dann noch mal 1 000 Jahre die regierungsamtliche Strapaze seitens Adolf Hitlers und Konsorten", Z. 3 f.; „anglizistisch ‚durchrasste'", Z. 30).
- Sympathie für lebendige und jugendliche Ausdrucksweisen („Es ist ein Wahnsinn", Z. 1; „fuckin inglish", Z. 14; „Die Verhunzung des Deutschen droht von allen Seiten. Und das Problem sind aber nicht ein paar angstgebeutelte Industrieangestellte, die versuchen, ihr Gestammel mit englischen Brocken aufzumöbeln", Z. 22 ff.)
- Durch seinen Stil erfüllt Ringsgwandl die von ihm formulierte Forderung nach sprachlicher Diversität und vielfältigem Nebeneinander, z. B. durch Anleihen aus der Jugendsprache (s. o.) in Kombination mit einer „gehobenen" oder altmodischen Wortwahl („permissiver Orthographie", Z. 47, „zuhülfe", Z. 52).
- Insgesamt sehr persönliche, von der eigenen Biografie geprägte Sichtweise (Z. 60 f.); ironisch-polemische und damit unterhaltsame Sprache, die gar nicht erst versucht, sich hinter unanfechtbarer Sachlichkeit zu verstecken.
- Direkte Anrede der Sprachpfleger („Also, liebe Sprachwächter", Z. 66); dadurch erhält der Text einen deutlich appellativen Charakter.

Aufgabe 2

Bewerten Sie den Einfluss der von Ihnen zur Vorbereitung auf die Abiturprüfung gelesenen Texte von Johann Wolfgang von Goethe, Gerhart Hauptmann und Ödön von Horváth auf Ihre Haltung zur deutschen Sprache und Literatur.

HINWEIS Diese Aufgabe bezieht sich auf Ihre subjektiven Leseerfahrungen und die damit verbundenen Auswirkungen auf Ihre Haltung zur deutschen Sprache und Literatur. Sie ist von daher nur sehr individuell zu lösen. Es liegt also in Ihrem Ermessen, wie Sie diese Aufgabe bearbeiten.

Lösungsschritte

1. Lesen Sie die Aufgabenstellung aufmerksam durch und verdeutlichen Sie sich, was genau verlangt wird.
2. Führen Sie sich zunächst Ihre subjektiven Leseerfahrungen mit Texten der drei genannten Autoren vor Augen.
3. Schreiben Sie zu jedem Autor auf einem Blatt sowohl die positiven als auch die negativen Erfahrungen stichwortartig auf.
4. Gehen Sie anschließend der Frage nach, inwieweit jeder Autor Ihre Haltung zur deutschen Sprache und Literatur geprägt hat.

Notizen

5. Entwerfen Sie schriftlich eine resümierende Bewertung; beginnen Sie dabei mit einem allgemeinen Fazit und begründen Sie Ihre Bewertung anhand Ihrer Aufzeichnungen zu den einzelnen Autoren.
6. Überarbeiten Sie Ihren Text nochmals und prüfen Sie ihn auf Stimmigkeit.
7. Überarbeiten Sie Ihren Text im Hinblick auf sprachlichen Ausdruck und Verständlichkeit; prüfen Sie dabei auch Rechtschreibung und Zeichensetzung.

Notizen

Stichpunktlösung

- Diese Aufgabe ist nur individuell zu lösen. Doch finden Sie hier denkbare Aspekte, auf die sich Ihre Bewertung beziehen kann.

Mögliche Bewertungsaspekte der Schullektüren

- Inwiefern fühlen Sie sich durch Emotionalität und Subjektivität der Werke des jungen Goethe berührt - sowohl im Positiven als auch im Negativen? Welche Wirkung hat das dortige Naturverständnis und -empfinden auf Sie?
- Gibt es sprachliche Merkmale in den Texten Goethes, die Sie besonders schätzen?
- Sprechen Goethes frühe Werke trotz der zeitlichen Distanz heutige junge Leser Ihrer Meinung nach an? Wenn ja, warum? Wenn nein, warum nicht?
- Wie bewerten Sie die Darstellung gesellschaftlicher Problemfelder in den Texten Hauptmanns und von Horváths? Fühlen Sie sich betroffen oder eher distanziert?

Mögliche allgemeine Bewertungsaspekte

- Was leiten Sie aus Ihrer Meinung zu konkreten Lektüren über Funktion und Wirkungsweise von Literatur im Allgemeinen ab?
- Hat Literatur eine gesellschaftliche Relevanz und damit Verantwortung?
- Welche Rolle spielt die Historizität literarischer Texte und Thematiken - im Positiven wie im Negativen?
- Inwiefern kann Literatur jungen Menschen helfen, „über den eigenen Tellerrand" hinauszuschauen, und ihre ethisch-moralische Urteilskraft stärken?

Zum Aufbau Ihrer Bewertung

- Beginn mit einem allgemeinen Fazit, beispielsweise: „Die von mir zur Vorbereitung auf die Abiturprüfung gelesenen Texte hatten Einfluss ..." oder „ ... hatten kaum/ keinen Einfluss ..."
- Anschließend Begründung anhand Ihrer Aufzeichnungen zu den einzelnen Autoren
- Am Ende können Sie Ihre Bewertung auch auf außerhalb des Unterrichts gelesene Werke ausweiten.

ANHANG

Literaturepochen im Überblick

Textgattungen im Überblick

	Mittelalter	Renaissance
	750 — *althochdeutsche Literatur* — *1050* — *Mittelhochdeutsche Literatur*	*1350* — *Renaissance* — *1600*
Autoren	Hartmann von Aue Wolfram von Eschenbach Neidhart von Reuental Gottfried von Straßburg Walther von der Vogelweide	Hermann Bote Sebastian Brant Ulrich von Hutten Hans Sachs Johannes von Tepl
Epik	**höfischer Roman** (von Aue: „Erec“, „Iwein“) **Heldenepos** („Nibelungenlied“)	**Schelmenliteratur** (Bote: „Till Eulenspiegel“) **Streitgespräch** (von Tepl: „Der Ackermann aus Böhmen“)
Lyrik	**Minnesang** (von der Vogelweide: sog. „Mädchenlieder“, von Eschenbach: sog. „Tagelieder“, von Reuental: sog. „Sommer- und Winterlieder“)	**Spruchgedicht** (Sachs: „Die Wittenbergische Nachtigall“)
Drama	**geistliches Schauspiel**	**Fastnachtsspiel** **Humanistendrama** **Passionsspiel** **Schwank**
Weltbild und Literaturverständnis	**Althochdeutsche Literatur** war geistliche Gebrauchsliteratur zur Vermittlung des christlichen Glaubens. Althochdeutsche Literatur umfasst ■ überwiegend Übersetzungen lateinischer Texte (z.B. Vaterunser, Glaubensbekenntnis, Bibeltexte), ■ Aufzeichnungen mündlicher Dichtung (z.B. „Hildebrandslied“) und ■ Neuschöpfungen christlicher und weltlicher Texte. **Mittelhochdeutsche Literatur** brachte erstmals eigenständige weltliche Dichtung in deutscher Sprache hervor. Charakteristisch sind: ■ Idealisierung ritterlicher Tugenden im höfischen Roman, ■ verschiedene Formen von Liebesdichtung, ■ germanische Heldensagenstoffe im Heldenepos.	Man entdeckte die klassische Antike wieder. Die Kunstepoche heißt dementsprechend **Renaissance** (franz. „Wiedergeburt“). Die philosophische Strömung nennt man **Humanismus**. Zu den geistesgeschichtlichen Merkmalen dieser Zeit gehören: ■ Befreiung der Literatur, Kunst und Wissenschaft von der Vorherrschaft der Theologie; ■ Entstehung des neuen Menschenbildes: der Mensch als sich selbst bestimmendes Individuum ist nicht mehr der göttlichen Weltordnung untergeordnet; ■ die diesseitige Lebensgestaltung bestimmt das Leben. Die Volkssprache setzte sich als Literatursprache durch, dazu trug Martin Luthers Bibelübersetzung entscheidend bei.
hist. Eckdaten	Investiturstreit zwischen deutschem Kaiser und römischem Papsttum (1059-1077) Goldene Bulle (1356) Kreuzzüge	Bauernkrieg (1524/25) Einsetzen der Reformation: Martin Luther verfasst 95 Thesen gegen den Ablasshandel (1517)

1600 — Barock — 1720
1680 — Aufklärung — 1800
1770 — Sturm und Drang →

	Barock	Aufklärung
Autoren	Johann Jakob Christoffel von Grimmelshausen Andreas Gryphius Christian Hoffmann von Hoffmannswaldau Casper von Lohenstein Martin Opitz	Christian Fürchtegott Gellert Johann Christoph Gottsched Friedrich von Hagedorn Immanuel Kant Friedrich Gottlieb Klopstock Gotthold Ephraim Lessing Christoph Martin Wieland
Epik	**Schelmenroman** (Grimmelshausen: „Der Abentheuerliche Simplicissimus Teutsch“) **Schäferdichtung** **Abenteuerroman**	**Bildungsroman** (Wieland: „Die Geschichte des Agathon“) **Briefroman** (Sophie von La Roche: „Geschichte des Fräuleins von Sternheim“)
Lyrik	**Sonett** (Gryphius: „Es ist alles eitel“) **Elegie** **Madrigal** **Ode**	**lehrhafte Dichtung** (Lessing: Fabeln) **Ode** und **Hymne** (Klopstock)
Drama	**Trauerspiel** (Gryphius: „Leo Armenius“, Lohenstein: „Agrippina“)	**bürgerliches Trauerspiel** (Lessing: „Miss Sara Simpson“, „Emilia Galotti“, „Nathan der Weise“) **Komödie** (Lessing: „Minna von Barnhelm“)
Weltbild und Literaturverständnis	Die Zeit des **Barock** ist geprägt von Gegensätzen: ■ Inhalt der Kunst ist der Gegensatz von Todesangst und Weltverneinung auf der einen Seite und Lebensgier und Weltzuwendung auf der anderen; ■ große Verbreitung von gesellschaftlichen und religiösen Themen; ■ beliebtes Motiv ist das Welttheater: die Welt als Theater, auf dem die Menschen ihre Rolle vor Gott spielen; ■ Form des kunstvoll Überladenen als Merkmal der barocken Literatur (rhetorische Figuren wie Antithese, sprachliche Bilder wie Allegorie und Metapher, pathetisch-schwülstige Sprache); ■ Aufgabe der Dichtung war „prodesse et delectare“ (lat. „nützen und unterhalten“); ■ Vanitasmotiv: Mahnung an die Vergänglichkeit irdischen Glücks.	Die **Aufklärung** prägte das europäische Geistesleben. Merkmale sind: ■ Vernunft als Instanz des Denkens und Handelns („Sapere aude!“ Lat.: „Wage es, vernünftig zu sein!“); ■ Kampf gegen Autoritätsglauben, Absolutismus und die Bevormundung durch die Kirche; ■ Forderung nach einer freiheitlichen Gesellschaftsordnung; ■ radikale Kritik an überkommenen Vorstellungen von Natur, Mensch, Gesellschaft, Staat und Gott; ■ Literatur hat unterhaltsam-lehrhaften und sozialkritischen Charakter. Statt einer einseitigen Betonung der Vernunft wird in der Literatur der **Empfindsamkeit** (1730 bis Ende des 18. Jahrhunderts; Gegenbewegung zur Aufklärung) die Natur religiös verklärt, hier dominiert das schwärmerische Gefühl.
hist. Eckdaten	absolutistische Prachtentfaltung Ludwigs XIV. (1638-1715) Pestepidemien in Europa Dreißigjähriger Krieg (1618-1648)	Kleinstaaterei; Aufstieg Preußens und Österreichs zu Großmächten Amerikanische Unabhängigkeitserklärung (1776) Französische Revolution (1789)

1770 — Sturm und Drang — 1786

1789

1790 — Romantik

1786 — Klassik

	Sturm und Drang	Weimarer Klassik
Autoren	Gottfried August Bürger Johann Wolfgang von Goethe Johann Gottfried Herder Friedrich Maximilian Klinger Jakob Michael Reinhold Lenz Friedrich Schiller	Johann Wolfgang von Goethe Johann Gottfried Herder Friedrich Schiller Christoph Martin Wieland Heinrich von Kleist und Friedrich Hölderlin sind im Umkreis von Weimarer Klassik und Romantik einzuordnen.
Epik	**Briefroman** (Goethe: „Die Leiden des jungen Werthers“)	**Bildungsroman** (Goethe: „Wilhelm Meisters Lehrjahre“)
Lyrik	**Erlebnisdichtung** (Goethe: „Sesenheimer Lieder“) **Hymne** (Goethe: „Prometheus“) **Kunstballade** (Bürger: „Lenore“)	**Hymne** und **Ode** **Ballade** (Goethe: „Der Zauberlehrling“) **Ideenballade** (Schiller: „Die Bürgschaft“)
Drama	**Tragödie** und **Tragikomödie** (Lenz: „Die Soldaten“, „Der Hofmeister“, Schiller: „Die Räuber“, Goethe: „Götz von Berlichingen“)	**Ideendrama** (Schiller: „Maria Stuart“, „Don Carlos“) **Tragödie** (Goethe: „Iphigenie auf Tauris“, Schiller: „Wallenstein“)
Weltbild und Literaturverständnis	Der **Sturm und Drang** wurde benannt nach dem gleichnamigen Schauspiel von Klinger. Typisch sind: ■ Kritik an Konventionen und überkommenen Institutionen sowie am Rationalismus der Aufklärung, ■ Ideal der Spontaneität und Selbstverwirklichung des Individuums, ■ Natur als Inbegriff alles Lebendigen, ■ Steigerung des Naturhaften und Individuellen im Genie, ■ literarischer Anspruch der Originalität, d.h. Ablehnung von Regeln und Suche nach neuen Ausdrucksweisen (z.B. alltagsnahe Sprache, Mundartliches) und Ausdrucksformen (z.B. offene Dramenform).	Die **Weimarer Klassik**, maßgeblich geprägt von Goethe und Schiller, ist gekennzeichnet von den Leitideen der Harmonie und Humanität. Hohe Werte sind Menschlichkeit, Toleranz und Vollendung. Die griechische Kunst gilt als Musterbild für den Menschen und die Kunst. Man sieht in der Kunst das Mittel, den Menschen zur Humanität auszubilden: ■ Kunst als Darstellung des Objektiven, ■ Kunst als Vermittlerin der höheren Ordnung des Weltganzen (Goethe), ■ Kunst als Mittel, um dem Menschen seine Freiheit, Vernunft und Sittlichkeit bewusst zu machen (Schiller). Thematisiert werden Gerechtigkeit, Freiheit oder Humanität unter Verwendung einer streng geschlossenen Form und klaren Sprache.
hist. Eckdaten	aufgeklärter Absolutismus aufkommendes deutsches Nationalbewusstsein Französische Revolution (1789)	Jakobinerherrschaft in Frankreich (ab 1792) Napoleon Bonaparte gelangt an die Macht (1799) Napoleon krönt sich zum Kaiser (1804)

lassik *1805* *Romantik* *ca. 1815* *1830* *Junges Deutschland, Vormärz, Biedermeier* *1848*

	Romantik	Junges Deutschland, Vormärz, Biedermeier
Autoren	Achim von Arnim, Bettina von Arnim, Clemens Brentano, Joseph von Eichendorff, Jacob und Wilhelm Grimm, E.T.A. Hoffmann, Friedrich Hölderlin, Novalis, August Wilhelm Schlegel, Friedrich Schlegel, Gustav Schwab, Ludwig Tieck, Rahel von Varnhagen	**Junges Deutschland:** Ludwig Börne, Karl Gutzkow, Heinrich Laube **Biedermeier:** Annette von Droste-Hülshoff, Jeremias Gotthelf, Eduard Mörike, Adalbert Stifter **Vormärz:** Georg Büchner, Heinrich Heine
Epik	**Essay, Fragment** und **Aphorismus** (F. Schlegel: „Athenäum-Fragmente“) **Künstlerroman** (Novalis: „Heinrich von Ofterdingen“) **Volkspoesie, Märchen** und **Kunstmärchen**	**Erzählung** (Stifter: „Bunte Steine“) **Novelle** (Gotthelf: „Die schwarze Spinne“, Droste-Hülshoff: „Die Judenbuche“)
Lyrik	**Naturlyrik** **volksliedhafte Lyrik**	**Erzählung** (Stifter: „Bunte Steine“) **Novelle** (Gotthelf: „Die schwarze Spinne“, Droste-Hülshoff: „Die Judenbuche“)
Drama	**märchenhaftes Drama** (Tieck: „Der gestiefelte Kater“)	Georg Büchners **Dramen** („Woyzeck“) waren radikaler als die Literatur des Jungen Deutschland, von der sich Büchner distanzierte.
Weltbild und Literaturverständnis	Die Romantik war eine Bewegung, die eine andere Art des Denkens suchte: ■ Ablehnung des Rationalismus der Aufklärung; ■ Ablehnung gesellschaftlicher Normen und Konventionen; ■ Thematisierung des Irrationalen, Unbewussten (Traum), Fantastischen, Grotesken; ■ häufige Motive: Sehnsucht, Wandern, Natur, Liebe; ■ Rückbesinnung auf die Vergangenheit, vor allem auf das Mittelalter. Die Dichter strebten nach der **Universalpoesie,** die alle Gattungen sowie die Bereiche Kunst, Wissenschaft, Kultur und Leben in sich vereint. Der Leser soll das Werk weiterdichten. Das Werk soll in der Kritik und Rezeption vollendet werden, daher lässt es Raum für Assoziationen und bleibt oft Fragment.	Auf die gesellschaftliche und politische Situation reagierten die Schriftsteller gegensätzlich. **Junges Deutschland** und **Vormärz** zeichnen sich aus durch: ■ Verachtung der Klassik und Romantik als lebensfern; ■ Forderung nach aktueller, politischer Literatur mit gesellschaftspolitisch relevanten Themen und Zeitkritik; ■ Literatur gekennzeichnet durch Gegenständlichkeit und Detailtreue. Im Gegensatz dazu steht das **Biedermeier:** ■ Sensibilität für Stimmungen und Eindrücke, ■ häufig landschaftliche Bezüge zur Heimat der Dichter, ■ Rückzug ins Private.
hist. Eckdaten	Napoleon Bonaparte krönt sich zum Kaiser (1804) Ende des Heiligen Römischen Reichs (1806) Befreiungskriege (1813-1815)	Wiener Kongress (1815) Restauration Weberaufstand in Schlesien (1844) Märzrevolution (1848)

1848 — *Bürgerlicher Realismus* — *1890* — *Literatur der Jahrhundertwende*

1880 — *Naturalismus*

	Bürgerlicher Realismus	Naturalismus
Autoren	Wilhelm Busch, Theodor Fontane, Emanuel Geibel, Franz Grillparzer, Friedrich Hebbel, Gottfried Keller, Conrad Ferdinand Meyer, Wilhelm Raabe, Theodor Storm	Hermann Conradi Gerhart Hauptmann Arno Holz Max Kretzer Johannes Schlaf
Epik	**Novelle** (Keller: „Die Leute von Seldwyla“, Storm: „Der Schimmelreiter“, Meyer: „Das Amulett“) **Gesellschaftsroman** (Fontane: „Effi Briest“)	**Novelle** (Hauptmann: „Bahnwärter Thiel“, Holz/Schlaf: „Papa Hamlet“) **Roman** (Kretzer: „Die Verkommenen“)
Lyrik	**Ballade** (Fontane: „John Maynard“) **Verserzählung** (Busch) **Dinggedicht** (Meyer: „Der römische Brunnen“, „Zwei Segel“)	**Großstadtlyrik** (Holz: „Großstadtmorgen“)
Drama	**Dramen** (Grillparzer: „Der Traum ein Leben“; Hebbel: „Maria Magdalena“)	**Soziales Milieudrama** (Hauptmann: „Die Weber“; Holz/Schlaf: „Die Familie Selicke“) **Tragikomödie** (Hauptmann: „Die Ratten“)
Weltbild und Literaturverständnis	Wichtige Kennzeichen des **Realismus** sind: ■ Milieuschilderungen und psychologisch genau gezeichnete Personen, ■ Fehlen von Darstellungen der extremen Seiten der Realität (z.B. das abstoßend Hässliche, Krankheit, Sexualität), ■ Humor, um Distanz zum Empörenden der Wirklichkeit zu schaffen. Man spricht auch vom **poetischen Realismus**. Damit wollten die Schriftsteller darauf aufmerksam machen, dass ihre Texte trotz des Bezugs zur Wirklichkeit auch von ihnen geschaffene Kunstprodukte sind. Das Programm des poetischen Realismus lautete, das Wahre und nicht das Wirkliche darzustellen.	Der **Naturalismus** richtet sich gegen den poetischen Realismus, der die Wirklichkeit verklärt darstellt. Kennzeichnend sind: ■ Kritik an der Doppelmoral des Bürgertums und dessen Gleichgültigkeit gegenüber sozialen Problemen; ■ Themen sind Armut, Alkoholismus, Krankheit, Gewalt, Verbrechen, Prostitution und Wahnsinn; ■ im Zentrum steht der durch Herkunft, Milieu und Zeitumstände bestimmte Mensch und nicht mehr der individuelle Held; ■ Verwendung von Sekundenstil, Umgangssprache, Dialekt und Jargon, um den Stoff authentisch zu gestalten. Die Natur galt als allgemeines Organisationsprinzip, auch der künstlerischen Formen, insofern hat der Naturalismus Gemeinsamkeiten mit dem Sturm und Drang.
hist. Eckdaten	Märzrevolution (1848) Deutsch-Französischer Krieg (1870/71) Gründung des Deutschen Reiches (1871) Industrialisierung	Aufkommen der sozialen Frage Einführung der Sozialversicherung durch Otto von Bismarck (ab 1883) Dreikaiserjahr (1888)

Naturalismus 1900 — *Literatur der Jahrhundertwende* 1918 1920 — *Literatur der Weimarer Republik* 1933

	Literatur der Jahrhundertwende	Literatur der Weimarer Republik
Autoren	**Neuromantik:** Hermann Hesse, Stefan Zweig **Impressionismus:** Detlev von Liliencron **Expressionismus:** Georg Trakl **Symbolismus:** Ricarda Huch, Stefan George **Dekadenzliteratur:** Gottfried Benn, Hugo von Hofmannsthal, Arthur Schnitzler	Bertolt Brecht, Alfred Döblin, Lion Feuchtwanger, Erich Kästner, Erich Maria Remarque, Kurt Tucholsky Franz Kafka (zwischen Expressionismus und Neuer Sachlichkeit) Thomas Mann (knüpft an den Realismus an) Hermann Hesse (zwischen Neuromantik und Neuer Sachlichkeit)
Epik	**Novelle** (Thomas Mann: „Der Tod in Venedig") **Roman** (Thomas Mann: „Die Buddenbrooks", Heinrich Mann: „Der Untertan")	**Antikriegsroman** (Remarque: „Im Westen nichts Neues") **Reportage** (Kisch: „Der rasende Reporter") **Zeitroman** (Döblin: „Berlin Alexanderplatz")
Lyrik	**Dinggedicht** (Rainer Maria Rilke: „Der Panther") **Aufbrechen traditioneller Gedichtformen** (Georg Heym: „Berlin"; Benn: „Morgue", Else Lasker-Schüler: „Weltende")	**dadaistisches Lautgedicht** (Kurt Schwitters, Max Ernst) **(neusachliche) Gebrauchslyrik** (Kästner, Brecht, Tucholsky)
Drama	**Drama** (Frank Wedekind: „Frühlings Erwachen") **expressionistisches Stationendrama** (Schnitzler: „Reigen")	**Dokumentartheater** (Erwin Piscator) **episches Theater** (Brecht: „Die Dreigroschenoper")
Weltbild und Literaturverständnis	Typisch ist die Gleichzeitigkeit verschiedener Strömungen und Stile: ■ **Neuromantik:** Die Werke sind gekennzeichnet von Irrationalismus, Individualismus und Ästhetizismus. ■ **Impressionismus:** Begriff aus der Malerei übernommen; Beschreibung von Seelenzuständen, Stimmungen, unmittelbaren Sinneseindrücken; lautmalerische Sprache. ■ **Symbolismus:** Literatur stellt eine zweckfreie Kunstwelt dar, in der Symbole eine wichtige Rolle spielen. ■ **Dekadenzliteratur:** geprägt vom Bewusstsein des Niedergangs der Kultur, Hang zu Rausch und Perversion; Verbindung von Schönem und Hässlichem. ■ **Expressionismus:** neues Lebensgefühl, Aufbegehren gegen Autoritäten; Menschenbild, das von Individualität und Humanität geprägt ist.	Nach dem Ersten Weltkrieg existierten unterschiedliche Strömungen gleichzeitig: ■ **Dadaismus:** Antikunst, die zufällig Worte zu bedeutungslosen Verbindungen aneinanderreiht, die nur optisch oder klanglich wirken sollen. ■ **Surrealismus:** Kunst, die die eigentliche Wirklichkeit im Unbewussten sucht, daher spielen Träume, Visionen eine große Rolle; Erzähltechniken: innerer Monolog und Collage. ■ **Arbeiterliteratur:** Schauplätze und Protagonisten entstammen dem proletarischen Milieu. ■ **Neue Sachlichkeit:** sachlich-objektive Darstellung der Wirklichkeit im Gegensatz zum Expressionismus; Verzicht auf Pathos und Übertreibung sowie formale Experimente; Thematisierung des Alltagslebens in Großstädten.
hist. Eckdaten	Imperialismus Radikalisierung politischer Bewegungen Erster Weltkrieg (1914-1918) Novemberrevolution (1918)	Weimarer Reichsverfassung (1919) Wahl Paul von Hindenburgs zum Reichspräsidenten (1925) Machtergreifung Hitlers (1933)

	Literatur von 1933 – 1945	Literatur der DDR
	1933 Bürgerlicher Realismus 1945	*1949 Literatur der DDR 1989* *1949 Deutschsprachige Literatur des Westens 1989*
Autoren	**Exilliteratur:** Bertolt Brecht, Alfred Döblin, Lion Feuchtwanger, Else Lasker-Schüler, Heinrich Mann, Thomas Mann, Anna Seghers **Innere Emigration:** Werner Bergengruen, Hans Fallada, Ricarda Huch, Erich Kästner	**Autoren, die auswanderten:** Jurek Becker, Sarah Kirsch, Günter Kunert, Monika Maron **Autoren, die in der DDR blieben:** Franz Fühmann, Christoph Hein, Heiner Müller, Brigitte Reimann, Anna Seghers, Christa Wolf **Autoren, die in westdeutschen Verlagen veröffentlichten:** Volker Braun, Stefan Heym, Irmtraud Morgner, Rolf Schneider
Epik	**Roman** (Seghers: „Das siebte Kreuz", Klaus Mann: „Mephisto", Feuchtwanger: „Exil") **historischer Roman** (H. Mann: „Henri Quatre", Feuchtwanger: „Josephus-Trilogie")	**Novelle** (Hein: „Drachenblut", „Der fremde Freund") **Roman** (Wolf: „Der geteilte Himmel", Becker: „Jakob der Lügner", Johnson: „Mutmaßungen über Jakob")
Lyrik	**Lyrik des Exils** (Johannes R. Becher, Brecht, Lasker-Schüler)	**lyrische Subjektivität** (Sarah Kirsch, Reiner Kunze) **Lyrik** (Johannes Bobrowski)
Drama	**episches Theater** (Brecht: „Mutter Courage und ihre Kinder") **Drama des Exils** (Ernst Toller: „Pastor Hall", Carl Zuckmayer: „Des Teufels General")	**Dramen** (Plenzdorf: „Die neuen Leiden des jungen W.", Müller: „Die Hamletmaschine")
Weltbild und Literaturverständnis	**Exilliteratur:** ■ Themen: Verhältnisse im Heimatland, Beschäftigung mit dem Nazi-Regime, dies geschieht z.T. im übertragenen Sinn mithilfe historischer Stoffe, Exilerfahrungen **Innere Emigration:** Einige Autoren wählten eine Haltung des zurückgezogenen Schreibens: ■ Kritik „zwischen den Zeilen", ■ humanistische bzw. christliche Grundwerte, ■ Kritik verhüllt in historische, antike, orientalische Themen und Stoffe. **Blut-und-Boden-Dichtung:** Rassistische Form der Heimatdichtung und Bauerndichtung, die das Herkommen des Einzelnen aus der Familienabstammung und aus der Region positiv hervorhebt.	Der Literaturbetrieb der DDR war vom Staat geprägt, es wurde der **sozialistische Realismus** verordnet (**Bitterfelder Weg:** Forderung nach spezieller Arbeiterliteratur). Kennzeichen der vom Staat geförderten Literatur sind: ■ nachahmenswerter, sozialistischer Held im Mittelpunkt, ■ naturgetreue, unmittelbar realistische Nachbildung der Wirklichkeit, ■ leicht überschaubare Erzählkonstruktionen, ■ Ziel: ideologische Erbauung. Daneben gibt es Literatur, die sich kritisch mit der DDR auseinandersetzt, z.B. die Werke von Uwe Johnson, Ulrich Plenzdorf, Heiner Müller u.a.
hist. Eckdaten	Nürnberger Gesetze (15. September 1935) Reichspogromnacht (9./10. November 1938) Zweiter Weltkrieg (1939-1945) Wannseekonferenz (20. Januar 1942)	Mauerbau (13. August 1961) Ende der Ära Walter Ulbrichts mit der Wahl Erich Honeckers zum Ersten Sekretär des ZK (3. Mai 1971) Öffnung der Mauer (1989)

	Deutschsprachige Literatur des Westens 1949 *Deutschsprachige Literatur des Westens* 1989 1949 *Literatur der DDR* 1989	Deutschsprachige Literatur nach 1990 1989 *bis zur Gegenwart*
Autoren	Ilse Aichinger, Alfred Andersch, Ingeborg Bachmann, Thomas Bernhard, Heinrich Böll, Wolfgang Borchert, Paul Celan, Friedrich Dürrenmatt, Max Frisch, Günter Grass, Peter Handke, Elfriede Jelinek, Wolfgang Koeppen, Dieter Wellershoff	Thomas Brussig, F.C. Delius, Durs Grünbein, Christoph Hein, Wolfgang Hilbig, Elfriede Jelinek, Daniel Kehlmann, Christian Kracht, Herta Müller, Frank Schätzing, Robert Schneider, Ingo Schulze, Marlene Streeruwitz, Uwe Tellkamp, Uwe Timm, Hans Ulrich Treichel, Birgit Vanderbeke, Juli Zeh, Feridun Zaimoglu
Epik	**Nachkriegsroman** (Böll: „Haus ohne Hüter“, Grass: „Die Blechtrommel“) **Roman** (Frisch: „Homo faber“, „Stiller“) **Kurzgeschichte** (Borchert: „Das Holz für morgen“)	**Wenderoman** (Brussig: „Helden wie wir“, Jana Hensel: „Zonenkinder“, Sven Regener: „Herr Lehmann“, Schulze: „Simple Storys“, Tellkamp: „Der Turm“) **postmoderner Roman** (Schneider: „Schlafes Bruder“, Urs Widmer: „Im Kongo“, Kracht: „Faserland“)
Lyrik	**konkrete Poesie** (Eugen Gomringer, Gerhard Rühm) **hermetische Dichtung** (Celan: „Die Todesfuge“) **freirhythmische Gedichte** (Bachmann) **Sprachexperimente** (Ernst Jandl: „Laut und Luise“)	**Lyrik** (Grünbein: „Schädelbasislektion“, Uwe Kolbe: „Nicht wirklich platonisch“, Thomas Kling: „Sondagen“, Ulla Hahn: „Wiederworte“)
Drama	**absurdes Theater** (Dürrenmatt: „Die Physiker“) **gesellschaftskritisches Drama** (Kroetz: „Bauern sterben“) **Hörspiel** (Borchert: „Draußen vor der Tür“)	**Drama** (Hein: „Randow“, Urs Widmer: „Top Dogs“, Roland Schimmelpfennig: „Vier Himmelsrichtungen“; Rene Pollesch: „Das purpurne Muttermal“, „Kill your Darlings!“)
Weltbild und Literaturverständnis	Man war nach dem Krieg um einen radikalen Neuanfang bemüht (**Trümmerliteratur; Kahlschlagliteratur**). Es bildete sich 1947 die **Gruppe 47**: ■ ideologiekritische und antiautoritäre Literatur, ■ Auseinandersetzung mit dem Nationalsozialismus und der Frage nach Schuld und Verantwortung, ■ Bemühen um einen Neuanfang in der Literatur. ■ In den 1970er Jahren erfolgte eine Wende zur Innerlichkeit, private Beziehungen und individuelle Befindlichkeiten sind Gegenstand der **Neuen Subjektivität**. ■ Mit der feministischen Bewegung entwickelte sich die **Frauenliteratur,** in der es um die Frage nach weiblicher Identität, dem Geschlechterverhältnis und Besonderheiten der weiblichen Art des Schreibens geht.	Die deutsche Einheit bedeutete v.a. für Autoren der ehemaligen DDR einen Einschnitt. Viele thematisierten die Wende, die Veränderungen des Alltags, neu gewonnene Freiheiten oder das Verhältnis zur Staatssicherheit. Literatur nach 1990 ist gekennzeichnet von einer großen stilistischen und thematischen Vielfalt. ■ **Popliteratur:** Beschreibung einer von Medien, Werbung und Konsum bestimmten Wirklichkeit ■ **Migrantenliteratur:** Thematisierung des Verlusts der Heimat und der Entfremdung, Diskriminierung ■ **Postmoderne:** Überwindung der Moderne durch extremen Stilpluralismus; spielerischer Umgang mit Vorhandenem, Intertextualität
hist. Eckdaten	Wiederaufbau Deutschlands Große Koalition (1966-1969) Deutscher Herbst (1977) Öffnung der Mauer (1989)	Wiedervereinigung Deutschlands (3. Oktober 1990) Einsatz der Bundeswehr in Krisengebieten (seit 1995) Einführung des Euro (1. Januar 2002) Hartz IV (seit 2003) Staatsschuldenkrise im Euroraum (seit Oktober 2009)

Textgattungen im Überblick

Epische Gattung	Form der Kritik		■ Satire ■ Parodie
	Kürzestformen		■ Aphorismus ■ Rätsel ■ Sprichwort
	Didaktische Formen		■ Fabel ■ Gleichnis ■ Legende ■ Parabel
	Volkstümliche Formen		■ Märchen ■ Sage
	Strukturelemente		■ Erzähler ■ Handlung ■ Darstellungsform ■ Figuren (Personen) ■ Zeit ■ Ort
	Groß-formen	Epos	
		Volksbuch	
		Roman	■ Abenteuerroman ■ Bildungsroman ■ Entwicklungsroman ■ Gesellschaftsroman ■ Historischer Roman ■ Liebesroman ■ Psychol. Roman ■ Schelmenroman ■ Zukunftsroman ...
	Kurzformen/ mittlere Formen		■ Anekdote ■ Erzählung ■ Fabel ■ Kalendergeschichte ■ Kurzgeschichte ■ Legende ■ Märchen ■ Novelle ■ Parabel ■ Sage ■ Schwank
Drama-tische Gattung	Bau-form	geschlossen	■ Aristotelisches Drama ■ Klassisches Drama
		offen	■ Absurdes Theater ■ Dokumentarisches Theater ■ Episches Theater ■ Experimentelles Theater
	Strukturelemente		■ Szenen/Auftritte/Bilder ■ Figurenrede: Dialog/Monolog ■ Regieanweisung ■ Prolog/Epilog
	Grund-formen	Tragödie	■ Griechische Tragödie ■ Tragödie der Aufklärung/Klassik ■ Bürgerliches Trauerspiel ■ Soziales Drama
		Komödie	■ Intrigenkomödie ■ Situationskomödie ■ Typenkomödie
		Tragikomödie	
	Sonderformen		■ Absurdes Theater ■ Dokumentartheater ■ Episches Theater ■ Fernsehspiel ■ Film ■ Geistliches Spiel ■ Hörspiel ■ Politische Revue ■ Singspiel ■ Volksstück ■ ...
Lyrische Gattung	Strukturelemente		■ Lyrischer Sprecher ■ Thema/Motiv ■ Metrik/Rhythmik ■ Strophe ■ Klang ■ Bildlichkeit ■ Wortwahl ■ Satzbau
	Formen		■ Alltagslyrik ■ Dinggedicht ■ Erlebnislyrik ■ Großstadtlyrik ■ Konkrete Poesie ■ Liebeslyrik ■ Naturlyrik
	Themen/Motive/Arten		■ Ballade/Erzählgedicht ■ Elegie ■ Epigramm ■ Haiku ■ Hymne ■ Lied ■ Ode ■ Sonett
Sach-texte	Konti-nuier-liche Texte	Informierende Texte	■ Bericht ■ Beschreibung ■ Dokumentation ■ Protokoll ■ Reportage ■ Tagebuch
		Ausdruckstexte	■ Tagebuch ■ Brief
		Appellative Texte	■ Aufruf ■ Flugblatt ■ Wahlrede ■ Werbetext
		Argumentierende Texte	■ Erörterung ■ Kommentar ■ Rezension ■ Rede
		Normierende Texte	■ Anordnung ■ Gesetz ■ Satzung
		Ästhetisch-kreative Texte	■ Essay ■ Glosse
	Diskontinuierliche Texte		■ Diagramm ■ Mindmap ■ Schemazeichnung ■ Statistik ■ ...
	Strukturelemente		■ Inhalt/Thema ■ gedanklicher Aufbau ■ Autor/Absicht ■ Textsorte ■ Kommunikationszusammenhang: ■ Autor/Entstehung ■ Adressaten/Wirkung ■ sprachliche und rhetorische Mittel

ORIGINALPRÜFUNG 2012

- grundlegendes Anforderungsniveau

PRÜFUNGSAUFGABEN 2012 gA

Aufgabentyp	Untersuchendes Erschließen literarischer Texte: Textinterpretation

Aufgabe 1

1 Beschreiben Sie die äußere Situation und innere Befindlichkeit des Protagonisten in der das Lied einrahmenden Erzählhandlung des Textauszugs aus Joseph von Eichendorffs Novelle *Aus dem Leben eines Taugenichts.*

2 Interpretieren Sie das Lied des Protagonisten unter Einbeziehung Ihrer Ergebnisse aus der vorhergehenden Aufgabe.

Material: Auszug aus dem ersten Kapitel: Joseph von Eichendorff *Aus dem Leben eines Taugenichts* (1826)

Der als Taugenichts angesehene Protagonist wird Gärtnergehilfe auf einem Schloss und verliebt sich in eine schöne junge Frau.

[...]

Viele Tage gingen jedoch ins Land, ohne daß ich sie sah. Sie kam nicht mehr in den Garten, sie kam nicht mehr an's Fenster. Der Gärtner schalt mich einen faulen Bengel, ich war verdrüßlich, meine eigne Nasenspitze war mir im Wege, wenn ich in Gottes freie Natur hinaus sah.

So lag ich eines Sonntags Nachmittag im Garten und ärgerte mich, wie ich so in die blauen Wolken meiner Tabakspfeife hinaussah, daß ich mich nicht auf ein anderes Handwerk gelegt, und mich also morgen nicht auch wenigstens auf einen blauen Montag zu freuen hätte. Die andern Burschen waren indes alle wohlausstaffiert nach den Tanzböden in der nahen Vorstadt hinausgezogen. Da wallte und wogte alles im Sonntagsputze in der warmen Luft zwischen den lichten Häusern und wandernden Leierkasten schwärmend hin und zurück. Ich aber saß wie eine Rohrdommel im Schilfe eines einsamen Weihers im Garten und schaukelte mich auf dem Kahne, der dort angebunden war, während die Vesperglocken aus der Stadt über den Garten herüberschallten und die Schwäne auf dem Wasser langsam neben mir hin und her zogen. Mir war zum Sterben bange. -

Während des hörte ich von weitem allerlei Stimmen, lustiges Durcheinandersprechen und Lachen, immer näher und näher, dann schimmerten rot' und weiße Tücher, Hüte und Federn durch's Grüne, auf einmal kommt ein heller lichter Haufen von jungen Herren und Damen vom Schlosse über die Wiese auf mich los, meine beiden Damen mitten unter ihnen. Ich stand auf und wollte weggehen, da erblickte mich die ältere von den schönen Damen. „Ei, das ist ja wie gerufen," rief sie mir mit lachendem Munde zu, „fahr' Er uns doch an das jenseitige Ufer über den Teich!" Die Damen stiegen nun eine nach der andern vorsichtig und furchtsam in den Kahn, die Herren halfen ihnen dabei und machten sich ein wenig groß mit ihrer Kühnheit auf dem Wasser. Als sich darauf die Frauen alle auf die Seitenbänke gelagert hatten, stieß ich vom Ufer. Einer von den jungen Herren, der ganz vorn stand, fing unmerklich an zu schaukeln. Da wandten sich die Damen furchtsam hin und her, einige schrien gar. Die schöne Frau, welche eine Lilie in der Hand hielt, saß dicht am Bord des Schiffleins und sah stillächelnd in die klaren Wellen hinunter, die sie mit der Lilie berührte, so dass ihr ganzes Bild zwischen den widerscheinenden Wolken und Bäumen im Wasser noch einmal zu sehen war, wie ein Engel, der leise durch den tiefen blauen Himmelsgrund zieht.

Wie ich noch so auf sie hinsehe, fällt's auf einmal der andern lustigen Dicken von meinen zwei Damen ein, ich sollte ihr während der Fahrt Eins singen. Geschwind dreht sich ein sehr zierlicher junger Herr mit einer Brille auf der Nase, der neben ihr saß, zu ihr herum, küßt ihr sanft die Hand und sagt: „Ich danke Ihnen für den sinnigen Einfall! ein Volkslied *gesungen* vom Volk in freiem Feld und Wald, ist ein Alpenröslein auf der Alpe selbst, - die Wunderhörner sind nur Herbarien, - ist die Seele der National-Seele." Ich aber sagte, ich wisse nichts zu singen, was für solche Herrschaften schön genug wäre. Da sagte die schnippische Kammerjungfer, die mit einem Korbe voll Tassen und Flaschen hart neben mir stand und die ich bis jetzt noch gar nicht bemerkt hatte: „Weiß Er doch ein recht hübsches Liedchen von einer vielschönen Fraue." - „Ja, ja, das sing Er nur recht dreist weg," rief darauf sogleich die Dame wieder. Ich wurde über und über rot. - Indem blickte auch die schöne Frau auf einmal vom Wasser auf, und sah mich an, daß es mir durch Leib und Seele ging. Da besann ich mich nicht lange, faßt' ein Herz, und sang so recht aus voller Brust und Lust:

Wohin ich geh' und schaue,
In Feld und Wald und Tal
Vom Berg' hinab in die Aue:
Viel schöne, hohe Fraue,
Grüß ich Dich tausendmal.

In meinem Garten find' ich
Viel Blumen, schön und fein,
Viel Kränze wohl d'raus wind' ich
Und tausend Gedanken bind' ich
Und Grüße mit darein.

Ihr darf ich keinen reichen,
Sie ist zu hoch und schön,
Die müssen alle verbleichen,
Die Liebe nur ohne Gleichen
Bleibt ewig im Herzen stehn.

Ich schein' wohl froher Dinge
Und schaffe auf und ab,
Und, ob das Herz zerspringe,
Ich grabe fort und singe
Und grab' mir bald mein Grab.

Wir stießen ans Land, die Herrschaften stiegen alle aus, viele von den jungen Herren hatten mich, ich bemerkt' es wohl, während ich sang mit listigen Mienen und Flüstern verspottet vor den Damen. Der Herr mit der Brille faßte mich im Weggehen bei der Hand und sagte mir, ich weiß selbst nicht mehr was, die ältere von meinen Damen sah mich sehr freundlich an. Die schöne Frau hatte während meines ganzen Liedes die Augen niedergeschlagen und ging nun auch fort und sagte gar nichts. - Mir aber standen die Tränen in den Augen schon wie ich noch sang, das Herz wollte mir zerspringen von dem Liede vor Scham und vor Schmerz, es fiel mir jetzt auf einmal alles recht ein, wie *Sie* so schön ist und ich so arm bin und verspottet und verlassen von der Welt, - und als sie alle hinter den Büschen verschwunden waren, da konnt' ich mich nicht länger halten, ich warf mich in das Gras hin und weinte bitterlich. [...]

Abgedruckt in: Joseph von Eichendorff: Werke in sechs Bänden. Hrsg. von Wolfgang Frühwald, Brigitte Schillbach und Hartwig Schultz. Band 2: Ahnung und Gegenwart. Erzählungen I. Hrsg. von Wolfgang Frühwald und Brigitte Schillbach. Frankfurt am Main 1985, S. 460-464.

Anmerkungen:

(6) blauer Montag: arbeitsfreier Tag

(33) Wunderhörner: Anspielung auf die Volksliedersammlung *Des Knaben Wunderhorn* (1806/08)

Aufgabentyp	Untersuchendes Erschließen von Sachtexten: Textanalyse

Aufgabe 2

1 Analysieren Sie den Auszug aus dem Aufsatz *Einer in einem großen Kreis. Die Pflichten des Wissenschaftlers* von Heinz Maier-Leibnitz.

2 Prüfen Sie, inwiefern Maier-Leibnitz' Gedanken in der Tradition der Aufklärung stehen.

Material: Auszug aus: Heinz Maier-Leibnitz *Einer in einem großen Kreis. Die Pflichten des Wissenschaftlers* (1978)

Feuerwehrleute werden von der Gesellschaft unterhalten, damit sie löschen, wenn es brennt. Niemand sonst kann das so gut. Also ist es ihre Pflicht zu löschen. Sie dürfen die Mitglieder der Gesellschaft nicht im Stich lassen. - Wissenschaftler werden von der Gesellschaft unterhalten. Was sind ihre Pflichten? Sie müssen das beitragen, was nur sie beitragen können. Sie dürfen die Gesellschaft nicht im Stich lassen. Dies gilt für die Wissenschaftler als Gesamtheit. Für den einzelnen bleibt dann je nach Begabung, Ausbildung, Interesse, Bürgersinn ein breites Spektrum von Möglichkeiten, von Freiheit für das, was er tun oder nicht tun will.

Feuerwehrleute braucht man, weil es manchmal brennt. Bei den Wissenschaftlern ist das nicht so einfach. Fast niemand glaubt im Ernst, daß die Welt oder unser Land ohne Wissenschaft weiterleben sollte. Aber es gibt von vielen Seiten viele Ansichten und Forderungen, was die Wissenschaft tun oder lassen soll. Dies bedeutet Einschränkungen für das Wort *müssen* in unserer These. Willensäußerungen darüber können auch zu den Beiträgen der Wissenschaftler gehören; aber sie dürfen nicht nur von ihnen allein kommen.

Was können nur die Wissenschaftler beitragen? Sie allein besitzen den Kenntnisstand in der Welt und die Fähigkeit, damit umzugehen. Nur sie können ihn erhalten, vereinfachen, erweitern, weitergeben durch Dokumentation, durch Forschung, durch Lehre. Nur sie wissen, in welche Richtungen weitere Untersuchungen mit Aussicht auf Erfolg gelenkt werden können. Für eine Auswahl nach anderen Gesichtspunkten bleibt dann immer noch Spielraum.

Die Wissenschaftler können ebenso wenig wie irgend jemand sonst die Ergebnisse von Forschung in Neues vorhersagen und noch weniger alle Folgen späterer Anwendung. Aber gerade bei den Anwendungen sehen meist sie als erste Möglichkeiten und früher oder später auch Gefahren, wenn es welche gibt. Alles, was sie hier tun können, müssen sie tun. Sie dürfen nicht einfach über das, was bei ihrer Arbeit herausgekommen ist, schweigen; und sie dürfen nicht schweigen, wenn sie allein wissen, daß es Gefahren gibt.

Aber: Spätestens bei der Planung von Anwendungen sind sie nicht allein. Jede Anwendung - sei es die Atombombe, die Kernenergie oder der Versuch, eine besser lesbare Schrift für Bildschirme zu produzieren - setzt einen politischen oder wirtschaftlichen Entschluß voraus. Und dieser Entschluß wird nicht von den Wissenschaftlern, sondern im Bereich von Politik und Wirtschaft getroffen. Und das muß so sein. [...]

Für die eben erwähnten Entschlüsse kann der Wissenschaftler nicht politisch verantwortlich sein. Er hat eine Verantwortung dafür, daß seine Beiträge richtig und vollständig sind. Er muß bereit sein, sie durch neue Forschungen zu ergänzen. Und er muß noch mehr tun: Er muß mithelfen, daß die Politiker, die Vertreter der Wirtschaft und nicht zuletzt die Öffentlichkeit so gut wie irgend möglich verstehen, was die Probleme und die Folgen sind. Er muß aufklärend wirken; und dabei muß er auch bereit sein, Irrtümer, Lügen oder Zweckbehauptungen zu bekämpfen, wann immer er sicher ist, daß es sich um solche handelt.

Was ich hier beschreibe, unterscheidet sich sehr deutlich von einer weitverbreiteten Meinung über die Verantwortung der Wissenschaft. Man will ihr erstens die Verantwortung für alle möglichen Folgen ihrer neuen Ergebnisse aufbürden. Aber das geht nicht: Man kann nicht verantwortlich sein für Ergebnisse, von denen man vorher nicht wissen kann, wie sie aussehen, ob sie gute oder schlechte Folgen haben werden. Da könnte man nur das Forschen über-

haupt unterlassen oder als Politiker es verbieten.
Zweitens: Eine Forderung, die angesichts der Atombombe sogar ein Teil der Forscher aufzustellen bereit war, lautet etwa: „Man darf der Regierung oder anderen Entscheidenden gefährliche Entdeckungen nicht mitteilen, weil sie dann mißbraucht werden könnten." Das heißt: Der Wissenschaftler muß die Erkenntnis vor der bösen Welt schützen; er darf dieser Welt nicht trauen. Er muß notfalls eine Verschwörung aller Wissenschaftler gegen alle Regierungen organisieren, um Anwendungen zu verhindern. Das impliziert: Er allein - mit seinen Freunden außerhalb der Forschung - weiß, was gut und richtig ist.
In einem Land aber, das keine verbrecherische Regierung hat, ist es legitim, daß ein Bürger - auch ein Wissenschaftler - seiner Regierung vertraut und ihre Ziele bejaht, ihr mit seinen Mitteln hilft, ihre politischen Ziele zu erreichen. Im Detail ist dann noch vieles zu tun und zu verbessern, bei dem der einzelne mitwirken kann, auch warnen, auch für sich selbst die Mitarbeit verweigern, wenn er sich mit seinen Ansichten nicht durchsetzt. Er kann Beiträge leisten, nicht allein entscheiden. Er ist einer in einem großen Kreis. In diesen Kreis fließen alle Beiträge ein, die die Wissenschaft zu leisten hat.

Abgedruckt in: Heinz Maier-Leibnitz: Zwischen Wissenschaft und Politik: ausgewählte Reden und Aufsätze 1974-1979. Im Auftrag der Deutschen Forschungsgemeinschaft hrsg. von Hermann Fröhlich. Boppard 1979, S. 195-197.

Anmerkungen:
Heinz Maier-Leibnitz (1911-2000); Kernphysiker; von 1974-1979 Präsident der Deutschen Forschungsgemeinschaft
(35) Zweckbehauptungen: nur dem Erreichen eines bestimmten Ziels dienende (interessengeleitete) Behauptungen

LÖSUNGSVORSCHLAG 2012 gA

Lösungsvorschlag Aufgabe 1

Aufgabe 1.1

Beschreiben Sie die äußere Situation und innere Befindlichkeit des Protagonisten ...

HINWEIS Zunächst ist es wichtig, dass Sie den Textauszug aus der Novelle *Aus dem Leben eines Taugenichts* von Joseph von Eichendorff sehr genau durchlesen. Achten Sie dabei gleich auf die beiden Aspekte, die in der Aufgabenstellung angesprochen werden („äußere Situation und innere Befindlichkeit des Protagonisten"). Geben Sie dann das Geschehen um den Protagonisten mit Distanz, d. h. in sachlicher Sprache, und chronologisch/linear wieder.

Lösungsschritte

1	Den Text mindestens zweimal sehr aufmerksam durchlesen
2	Sich nochmals mit der Aufgabenstellung (1.1) auseinandersetzen und überlegen, was genau verlangt wird: lineare und sprachlich angemessene Darstellung der äußeren Situation und inneren Befindlichkeit des Protagonisten in eigenen Worten
3	Den Text ein weiteres Mal lesen und in Sinnabschnitte strukturieren. Das Wesentliche jedes Sinnabschnitts (im Hinblick auf die äußere Situation des Protagonisten) stichwortartig am Rand mit Bleistift vermerken.
4	Schritt 3 wiederholen, dabei die innere Befindlichkeit des Protagonisten analysieren
5	Anschließend die einzelnen Randnotizen so strukturieren, dass die äußere Situation und die innere Befindlichkeit des Protagonisten deutlich werden
6	Die Ergebnisse in einem zusammenhängenden Text festhalten
7	Die Ausführungen im Hinblick auf sprachlichen Ausdruck und Verständlichkeit überarbeiten; dabei Rechtschreib- und Zeichensetzungsfehler korrigieren

Stichpunktlösung

Einleitung

- Der Auszug aus Joseph von Eichendorffs Novelle *Aus dem Leben eines Taugenichts* zeigt die innere Zerrissenheit und Verzweiflung des Protagonisten, die durch dessen soziale Situation und nicht zu erfüllende Liebessehnsucht hervorgerufen werden

Äußere Situation und innere Befindlichkeit des Protagonisten

- Z. 1–3: Der Taugenichts arbeitet als Gärtnergehilfe auf einem Schloss. Er ist unglücklich, weil er die Frau, in die er sich verliebt hat, seit Tagen nicht mehr gesehen hat. Zudem wird er vom Gärtner der Faulheit bezichtigt (vgl. Z. 2), was ihn ebenfalls unzufrieden stimmt. Insgesamt langweilt er sich und ist verdrießlich (vgl. Z. 2 f.).
- Z. 4–13: Der Protagonist befindet sich an einem Sonntagnachmittag alleine im Schlossgarten und raucht eine Pfeife (vgl. Z. 5). Er ärgert sich darüber, dass er am nächsten Tag nicht dienstfrei hat (vgl. Z. 4–6). Am Abend legt er sich in einen Kahn am Ufer des Schlossteiches (vgl. Z. 9–12); er beneidet andere junge Männer, die sich zum Tanzvergnügen in der Vorstadt begeben haben (vgl. Z. 6–9), fühlt sich einsam und todtraurig (vgl. Z. 12 f.).
- Z. 14–28: Während der Protagonist traurig im Kahn liegt, erscheint eine adlige Gesellschaft im Schlossgarten. Der Taugenichts möchte fortgehen, wird aber von einer Dame angesprochen (vgl. Z. 18 f.); auf ihren Wunsch hin rudert er die Gesellschaft über den Teich (vgl. Z. 20–24). Während der Bootsfahrt ist der Protagonist fasziniert von der jüngeren schönen Dame, die eine Lilie in der Hand hält (vgl. Z. 24–28); er vergleicht sie mit einem „Engel" (Z. 27).
- Z. 29–41: Eine der Damen fordert den Protagonisten auf, ein Volkslied zu singen (vgl. Z. 29 f.); die Kammerzofe verlangt, er solle „von einer vielschönen Fraue" (Z. 37) singen. Der Taugenichts zögert anfänglich noch (vgl. Z. 34 f.), da er sich vor der vornehmen Gesellschaft geniert (vgl. Z. 48 f.). Doch als ihn die geliebte Frau anblickt (vgl. Z. 39 f.), beginnt er, voller Inbrunst ein Liebeslied zu singen (vgl. Z. 40–61).

- Z. 62–71: Die jungen Männer reagieren spöttisch auf den Gesang des Protagonisten (vgl. Z. 62–64). Die ältere Dame hingegen blickt ihn freundlich an (vgl. Z. 65). Die vom Taugenichts bewunderte Dame, für die er das Lied gesungen hat, hält während des Gesangs die Augen niedergeschlagen und entfernt sich nach der Kahnfahrt, ohne ein Wort zu sagen (vgl. Z. 66 f.). Der Protagonist selbst schämt sich, weil er seine Gefühle preisgegeben hat (vgl. Z. 67–70); er versinkt in Selbstmitleid, da er aufgrund der Standesunterschiede seine Liebe zu der angebeteten Dame für chancenlos hält (vgl. Z. 69 f.). Als die vornehme Gesellschaft verschwunden ist, wirft er sich verzweifelt ins Gras und weint (vgl. Z. 70 f.).

TIPP Überlegen Sie: Wo und wann ereignet sich die Handlung? Welche Figuren treten auf? Wie fühlt sich der Protagonist? Ist er gut gelaunt oder ist er traurig? Ändert sich seine Stimmung im Verlauf der Handlung?

Aufgabe 1.2

Interpretieren Sie das Lied ...

HINWEIS Verdeutlichen Sie sich zunächst, was von Ihnen erwartet wird. Sie sollen das Lied interpretieren, das der Protagonist im Ruderboot vor der vornehmen Gesellschaft und der von ihm geliebten Dame singt. Formulieren Sie zunächst eine Interpretationshypothese und deuten Sie dann die sinnhaltigen Elemente des Liedes in ihrer funktionalen Bezogenheit und Wechselbeziehung zueinander. Stellen Sie die Ergebnisse in einer Gesamtinterpretation nachvollziehbar dar. Achten Sie darauf, dass Sie in Ihrer Deutung des Liedes Bezug auf die Situation und die innere Befindlichkeit des Protagonisten nehmen, die Sie in Aufgabe 1.1 analysiert haben.

Lösungsschritte

1	Sich nochmals mit der Aufgabenstellung (1.2) auseinandersetzen und überlegen, was genau verlangt wird
2	Die Analyseergebnisse aus Aufgabe 1.1 noch einmal durchlesen. Die wichtigsten Ergebnisse auf einem Blatt notieren.
3	Das Lied mindestens zweimal sehr aufmerksam durchlesen und auf sich wirken lassen. Erste Eindrücke notieren.
4	Das Lied ein weiteres Mal lesen und inhaltlich analysieren: Gedankengang untersuchen, Sinnabschnitte markieren, Randbemerkungen anfertigen
5	Die fiktive Kommunikationssituation analysieren: lyrisches Ich, Adressat, äußere Situation, innerer Zustand
6	Anschließend das Lied formal analysieren und Auffälligkeiten als Randbemerkungen notieren: ■ Analyse von Strophe, Vers, Reim, Metrum, Rhythmus usw. ■ Analyse des Satzbaus: Reihungen, Inversion etc. ■ Analyse der Bildlichkeit: Metapher, Symbol usw. ■ Analyse von weiteren Stilmitteln und rhetorischen Figuren
7	Liebesauffassung untersuchen: Wie ist die Aussage zum Thema Liebe? Mit den Notizen aus Schritt 2 vergleichen.
8	Einstieg in die Interpretation konzipieren: Interpretationsansatz in Form einer Interpretationshypothese formulieren
9	Die Ergebnisse in einem zusammenhängenden Text festhalten
10	Die Ausführungen im Hinblick auf sprachlichen Ausdruck und Verständlichkeit überarbeiten; dabei Rechtschreib- und Zeichensetzungsfehler korrigieren

Stichpunktlösung

Einleitung

- In dem Lied wird die Sehnsucht und Unerfüllbarkeit der romantischen Liebe des Protagonisten deutlich

Analyse

Formale Aspekte

- Vier einfache Liedstrophen mit jeweils fünf Versen
- Metrum: meist alternierender jambischer Dreiheber, zum Teil mit freien Füllungen (Z. 44, Z. 50, Z. 54–56)
- Reimschema: abaab; weibliche Kadenzen in den a-Versen und männliche Kadenzen in den b-Versen

Gesamtstruktur und Inhalt

- Das Gedicht gliedert sich in zwei Teile: In den ersten beiden Strophen steht die geliebte Frau im Mittelpunkt des Denkens und Fühlens; in den letzten beiden Strophen erweist sich die Geliebte als unerreichbar und der Sprecher wünscht zu sterben.

Interpretation unter Einbeziehung des Erzählkontextes

- Das Lied spiegelt die innere Zerrissenheit des Protagonisten wider
- Die geliebte Frau scheint in der ersten Strophe omnipräsent zu sein; der Sprecher begegnet ihr überall in der freien Natur („In Feld und Wald und Tal/Vom Berg' hinab in die Aue“, Z. 43 f.)
- In der zweiten Strophe bringt der Sprecher seine Verehrung für die Geliebte durch selbst gebundene Kränze zum Ausdruck (vgl. Z. 47–51)
- Das lyrische Ich kommuniziert in den ersten beiden Strophen ausschließlich durch Grüße mit der angebeteten Frau („Grüß ich Dich tausendmal“, Z. 46; „Und Grüße mit darein“, Z. 51)
- Die Stimmung des Sprechers schlägt in den letzten beiden Strophen ins Negative um: Die Geliebte erscheint aufgrund des großen sozialen Unterschieds unerreichbar („Sie ist zu hoch und schön“, Z. 53).
- Der Sprecher schwört dennoch in der dritten Strophe der Angebeteten seine ewige Liebe (vgl. Z. 55 f.)
- Die Darstellung der Geliebten im Lied entspricht der Idealisierung und Überhöhung der bewunderten Dame als „Engel“ (Z. 27) in der Erzählhandlung. Die Lilie, welche die Angebetete in der Hand hält (vgl. Z. 25 f.), symbolisiert Schönheit und Unschuld.
- In der vierten Strophe stehen scheinbare Heiterkeit („Ich schein' wohl froher Dinge“, Z. 57) und tatsächliche Todessehnsucht des lyrischen Ichs („Und grab' mir bald mein Grab“, Z. 61) als Folge der unerfüllten Liebe im Widerspruch zueinander

Sprachliche Gestaltungsmittel und deren Funktion

- Einfacher Satzbau (zahlreiche Reihungen mit „und“) und volkstümliche Wortwahl: Die einfache Form und Sprache des Liedes stellen eine Entsprechung zur unschuldigen und naiven Liebe des Protagonisten dar
- Die Geliebte ist ständig und überall präsent („Wohin ich geh' und schaue“, Z. 42), was auch in der sowohl vertikalen als auch horizontalen Blickrichtung des Sprechers zum Ausdruck kommt („In Feld und Wald und Tal/Vom Berg' hinab in die Aue“, Z. 43 f.)
- Reihungen von Adjektiven bzw. Adverbien („Viel schöne, hohe Fraue“, Z. 45; „Sie ist zu hoch und schön“, Z. 53) sowie die Metaphorik des Liedes („Und tausend Gedanken bind' ich/Und Grüße mit darein“, Z. 50 f.) bringen die Vollkommenheit und Unerreichbarkeit der Geliebten zum Ausdruck
- Wiederholungen („Grüß“, Z. 46, und „Grüße“, Z. 51; „grabe“, Z. 60, und „Grab“, Z. 61), Anaphern am Versanfang („Viel“, Z. 48 f.; „Und“, Z. 50 f., Z. 58 f.) und Übertreibungen („tausendmal“, Z. 46; „tausend“, Z. 50) unterstreichen die intensiven Emotionen des lyrischen Ichs
- Das einzigartige Empfinden des Sprechers wird in der dritten Strophe durch eine Personifizierung der Liebe („Die Liebe nur ohne Gleichen/Bleibt ewig im Herzen stehn“, Z. 55 f.), durch das Adverb „ewig“ (Z. 56) sowie durch den Kontrast von Vergänglichkeit und Ewigkeit (vgl. Z. 54–56) verdeutlicht
- Die Endstellung des Personalpronomens „ich“ in drei Versen der zweiten Strophe (Z. 47, Z. 49, Z. 50) betont die Subjektivität des Empfindens
- Die Unmöglichkeit der Liebe und die Liebesentsagung werden durch emphatischen Sprachgebrauch und Inversion im Satzbau („*Ihr* darf ich keinen reichen“, Z. 52) betont
- Paradoxe Gegenüberstellung: scheinbare Fröhlichkeit und Geschäftigkeit („Ich schein' wohl froher Dinge/Und schaffe auf und ab“, Z. 57 f.) versus Verzweiflung und Todessehnsucht („Und, ob das Herz zerspringe“, Z. 59; „Und grab' mir bald mein Grab“, Z. 61), verstärkt durch die etymologische Figur „Grab graben“

TIPP Rekapitulieren Sie Menschenbild und Lebensgefühl des romantischen Menschen in der Literatur, v. a. im Vergleich zum Menschenbild der Aufklärung.

Lösungsvorschlag Aufgabe 2

Aufgabe 2.1

Analysieren Sie ...

> HINWEIS Zunächst ist es wichtig, dass Sie den Text von Heinz Maier-Leibnitz mehrmals sehr aufmerksam durchlesen. Überlegen Sie anschließend, welche Verantwortung der Autor den Wissenschaftlern für die Ergebnisse ihrer Forschung zuweist. Verdeutlichen Sie sich auch, was die Aufgabenstellung fordert: eine Analyse des Aufsatzes von Maier-Leibnitz, d. h. eine Darstellung elementarer inhaltlicher, formaler, struktureller und sprachlicher Merkmale des Textes unter selbst gewählten Aspekten.

Lösungsschritte

1	Den Text mindestens zweimal sehr aufmerksam durchlesen
2	Sich nochmals mit der Aufgabenstellung (2.1) auseinandersetzen und überlegen, was genau von Ihnen verlangt wird
3	Den Text ein weiteres Mal lesen und die wichtigsten Aussagen markieren, evtl. stichwortartige Randbemerkungen erstellen
4	Die inhaltliche Hauptaussage von Maier-Leibnitz in einem oder zwei Sätzen skizzieren
5	Anschließend die einzelnen Kernaussagen und Argumente von Maier-Leibnitz zusammenfassen und die Argumentationsstruktur verdeutlichen (evtl. grafisch, z. B. mit Symbolen und Pfeilen)
6	Die Ergebnisse in einem zusammenhängenden Text festhalten
7	Die Ausführungen im Hinblick auf sprachlichen Ausdruck und Verständlichkeit überarbeiten; dabei Rechtschreib- und Zeichensetzungsfehler korrigieren

Stichpunktlösung

Einleitung

- In seinem Aufsatz *Einer in einem großen Kreis. Die Pflichten des Wissenschaftlers* stellt Heinz Maier-Leibnitz die Frage nach der Verantwortung der Wissenschaftler. Er kommt im Lauf seiner Argumentation zu dem Schluss, dass Wissenschaftler zwar eine wissenschaftliche Verantwortung für die Folgen ihrer Forschung trügen, jedoch keine politische und gesamtgesellschaftliche.

Analyse

Gesamtstruktur und Inhalt

- Einleitung (Z. 1 - 7): Maier-Leibnitz vergleicht Wissenschaftler mit Feuerwehrmännern: Beide würden von der Gesellschaft benötigt und finanziert und hätten in ihrer Gesamtheit daher auch Pflichten gegenüber der Gesellschaft. Für den einzelnen Wissenschaftler bestehe gleichzeitig Wahlfreiheit hinsichtlich seiner Betätigungen, für die es eine Vielzahl an Möglichkeiten gebe.
- Präzisierung des Problems (Z. 8 - 13): Im Gegensatz zu den Feuerwehrleuten, deren Pflichten klar geregelt seien, herrsche Uneinigkeit in der Gesellschaft hinsichtlich der Aufgaben von Wissenschaftlern. Die Ansichten der Wissenschaftler hierzu zählten durchaus, aber diese dürften nicht alleine über ihre Aufgaben entscheiden.
- Gesellschaftlicher Beitrag der Wissenschaftler (Z. 14 - 24): Wissenschaftler trieben durch ihr Wissen die wissenschaftliche Weiterentwicklung voran (vgl. Z. 14 - 18)
- Pflichten von Wissenschaftlern (Z. 19 - 24): Sie könnten zwar nicht Ergebnisse und Auswirkungen der Forschung absehen, jedoch als Erste deren Chancen und potenzielle Gefahren erkennen (vgl. Z. 19 - 22). Es sei ihre Pflicht, dies gegenüber der Gesellschaft öffentlich zu machen (vgl. Z. 22 - 24).
- Eingrenzung der Verantwortung von Wissenschaftlern (Z. 25 - 36): Bei der praktischen Umsetzung von Forschungsergebnissen ende die alleinige Verantwortung der Wissenschaftler und gehe auf Politik und Industrie über (vgl. Z. 25 - 29). Wissenschaftler trügen keine politische Verantwortung, sondern eine wissenschaftliche: Sie hätten die Pflicht zur Aufklärung über die Ergebnisse und Folgen ihrer Forschung sowie zur Richtigstellung von falschen Annahmen und Behauptungen (vgl. Z. 30 - 36).

- Distanzierung von verbreiteten Ansichten über wissenschaftliche Verantwortung (Z. 37–49):
  - 1. Wissenschaftler können nach Ansicht von Maier-Leibnitz nicht für unvorhersehbare Folgen zur Verantwortung gezogen werden, da sonst keine Forschung möglich sei oder diese verboten werden müsse (vgl. Z. 37–42)
  - 2. Die Forderung, Wissenschaftler müssten die Forschung vor dem möglichen Missbrauch durch Politik und Gesellschaft schützen, sei falsch. Auf diese Weise überlasse man den Wissenschaftlern die Entscheidung darüber, was moralisch gut sei und was nicht (vgl. Z. 43–49).
- Schluss (Z. 50–56): Der Autor plädiert für ein gemeinsames Vorgehen von Wissenschaft und Politik in einem demokratischen Staat. Wissenschaftler seien „in eine[n] großen Kreis" (Z. 55) von Verantwortlichen eingebunden.

Hauptaussage

- Der Wissenschaftler müsse in seiner Forschung frei und ohne Bevormundung bleiben. Verantwortung für die Ergebnisse und Folgen seiner Forschung hätten jedoch Wissenschaft, Politik und Gesellschaft gemeinsam zu tragen.

Sprachliche Gestaltungsmittel und deren Funktion

- Relativ einfacher, auch für Laien verständlicher Sprachstil: Der Autor arbeitet mit Analogien (Feuerwehrleute/ Wissenschaftler, vgl. Z. 1–8), sprachlichen Bildern („Kreis", Z. 55) und Wiederholungen („Sie dürfen nicht", Z. 22 und Z. 23) und reiht häufig kurze parataktische Sätze aneinander („Niemand sonst kann das so gut. Also ist es ihre Pflicht zu löschen. Sie dürfen die Mitglieder der Gesellschaft nicht im Stich lassen", Z. 2 f.)
- Gut nachvollziehbare Strukturierung und Verbindung der Gedankengänge durch Verwendung von Nummerierungen („erstens", Z. 38; „Zweitens", Z. 43) und Konjunktionen, die Schlussfolgerungen, Einwände und Begründungen zum Ausdruck bringen („wenn", Z. 1, Z. 22, Z. 24; „weil", Z. 8; „Aber", Z. 10, Z. 20)
- Bekräftigung der Aussagen und Forderungen durch Anaphern am Satzanfang („Nur sie", Z. 15, Z. 16; „Er", Z. 31–34) sowie die Modalverben „müssen" (Z. 4, Z. 11, Z. 22, Z. 29, Z. 31–35) und „dürfen" (Z. 13, Z. 22 f.)
- Miteinbeziehung des Lesers durch Fragen (Z. 4, Z. 14) und die Verwendung des Possessivpronomens „unserer" (Z. 12)
- Herabsetzung entgegengesetzter Positionen durch Ironie und Übertreibungen (vgl. Z. 45–49)

TIPP Es ist wichtig, dass Sie die Argumentation von Maier-Leibnitz mit großer Genauigkeit chronologisch-linear und in sachlicher Sprache wiedergeben.

Aufgabe 2.2

Prüfen Sie ...

HINWEIS Verdeutlichen Sie sich zunächst, was von Ihnen erwartet wird. Sie sollen die Gedanken von Heinz Maier-Leibnitz mit Ideen der Aufklärung vergleichen. Rekapitulieren Sie zunächst die wesentlichen Grundzüge des aufklärerischen Denkens und überlegen Sie, wo es Gemeinsamkeiten und wo es Unterschiede hierzu in den Ausführungen von Maier-Leibnitz gibt.

Lösungsschritte

1	Die Aufgabenstellung (2.2) sehr aufmerksam durchlesen und überlegen, was genau verlangt wird
2	Vorstellungen der Aufklärung im Hinblick auf die Wissenschaft stichwortartig notieren
3	Diese Vorstellungen der Aufklärung mit den Ausführungen von Maier-Leibnitz vergleichen. Was sind Gemeinsamkeiten, welche Unterschiede gibt es? Inwiefern prägen die Gedanken der Aufklärung das Denken von heutigen Wissenschaftlern?
4	Ergebnisse des Vergleichs in einem oder zwei Sätzen zusammenfassen
5	Die Ergebnisse anschließend detailliert in einem zusammenhängenden Text festhalten
6	Den eigenen Text nochmals überarbeiten und im Hinblick auf innere Stimmigkeit überprüfen
7	Die Ausführungen im Hinblick auf sprachlichen Ausdruck und Verständlichkeit überarbeiten; dabei Rechtschreib- und Zeichensetzungsfehler korrigieren

Stichpunktlösung

Hauptgedanken der Aufklärung

- Vernunft als wichtigstes Prinzip der Aufklärung: Immanuel Kant forderte, dass der Mensch sich seines Verstandes bedienen solle
- Abkehr von Aberglaube und kirchlich-dogmatischer Bevormundung
- Der Mensch wird als ein entwicklungsfähiges Wesen angesehen, das in der Lage ist zu lernen
- Dabei soll der Mensch rational vorgehen und Bestehendes kritisch überprüfen (Rationalismus)
- Nur was tatsächlich vorhanden ist, was greifbar und beweisbar vorliegt, wird als Erkenntnisquelle anerkannt (Empirismus)
- Hoher Stellenwert von Bildung: Nur Bildung ermöglicht das Heraustreten des Menschen aus der Unmündigkeit. Bildung und Forschung (v. a. in den Naturwissenschaften und der Medizin) sollen in alle Bevölkerungsgruppen vordringen und eine Demokratisierung der Gesellschaft fördern.
- Toleranz in Religion, Politik und Gesellschaft sollen eine freie Gesellschaft schaffen
- Kritische Haltung des Einzelnen gegenüber Staat und Gesellschaft; starke Tendenz zum Individualismus

Anknüpfung an Leitideen der Aufklärung bei Maier-Leibnitz

- Maier-Leibnitz erwartet von Wissenschaftlern, dass sie aufklärerisch tätig sind und sich gegen falsche Annahmen und Behauptungen wenden („Er muß aufklärend wirken; und dabei muß er auch bereit sein, Irrtümer, Lügen oder Zweckbehauptungen zu bekämpfen", Z. 34–36)
- Er sieht Mündigkeit und Unabhängigkeit im Denken als Grundvoraussetzungen und Pflicht für Wissenschaftler an („Aber gerade bei den Anwendungen sehen meist sie als erste Möglichkeiten und früher oder später auch Gefahren, wenn es welche gibt. Alles, was sie hier tun können, müssen sie tun. Sie dürfen nicht einfach über das, was bei ihrer Arbeit herausgekommen ist, schweigen; und sie dürfen nicht schweigen, wenn sie allein wissen, daß es Gefahren gibt", Z. 20–24)
- Wissenschaftler sollten sich der Allgemeinheit verpflichtet fühlen und bereit sein, zu deren Wohl beizutragen („Sie dürfen die Gesellschaft nicht im Stich lassen", Z. 4 f.)
- Maier-Leibnitz glaubt an die Notwendigkeit der Wissenschaft als Motor des Fortschritts („Fast niemand glaubt im Ernst, daß die Welt oder unser Land ohne Wissenschaft weiterleben sollte", Z. 9 f.; „Was können nur die Wissenschaftler beitragen? Sie allein besitzen den Kenntnisstand in der Welt und die Fähigkeit, damit umzugehen. Nur sie können ihn erhalten, vereinfachen, erweitern, weitergeben durch Dokumentation, durch Forschung, durch Lehre. Nur sie wissen, in welche Richtungen weitere Untersuchungen mit Aussicht auf Erfolg gelenkt werden können", Z. 14–17)

Unterschiede zum aufklärerischen Denken bei Maier-Leibnitz

- In seiner Grundannahme, der Wissenschaftler könne und solle in einem Rechtsstaat seiner Regierung vertrauen und mit ihr kooperieren („In einem Land aber, das keine verbrecherische Regierung hat, ist es legitim, daß ein Bürger – auch ein Wissenschaftler – seiner Regierung vertraut und ihre Ziele bejaht, ihr mit seinen Mitteln hilft, ihre politischen Ziele zu erreichen", Z. 50–52), wendet sich Maier-Leibnitz jedoch partiell gegen die Leitlinien der Aufklärung: Diese beinhalteten eine starke Individualisierung und eine eher kritische Haltung zu Staat und Gesellschaft.

TIPP Machen Sie sich nochmals mit den Leitideen der Aufklärung vertraut, bevor Sie diese Aufgabe bearbeiten.

ORIGINALPRÜFUNG 2012

- erhöhtes Anforderungsniveau

PRÜFUNGSAUFGABEN 2012 eA

Aufgabentyp	Untersuchendes Erschließen literarischer Texte: Textinterpretation

Aufgabe 1

1 Interpretieren Sie das Gedicht *Neue Liebe, Neues Leben* von Johann Wolfgang Goethe.

2 Vergleichen Sie das Gedicht *Begegnung* von Steffen Jacobs mit dem Gedicht *Neue Liebe, Neues Leben* unter formalen, inhaltlichen und sprachlichen Aspekten.

Material 1: Johann Wolfgang Goethe *Neue Liebe, Neues Leben* (1775)

Herz, mein Herz, was soll das geben,
Was bedränget dich so sehr?
Welch ein fremdes neues Leben!
Ich erkenne dich nicht mehr.
Weg ist alles, was du liebtest,
Weg, worum du dich betrübtest,
Weg dein Fleis und deine Ruh;
Ach! wie kamst du mir dazu?

Feßelt dich die Jugendblüthe?
Diese liebliche Gestalt,
Dieser Blick voll Treu und Güte,
Mit unendlicher Gewalt?
Will ich rasch mich ihr entziehen,
Mich ermannen, ihr entfliehen;
Führet mich im Augenblick
Ach! mein Weg zu ihr zurück.

Und an diesem Zauberfädchen,
Das sich nicht zerreißen läßt,
Hält das liebe lose Mädchen
Mich so wider Willen fest;
Muß in ihrem Zauberkreise
Leben nun auf ihre Weise.
Die Verwandlung, ach! wie groß!
Liebe! Liebe laß mich los!

Abgedruckt in: Iris, Vierteljahresschrift für Frauenzimmer. Des zweyten Bandes drittes Stück. Hrsg. von J. G. Jacobi. Düsseldorf 1775, S. 242 f.

Anmerkungen:
(14) ermannen: sich zusammenreißen, sich überwinden
(19) lose: munter, scherzhaft, leichtfertig, schalkhaft, mutwillig

Material 2: Steffen Jacobs *Begegnung* (1996)

Zwischen uns ist was. Das bringts:
Zwei Körper aufs schärfste verzahnt.
Gleich als ich dich sah, habe ich es geahnt:
Zwischen uns ist was. Da wird noch was draus.

Zwischen uns war was. Das wars:
Wir haben uns kaum in die Augen geschaut.
Nur unter den Nägeln ein Abrieb von Haut.
Zwischen uns war was. Das war dann wohl nichts.

War da noch etwas? Ach was.
Wer redet mir hier ins Gewissen?
Ich weiß nichts von dir und will auch nichts wissen.
Da wär was gewesen? Das wüßte ich aber.

Abgedruckt in: Der Alltag des Abenteurers. Gedichte, Frankfurt am Main 1996, S. 17.

Aufgabentyp	Untersuchendes Erschließen pragmatischer Texte: Textanalyse mit argumentativer Auseinandersetzung

Aufgabe 2

1 Analysieren Sie den Auszug aus Werner von Siemens' Vortrag *Das naturwissenschaftliche Zeitalter* vom 18. September 1886.

2 Prüfen Sie, inwiefern Siemens' Gedanken in der Tradition der Aufklärung stehen.

3 Setzen Sie sich - ausgehend von Ihren Ergebnissen - mit Siemens' Auffassung vom wissenschaftlich-technischen Fortschritt auseinander unter Einbeziehung der von Ihnen gelesenen Texte von Friedrich Dürrenmatt (*Die Physiker* und *21 Punkte zu den* Physikern).

Material: Werner von Siemens *Das naturwissenschaftliche Zeitalter* (18. September 1886)

Geehrte Versammlung!

Die hier so zahlreich und glänzend vertretene Gesellschaft der Naturforscher und Aerzte erhob vor bald sechzig Jahren zuerst in unserem Vaterlande das Banner der freien Forschung, indem sie durch ihre Wanderversammlungen die bis dahin nur im abgeschlossenen Kreise der Fachgelehrten betriebenen Naturwissenschaften dem öffentlichen Leben zugänglich und dadurch dienstbar machte. Es war dies ein folgenschwerer Schritt. Mit ihm begann ein neues Zeitalter der Menschheit, welches wir berechtigt sind das naturwissenschaftliche Zeitalter zu nennen. [...]

Wir Aelteren unter Ihnen haben das Glück gehabt, Zeuge des gewaltigen Aufschwunges zu sein, zu dem die menschliche Thätigkeit auf fast allen Gebieten des Lebens durch den belebenden Odem der Naturwissenschaften angeregt wurde. [...]

Für uns Alte bedarf es, um den gewaltigen Unterschied zwischen sonst und jetzt zu übersehen, nur eines kurzen Rückblickes auf unsere eigene Jugendzeit. Wir entsinnen uns noch der Zeit, als Dampfschiff und Locomotive ihre ersten schwachen Gehversuche machten; wir hörten noch mit ungläubigem Staunen die Mähr, dass das Licht selbst die Bilder auch malen sollte, die es unserem Auge sichtbar macht; dass die räthselhafte neue Kraft, die Electricität, mit Blitzesgeschwindigkeit Nachrichten durch ganze Continente und das sie trennende Weltmeer übermittelte [...]. Wer wundert sich heute noch über diese jetzt selbstverständlichen Dinge, ohne welche sich unsere Jugend ein civilisirtes Leben kaum noch vorstellen kann [...].

Vor diesem immer tiefer in alle Berufsklassen und Volksschichten eindringenden Lichte der Wissenschaft ziehen sich auch die Kinder der alten Finsterniss, der Aberglaube und das Vorurtheil, mehr und mehr zurück und verlieren allmälig die ihnen eigene Kraft, auf den Gang der Entwickelung hemmend und störend einzuwirken. Und so sehen wir, wie heute, Dank unserem schon gut entwickelten Kommunikationssystem, jeder neue wissenschaftliche Gedanke sogleich die ganze civilisirte Welt durchzuckt, wie Tausende ihn ergreifen und auf den verschiedensten Gebieten des Lebens zu verwerthen suchen. [...] Die hierdurch bedingte progressive Entwickelung wird daher, falls nicht der Mensch in seinem Wahn sie selbst zerstört, solange fortdauern, als die Naturwissenschaft zu höheren Erkenntnissstufen fortschreitet. Je tieferen Einblick wir aber in das geheimnissvolle Walten der Naturkräfte gewinnen, desto mehr überzeugen wir uns, dass wir erst im ersten Vorhofe der Wissenschaft stehen, dass noch ein ganz unermessliches Arbeitsfeld vor uns liegt, und dass es wenigstens sehr fraglich erscheint, ob die Menschheit jemals zur vollen Erkenntniss der Natur gelangen wird. Es liegt daher kein Grund vor, an der Fortdauer des progressiven Aufschwunges der naturwissenschaftlich-technischen Entwickelung zu zweifeln, wenn nicht die Menschen selbst durch kulturfeindliche Handlungen sie durchkreuzen. Doch selbst solche feindliche Eingriffe können fortan nur zeitweilige Unterbrechungen des Entwickelungsganges, höchstens nur partielle Rückschritte hervorrufen; denn, Dank der Buchdruckerkunst und der jetzt schon grossen räumlichen Ausbreitung der modernen Kultur können die naturwissenschaftlich-technischen Errungenschaften der

Menschheit nicht wieder verloren gehen. Auch erwächst den Völkern, welche sie pflegen und heben, durch sie ein so gewaltiges Uebergewicht, eine solche überwiegende Machtfülle, dass ihr Unterliegen im Kampfe gegen uncivilisirte Völker und damit das Hereinbrechen eines neuen barbarischen Zeitalters als vollkommen ausgeschlossen erscheint.

[...]

Wir sehen ferner, dass im naturwissenschaftlichen Zeitalter die Lebensbedürfnisse und Genussartikel mit weit weniger Menschenarbeit herzustellen sind, dass also auch bei geringerer Arbeitszeit doch immer noch ein weit grösserer Antheil von diesen Arbeitsprodukten auf jeden Menschen entfällt. Wir sehen auch, dass man durch wissenschaftlich und technisch richtig geleitete Bodenkultur der Scholle eine bedeutend grössere Menge von Ernährungsmitteln abzugewinnen vermag als bisher, sodass die Zahl der auf sie angewiesenen Menschen eine entsprechend grössere werden darf; wir finden, dass durch die Verbesserung und Beschleunigung des Kommunikations- und des Transportwesens ein immer leichterer Austausch der Produkte der verschiedenen Länder und Klimate ermöglicht wird, der das Leben der Menschen genussreicher gestaltet und ihr Dasein gegen die Folgen lokalen Misswachses sicherstellt. Diese sich progressiv steigernde Leichtigkeit der Gewinnung der materiellen Existenzmittel wird dem Menschen wegen der kürzeren Arbeitszeit, die er darauf zu verwenden hat, den nöthigen Ueberschuss an Zeit zu seiner besseren geistigen Ausbildung gewähren; die immer vollkommener und leichter herzustellenden mechanischen Reproduktionen künstlerischer Schöpfungen werden diesen auch Eingang in die Hütte verschaffen und die das Leben verschönernde und die Gesittung hebende Kunst der ganzen Menschheit anstatt wie bisher nur den bevorzugten Klassen derselben zugänglich machen! Halten wir dabei an der Ueberzeugung fest, dass das immer tiefer die ganze menschliche Gesellschaft durchdringende Licht der Wissenschaften den erniedrigenden Aberglauben und den zerstörenden Fanatismus, diese grössten Feinde der Menschheit, in wirksamer Weise bekämpft, so können wir mit stolzer Freude an dem Aufbau des Zeitalters der Naturwissenschaften weiterarbeiten, in der sicheren Zuversicht, dass es die Menschheit moralischen und materiellen Zuständen zuführen werde, die besser sind, als sie je waren und heute noch sind. [...]

Und so meine Herren wollen wir uns nicht irre machen lassen in unserem Glauben, dass unsere Forschungs- und Erfindungsthätigkeit die Menschheit höheren Kulturstufen zuführt, sie veredelt und idealen Bestrebungen zugänglicher macht, dass das hereinbrechende naturwissenschaftliche Zeitalter ihre Lebensnoth, ihr Siechthum mindern, ihren Lebensgenuss erhöhen, sie besser, glücklicher und mit ihrem Geschick zufriedener machen wird. Und wenn wir auch nicht immer den Weg klar erkennen können, der zu diesen besseren Zuständen führt, so wollen wir doch an unserer Ueberzeugung festhalten, dass das Licht der Wahrheit, die wir erforschen, nicht auf Irrwege führen und dass die Machtfülle, die es der Menschheit zuführt, sie nicht erniedrigen kann, sondern sie auf eine höhere Stufe des Daseins erheben muss!

Abgedruckt in: Tageblatt der 59. Versammlung deutscher Naturforscher und Aerzte zu Berlin vom 18.-24. September 1886. Unter Redaction von Prof. Dr. Guttstadt, Sanitätsrath Dr. S. Guttmann und Dr. Sklarek. Berlin 1886, S. 92-96.

Anmerkungen:
Werner von Siemens, 1816-1892, deutscher Erfinder, Begründer der Elektrotechnik und Industrieller (Gründer der heutigen Siemens AG).
(4) Wanderversammlungen: wechselnde Tagungsorte
(15) Mähr: sagenhaft erscheinende Nachricht
(15 f.) gemeint ist die Fotografie

LÖSUNGSVORSCHLAG 2012 eA

Lösungsvorschlag Aufgabe 1

Aufgabe 1.1

Interpretieren Sie das Gedicht ...

HINWEIS Lesen Sie Johann Wolfgang Goethes Gedicht *Neue Liebe, Neues Leben* zunächst mehrmals sehr aufmerksam durch und lassen Sie es auf sich wirken. Versetzen Sie sich dann in die Lage des lyrischen Ichs. Welche Empfindungen bestimmen es? Welche Einstellung zur Liebe wird beim lyrischen Sprecher deutlich? Formulieren Sie anschließend eine Interpretationshypothese und deuten Sie dann die sinnhaltigen Elemente des Gedichts in ihrer funktionalen Bezogenheit und Wechselbeziehung zueinander. Stellen Sie die Ergebnisse in einer Gesamtinterpretation nachvollziehbar dar.

Lösungsschritte

1	Sich mit der Aufgabenstellung (1.1) auseinandersetzen und überlegen, was genau verlangt wird
2	Das Gedicht mindestens zweimal sehr aufmerksam durchlesen und auf sich wirken lassen. Erste Eindrücke notieren.
3	Den Text ein weiteres Mal lesen und inhaltlich analysieren: Gedankengang untersuchen, Sinnabschnitte markieren, Randbemerkungen anfertigen
4	Die fiktive Kommunikationssituation analysieren: lyrisches Ich, Adressat, äußere Situation, innerer Zustand
5	Anschließend das Gedicht formal analysieren und Auffälligkeiten als Randbemerkungen notieren: ■ Analyse von Strophe, Vers, Reim, Metrum, Rhythmus usw. ■ Analyse des Satzbaus: Enjambement, Satzarten etc. ■ Analyse der Bildlichkeit: Vergleich, Metapher, Symbol usw. ■ Analyse von weiteren Stilmitteln und rhetorischen Figuren
6	Liebesauffassung untersuchen: Wie ist die Aussage zum Thema Liebe? Mit den Notizen aus Schritt 3 vergleichen.
7	Einstieg in die Interpretation konzipieren: Interpretationsansatz in Form einer Interpretationshypothese formulieren
8	Die Ergebnisse in einem zusammenhängenden Text festhalten
9	Die Ausführungen im Hinblick auf sprachlichen Ausdruck und Verständlichkeit überarbeiten; dabei Rechtschreib- und Zeichensetzungsfehler korrigieren

Stichpunktlösung

Einleitung

- In dem Gedicht *Neue Liebe, Neues Leben,* das Johann Wolfgang Goethe 1775 veröffentlichte, äußert sich ein in Liebe entbranntes lyrisches Ich. Die Liebe ist mit einschneidenden Veränderungen im Leben des Sprechers verbunden. Er spürt, dass er sich dieser Liebe nicht widersetzen kann, und befürchtet, durch sie in Abhängigkeit zu geraten und fremdbestimmt leben zu müssen.

Analyse und Interpretation

Formale Aspekte

- Regelmäßiger Aufbau: drei Strophen à acht Verse
- Metrum: durchgängig vierhebiger Trochäus
- Reimschema: Kreuzreim (abab) mit abwechselnd weiblichen und männlichen Kadenzen in den ersten vier Versen jeder Strophe; die letzten vier Verse bestehen jeweils aus zwei Paarreimen (ccdd) mit weiblichen (jeweils fünfter und sechster Vers) und männlichen (jeweils siebter und achter Vers) Kadenzen

Gesamtstruktur und Inhalt

- 1. Strophe: Das lyrische Ich ist verwirrt und besorgt angesichts der Veränderungen, die es an sich selbst wahrnimmt. Sein Leben scheint durch die Liebe völlig aus der Bahn geraten zu sein (vgl. V. 3f.). Es spricht sein eigenes Herz an (vgl. V. 1 f.), also den symbolischen Sitz der Gefühle, und äußert ein Empfinden der Selbstentfremdung (vgl. V. 3f.).
- 2. Strophe: Das lyrische Ich sieht in einer jungen Frau die Auslöserin seines Zustands (vgl. V. 9–12). Die Geliebte ist liebreizend (vgl. V. 10f.) und gefährlich (vgl. V. 9, V. 12) zugleich. Das Ich versucht, sich von ihr zu lösen (vgl. V. 13f.), scheitert jedoch dabei (V. 15f.).
- 3. Strophe: Der Sprecher erkennt, dass er sich der Geliebten und ihrer magischen Anziehungskraft nicht entziehen kann. Sie bindet ihn gegen seinen Willen an sich (vgl. V. 17–20) und zwingt ihm ihre Lebensweise auf (vgl. V. 21 f.). Das lyrische Ich fühlt sich angesichts der stattgefundenen Verwandlung fremdbestimmt und eingeengt (vgl. V. 19–22). Das Gedicht endet mit einem verzweifelten Appell des Sprechers, in dem er die Liebe bzw. die Geliebte auffordert, ihn loszulassen (vgl. V. 24).

Sprachliche Gestaltungsmittel und deren Funktion

- Gedichttitel: Anapher („Neue“, „Neues“) und Stabreim („Liebe“, Leben“) bringen den engen Zusammenhang von Liebe und Verwandlung des Lebens zum Ausdruck
- Die formale Gleichförmigkeit (Strophenaufbau, Metrum, Reimschema) steht im Gegensatz zur aufgewühlten Gefühlssituation des lyrischen Ichs
- Ein Parallelismus (V. 5, V. 6), Anaphern („Weg“, V. 5, V. 6, V. 7) und der Wechsel vom Präsens ins Präteritum in den Versen 5 und 6 unterstreichen die Verwandlung, die das lyrische Ich an sich wahrnimmt, und die Fremdheitsgefühle, die es sich selbst gegenüber empfindet
- Häufiger Wechsel zwischen Aussage-, Imperativ- und Fragesätzen sowie Ausrufen erzeugt einen dynamischen Rhythmus; dieser verdeutlicht gemeinsam mit zahlreichen Enjambements (V. 2f., V. 10–12, V. 13–16, V. 17–20, V. 21 f.) die innere Zerrissenheit des lyrischen Ichs
- Antithesen („liebliche Gestalt“, V. 10, und „unendliche Gewalt“, V. 12; „entfliehen“, V. 14, und „zu ihr zurück“, V. 16) dienen dem Ausdruck der zwiespältigen Gefühle. Ambivalent werden ebenfalls die Geliebte und die Liebe dargestellt – einerseits anziehend, andererseits bedrohlich: durch Metaphern („Zauberfädchen“, V. 17; „Zauberkreise“, V. 21), Personifizierung („die Jugendblüthe“, V. 9; „Liebe laß mich los!“, V. 24) und einen mehrdeutigen Stabreim („liebe lose“, V. 19).
- Die Personifizierung des Herzens („Herz, mein Herz, was soll das geben,/Was bedränget dich so sehr? “, V. 1 f.) und der Duktus eines Selbstgespräches mit direkter Anrede der eigenen Person („du“, V. 5, V. 6, V. 8) verdeutlichen, dass sich das lyrische Ich intensiv mit seinen Gefühlen auseinandersetzt
- Stabreime („wider Willen“, V. 20; „Liebe! Liebe“, V. 24), Interjektionen („Ach“, V. 8, V. 16, V. 23), klagende Ausrufe („Welch ein fremdes neues Leben!“, V. 3; „Die Verwandlung, ach! wie groß!/Liebe! Liebe laß mich los!“, V. 23f.) bringen das intensiv empfundene Leid zum Ausdruck
- Metaphern („Zauberfädchen“, V. 17; „Zauberkreise“, V. 21), das Bild der „Fessel“ (V. 9) sowie eine Hyperbel („unendlicher Gewalt“, V. 12) vergegenwärtigen die Hilflosigkeit des lyrischen Ichs angesichts der als Fremdbestimmung wahrgenommenen Liebe
- Verben der Bewegung („entziehen“, V. 13; „entfliehen“, V. 14) verdeutlichen den Wunsch nach Loslösung

Aufgabe 1.2

Vergleichen Sie ...

HINWEIS Verdeutlichen Sie sich zunächst, was von Ihnen erwartet wird. Sie sollen die Gedichte von Johann Wolfgang Goethe und Steffen Jacobs miteinander vergleichen, d. h. begründet Gemeinsamkeiten und Unterschiede aufzeigen. Vergleichsaspekte sind die Ergebnisse der Analyse und Interpretation beider Gedichte, besonders wichtig sind dabei die Behandlung der Liebesthematik sowie deren sprachliche und formale Gestaltung.

Lösungsschritte

1	Die Aufgabenstellung (1.2) sehr aufmerksam durchlesen und sich nochmals verdeutlichen, was genau verlangt wird: zwei Gedichte unter vorgegebenen Aspekten abwägend einander gegenüberstellen und Unterschiede, Ähnlichkeiten und Gemeinsamkeiten ermitteln und sprachlich angemessen darstellen
2	Zunächst noch einmal die Analyseergebnisse aus Aufgabe 1.1 lesen. Dabei auch die eigenen Randbemerkungen auf dem Textblatt beachten.
3	Schritte 2–8 aus Aufgabe 1.1 wiederholen für das Gedicht *Begegnung*
4	Gemeinsamkeiten und Unterschiede der beiden Gedichte herausarbeiten, z. B. in Tabellenform
5	Überleitung von der Interpretation zum Vergleich konzipieren: Zusammenfassung, Ausblick, persönliche Wertung usw.
6	Interpretation und Vergleich ausformulieren, dabei eigene Behauptungen argumentativ mit Belegen aus den Texten stützen
7	Den eigenen Text nochmals überarbeiten und auf innere Stimmigkeit überprüfen
8	Die Ausführungen im Hinblick auf sprachlichen Ausdruck und Verständlichkeit überarbeiten; dabei Rechtschreib- und Zeichensetzungsfehler korrigieren

Stichpunktlösung

Einleitung

- In Steffen Jacobs Gedicht *Begegnung* aus dem Jahr 1996 geht es um eine kurze, flüchtige und rein sexuelle Beziehung. Es beschreibt eine moderne, unverbindliche Form der Liebe, die ihren Absolutheitsanspruch verloren hat.

Analyse

Formale Aspekte

- Drei Strophen à vier Verse
- Zeilenstil: Vers- und Satzende fallen jeweils zusammen
- Freies Metrum mit Versen im Daktylus (mit einigen Ausnahmen)
- Paarreime jeweils in den mittleren Versen der drei Strophen; uneinheitlicher Rhythmus

Gesamtstruktur und Inhalt

- Drei Strophen versinnbildlichen die Flüchtigkeit der Beziehung in ihren unterschiedlichen Entwicklungsstufen:
  - 1. Strophe: erste Begegnung des Paares; starke erotische Anziehungskraft (vgl. V. 1) und sexuelle Energie (vgl. V. 2) stimmen das lyrische Ich euphorisch und geben ihm Hoffnung auf eine gemeinsame Zukunft mit der Geliebten (vgl. V. 4)
  - 2. Strophe: Ende der Beziehung, die nachträglich entwertet (vgl. V. 8) und als rein sexuell (vgl. V. 6 f.) dargestellt wird; Ausdruck der Desillusionierung (vgl. V. 5, V. 8)
  - 3. Strophe: Distanzierung von Gewissensbissen und Schuldgefühlen (vgl. V. 9 f.) hinsichtlich der zerbrochenen Beziehung, die als belanglos abgewertet wird (vgl. V. 9, V. 12)

Sprachliche Gestaltungsmittel und deren Funktion

- Unverbindlichkeit der Beziehung spiegelt sich in kurzen Sätzen wider
- Technisch geprägtes Bild reduziert die Beziehung auf reine Körperlichkeit („Zwei Körper aufs schärfste verzahnt", V. 2)
- Fragen („War da noch etwas?", V. 9; „Da wär was gewesen?", V. 12) und Konjunktiv („Das wüßte ich aber", V. 12) verdeutlichen die Unsicherheit und Selbstzweifel des lyrischen Ichs
- Saloppe, umgangssprachliche Wendungen („Das bringts", V. 1; „Da wird noch was draus", V. 4; „Das wars", V. 5; „Das

war dann wohl nichts“, V. 8; „Ach was“, V. 9; „Das wüßte ich aber“, V. 12) verdeutlichen die Weigerung des lyrischen Ichs, sich mit dem Scheitern der Beziehung auseinanderzusetzen
- Diskrepanz zwischen Form und Aussage: Formal ist das Gedicht weitgehend traditionell, hinsichtlich Inhalt und Sprache ist es in der Gegenwart verankert

Vergleich

Form
- Traditionelle Gedichtform sowohl bei Goethe als auch bei Jacobs
- Beide Gedichte haben drei Strophen

Inhalt
- Gemeinsamkeiten:
  - Thema leidenschaftliche Liebe
  - Die geliebte Frau wird in beiden Gedichten als äußerst anziehend und faszinierend empfunden
  - Liebeserfahrung ist mächtig und irritierend; das lyrische Ich wehrt sich gegen die Liebe
- Unterschiede:
  - Intensität der Liebe: bei Goethe allumfassend, bei Jacobs oberflächlich sexuell
  - Reaktion auf die Liebe: Das lyrische Ich in Goethes Gedicht erkennt, dass die Liebe es einerseits fasziniert und andererseits einengt; es setzt sich also mit seinen Gefühlen auseinander. Das lyrische Ich in Jacobs’ Gedicht verdrängt und leugnet hingegen seine Gefühle aufgrund der gescheiterten Beziehung.
  - Auswirkungen der Liebe: Bei Goethe wird der Einfluss der Liebe auf das eigene Leben reflektiert, das lyrische Ich schildert seine Emotionen. Bei Jacobs steht das Ego des Sprechers im Mittelpunkt, Liebe und damit verbundene Gefühle werden verdrängt.

Sprache
- Goethe verwendet einen hochsprachlichen Stil mit typischen Bildern der Liebeslyrik
- Jacobs benutzt eine einfache Alltagssprache mit umgangssprachlichen Wendungen und Floskeln

TIPP Setzen Sie sich nochmals mit der Lebenseinstellung und Gefühlswelt literarischer Figuren aus der Epoche des Sturm und Drang und der Empfindsamkeit auseinander (z. B. mit Goethes *Werther*).

Lösungsvorschlag Aufgabe 2

Aufgabe 2.1

Analysieren Sie ...

HINWEIS Zunächst ist es wichtig, dass Sie Siemens' Text sehr aufmerksam durchlesen. Überlegen Sie anschließend, welche Haltung zu den modernen Naturwissenschaften darin deutlich wird. Analysieren Sie dann Siemens' Vortrag, indem Sie elementare inhaltliche, formale, strukturelle und sprachliche Merkmale nach selbst gewählten Aspekten darstellen.

Lösungsschritte

1	Den Text mindestens zweimal sehr aufmerksam durchlesen
2	Sich nochmals mit der Aufgabenstellung (2.1) auseinandersetzen und überlegen, was genau verlangt wird
3	Den Text ein weiteres Mal lesen und die wichtigsten Aussagen markieren, evtl. stichwortartige Randbemerkungen erstellen
4	Die inhaltliche Hauptaussage des Textes in einem oder zwei Sätzen skizzieren
5	Anschließend die einzelnen Kernaussagen und Argumente von Siemens zusammenfassen und die Argumentationsstruktur verdeutlichen (evtl. grafisch, z. B. mit Symbolen und Pfeilen)
6	Die Ergebnisse in einem zusammenhängenden Text festhalten
7	Die Ausführungen im Hinblick auf sprachlichen Ausdruck und Verständlichkeit überarbeiten; dabei Rechtschreib- und Zeichensetzungsfehler korrigieren

Stichpunktlösung

Einleitung

- Siemens lobt in seinem Vortrag, den er am 18. September 1886 vor einer Versammlung von Naturwissenschaftlern und Ärzten hielt, den wissenschaftlichen und technologischen Fortschritt: Er stelle eine Verbesserung für sämtliche Lebensbereiche dar.

Analyse

Gesamtstruktur und Inhalt

- Einleitung der Rede (Z. 1–7): Werner von Siemens begrüßt die anwesenden Naturwissenschaftler und Ärzte. Die Öffnung der Naturwissenschaften gegenüber einer breiteren Öffentlichkeit sei ein entscheidender Schritt für die Menschheit und der Anbruch des „naturwissenschaftliche[n] Zeitalter[s]“ (Z. 7) gewesen.
- Formulierung der Hauptthese (Z. 9–11): Den Naturwissenschaften habe die Menschheit einen Fortschritt in nahezu sämtlichen Lebensbereichen zu verdanken
- Erster Beleg der These (Z. 12–19): Gegenüberstellung von Vergangenheit (Anfangszeit der industriellen Revolution) und Gegenwart, in der wissenschaftliche Errungenschaften selbstverständlich geworden seien
- Im Folgenden führt Siemens seine These weiter aus und belegt sie anhand von Beispielen aus unterschiedlichen Bereichen des Lebens (vgl. Z. 20–65)
- Naturwissenschaftliche Erkenntnis habe Aberglaube und Vorurteile verdrängt (vgl. Z. 20–23)
- Errungenschaften der Wissenschaft und moderne Kommunikationswege ermöglichten einen umfassenden gesellschaftlichen Fortschritt (vgl. Z. 23–27)
- Der wissenschaftliche Fortschritt stehe jedoch erst am Anfang seiner Entwicklung (vgl. Z. 28–32)
- Allein der Mensch könne dem Fortschritt im Wege stehen (vgl. Z. 26–28, Z. 34 f.)
- Dank des Buchdrucks und der großen Verbreitung der modernen Errungenschaften sei jedoch ein Verlust bereits vorhandener wissenschaftlicher Erkenntnisse ausgeschlossen (vgl. Z. 35–39)
- Behauptung einer Übermacht von Völkern, die sich dem wissenschaftlichen Fortschritt öffnen und ihn vorantreiben, gegenüber weniger weit entwickelten Völkern; eine Rückentwicklung hin zu einer primitiveren Gesellschaft sei daher unmöglich (vgl. Z. 39–42)

- Naturwissenschaftliche Erkenntnisse hätten die Produktivität des Arbeitsprozesses erhöht (vgl. Z. 43–46) und die landwirtschaftliche Produktion verbessert, sodass eine größere Zahl von Menschen ernährt werden könne (vgl. Z. 46–49)
- Der Fortschritt von Transport und Kommunikation entschärfe zudem lokale Krisen, die z. B. durch Missernten entstehen könnten (vgl. Z. 49–52)
- Die höhere Arbeitsproduktivität führe zum Rückgang der Arbeitszeit, was der individuellen intellektuellen, ästhetischen und moralischen Bildung zugutekomme (vgl. Z. 52–59)
- Wissenschaften würden der Menschheit dienen, indem sie Aberglauben und Fanatismus bekämpften und letztendlich zu mehr Moral und materiellem Wohlstand in der menschlichen Gesellschaft beitrügen (vgl. Z. 59–65)
- Schluss des Vortrags (Z. 66–74): Abschließend entwirft Siemens ein optimistisches Bild der Zukunft, in der die Menschheit seiner Ansicht nach noch mehr vom wissenschaftlichen Fortschritt profitieren wird

Siemens' Hauptaussagen

- Siemens zeigt sich stolz auf die Errungenschaften der Wissenschaft
- Aufforderung an die Naturwissenschaftler, den eingeschlagenen Weg fortzusetzen
- Optimistischer Ausblick auf die Zukunft, die noch mehr vom wissenschaftlichen Fortschritt profitieren werde

Sprachliche Gestaltungsmittel und deren Funktion

- Gehobener Sprachstil: Verwendung von Hypotaxen; gewählte Ausdrucksweise (z. B. „Die hier so zahlreich und glänzend vertretene Gesellschaft der Naturforscher und Aerzte erhob vor bald sechzig Jahren zuerst in unserem Vaterlande das Banner der freien Forschung", Z. 2 f.)
- Beschwörung eines Gemeinschaftsgefühls durch häufige Verwendung der Pronomen „wir", „unser" und Verweis auf gemeinsame Erlebnisse der Zuhörerschaft („Wir entsinnen uns noch der Zeit", Z. 13)
- Metaphorische Umschreibungen und Bilder des Fortschritts („das immer tiefer die ganze menschliche Gesellschaft durchdringende Licht der Wissenschaften", Z. 59 f.; „Aufschwunges", Z. 9, Z. 33); Personifizierungen des Fortschritts („belebenden Odem der Naturwissenschaften", Z. 9 f.; „als Dampfschiff und Locomotive ihre ersten schwachen Gehversuche machten", Z. 14); Funktion: Bekräftigung der eigenen Aussagen
- Komparative in Verbindung mit den Verbesserungen des Lebensstandards durch den wissenschaftlichen Fortschritt (z. B. „weit weniger Menschenarbeit", Z. 44; „eine bedeutend grössere Menge von Ernährungsmitteln", Z. 47 f.; „ein immer leichterer Austausch", Z. 50); Funktion: Verstärkung der Hauptthese
- Licht/Dunkelheit-Metaphorik: „Vor diesem [...] Lichte der Wissenschaft ziehen sich auch die Kinder der alten Finsterniss, der Aberglaube und das Vorurtheil, mehr und mehr zurück", Z. 20–22; „dass das immer tiefer die ganze menschliche Gesellschaft durchdringende Licht der Wissenschaften den erniedrigenden Aberglauben und den zerstörenden Fanatismus [...] bekämpft", Z. 59–62; Funktion: Aufwertung der eigenen Position bzw. der Wissenschaft bei gleichzeitiger Abwertung entgegengesetzter Positionen

TIPP Achten Sie darauf, Siemens' Gedankengänge sehr genau und sachlich sowie in chronologisch-linearer Reihenfolge wiederzugeben.

Aufgabe 2.2

Prüfen Sie ...

HINWEIS Verdeutlichen Sie sich zunächst, was von Ihnen erwartet wird: Sie sollen Werner von Siemens' Gedanken mit Ideen der Aufklärung vergleichen. Machen Sie sich nochmals die wesentlichen Grundzüge aufklärerischen Denkens klar. Überlegen Sie dann, wo es Gemeinsamkeiten und wo es Unterschiede hierzu in Siemens' Vortrag gibt.

Lösungsschritte

1	Die Aufgabenstellung (2.2) sehr aufmerksam durchlesen und überlegen, was genau verlangt wird
2	Vorstellungen der Aufklärung im Hinblick auf die Wissenschaft stichwortartig notieren
3	Diese Vorstellungen der Aufklärung mit Siemens' Ausführungen vergleichen. Was sind Gemeinsamkeiten, welche Unterschiede gibt es?
4	Ergebnisse des Vergleichs in einem oder zwei Sätzen zusammenfassen
5	Die Ergebnisse anschließend detailliert in einem zusammenhängenden Text festhalten
6	Den eigenen Text nochmals überarbeiten und im Hinblick auf innere Stimmigkeit überprüfen
7	Die Ausführungen im Hinblick auf sprachlichen Ausdruck und Verständlichkeit überarbeiten; dabei Rechtschreib- und Zeichensetzungsfehler korrigieren

Stichpunktlösung

Hauptgedanken der Aufklärung

- Berufung auf die Vernunft: Immanuel Kant forderte, dass der Mensch sich seines Verstandes bedienen solle
- Abkehr von Aberglaube und kirchlich-dogmatischer Bevormundung
- Fortschrittsoptimismus: Glaube, dass sich die entscheidenden Probleme der Menschheit mithilfe der Vernunft lösen ließen
- Glaube an die Entwicklungsfähigkeit des Menschen: Der Mensch wird als ein Wesen angesehen, das in der Lage ist zu lernen
- Bildung als Grundpfeiler des Fortschritts: Nur durch Bildung sei das Heraustreten des Menschen aus der Unmündigkeit möglich. Bildung und Forschung (v. a. in den Naturwissenschaften und der Medizin) sollten eine Demokratisierung der Gesellschaft fördern, indem sie alle Bevölkerungsgruppen erfassten.
- Rationalismus: Der Mensch soll rational vorgehen und Bestehendes kritisch überprüfen
- Empirismus: Als Erkenntnisquelle wird nur anerkannt, was tatsächlich vorhanden ist und beweisbar vorliegt
- Toleranz in Religion, Politik und Gesellschaft sollen eine freie Gesellschaft schaffen
- Individualismus und kritische Haltung des Einzelnen gegenüber Staat und Gesellschaft

Anknüpfung an Leitideen der Aufklärung in Siemens' Vortrag

- Siemens spricht von „freie[r] Forschung" (Z. 3), welche auch eine Forderung der Aufklärung darstellte: Forschung sollte unabhängig von der Willkür der jeweiligen Herrscher sein.
- Große Wertschätzung der Naturwissenschaften durch Siemens („durch den belebenden Odem der Naturwissenschaften", Z. 10); auch in der Aufklärung spielten die Naturwissenschaften eine entscheidende Rolle, insbesondere die Medizin
- Licht/Dunkelheit-Metaphorik bei Siemens (vgl. Z. 20–22, Z. 59–62) und Bezeichnung von Gegenpositionen als „Aberglaube[n]" (Z. 20, Z. 61), „Vorurtheil" (Z. 21 f.), „Wahn" (Z. 27), „Fanatismus" (Z. 61); Entsprechung zu Forderungen der Aufklärung, aus der Dunkelheit der Unmündigkeit herauszutreten und mithilfe des Verstandes Dinge neu zu begreifen und zu erhellen
- Siemens' Annahme, dass der wissenschaftliche Fortschritt nicht nur dem einzelnen Menschen helfe, seine Situation zu verbessern, sondern alle Bereiche des menschlichen Lebens umfasse und zum menschlichen Glück beitrage (vgl. Z. 69–74); auch die Denker der Aufklärung waren überzeugt, dass Wissen und Erkenntnis den einzelnen Menschen frei und materiell unabhängiger machten und dass die menschliche Gesellschaft somit demokratischer werde

Unterschiede zum aufklärerischen Denken bei Siemens

- Fehlende Hinterfragung der eigenen Grundannahmen, verbunden mit einer Form von messianischer Hybris bei Siemens („Und so meine Herren wollen wir uns nicht irre machen lassen in unserem Glauben, dass unsere Forschungs- und Erfindungsthätigkeit die Menschheit höheren Kulturstufen zuführt, sie veredelt und idealen Bestrebungen zugänglicher macht", Z. 66–68; „[...] sondern sie auf eine höhere Stufe des Daseins erheben muss", Z. 74); dies widerspricht der Grundhaltung der Aufklärung, alles infrage zu stellen, was nicht bzw. noch nicht bewiesen ist

Aufgabe 2.3

Setzen Sie sich mit Siemens' Auffassung [...] auseinander unter Einbeziehung der von Ihnen gelesenen xte von Friedrich Dürrenmatt ...

> HINWEIS Verdeutlichen Sie sich zunächst, was von Ihnen erwartet wird: Sie sollen sich begründet mit Siemens' Auffassung vom wissenschaftlichen Fortschritt auseinandersetzen und dabei auch die gegensätzliche Position von Friedrich Dürrenmatt, die er in seinem Stück *Die Physiker* sowie in *21 Punkte zu den* Physikern zum Ausdruck bringt, in Ihre Überlegungen einbeziehen.

Lösungsschritte

1	Die Aufgabenstellung (2.3) sehr aufmerksam durchlesen und überlegen, was genau verlangt wird
2	Siemens' wichtigste Argumente für den wissenschaftlichen Fortschritt auf der linken Seite eines Blattes notieren
3	Die Position Dürrenmatts auf der rechten Seite des Blattes den in Schritt 2 notierten Argumenten stichwortartig gegenüberstellen
4	Beide Positionen miteinander vergleichen, Gemeinsamkeiten und Unterschiede deutlich machen (z. B. mit unterschiedlichen Farbmarkern)
5	Den eigenen Standpunkt unter Berücksichtigung beider Positionen stichwortartig skizzieren
6	Die eigene Position in einem zusammenhängenden Text formulieren
7	Die Ausführungen im Hinblick auf sprachlichen Ausdruck und Verständlichkeit überarbeiten; dabei Rechtschreib- und Zeichensetzungsfehler korrigieren

Stichpunktlösung

Mögliche Aspekte der Auseinandersetzung mit Siemens' Position

- Siemens widmet sich in seinem Vortrag ausschließlich den seiner Meinung nach Heil bringenden Auswirkungen naturwissenschaftlicher Forschung auf den Einzelnen und die Gesellschaft.
- Dabei hätte er 1886 durchaus schon die mit dem wissenschaftlichen Fortschritt verbundenen negativen Folgen erkennen können. Durch die Erfindung und den Einsatz der Dampfmaschine reduzierte sich zwar einerseits die schwere körperliche Arbeitsbelastung für die Arbeiter, auf der anderen Seite wuchs das Proletariat sprunghaft an und ganze Bevölkerungsgruppen versanken in Armut und Verelendung (z. B. die schlesischen Weber). Zu dieser differenzierten Sichtweise jedoch ist Siemens nicht bereit bzw. nicht fähig.

Weitere mögliche Aspekte der Reflexion

- Auseinandersetzung mit den Chancen und Risiken naturwissenschaftlicher Erkenntnisse
- Anerkennung des positiven Beitrags der wissenschaftlichen Forschung zur Verbesserung von Lebensqualität und -standard

Bezugnahme auf Dürrenmatt

- Dürrenmatts Welt- und Menschenbild ist sehr negativ. Er ist der Überzeugung, dass der Mensch nicht in der Lage ist, verantwortungsvoll mit Forschungsergebnissen umzugehen.
- Wissenschaftliche Errungenschaften dienen Dürrenmatt zufolge nur auf den ersten Blick der Erleichterung der menschlichen Existenz. Jeder wissenschaftliche Fortschritt birgt seiner Ansicht nach die Gefahr des Missbrauchs in sich. Sowohl in seinem Stück *Die Physiker* (besonders deutlich in dem Gespräch zwischen Möbius und seinen beiden Mitinsassen) als auch in den *21 Punkten zu den* Physikern weist Dürrenmatt auf diese Gefahr hin.
- In dem Drama *Die Physiker* wird deutlich, dass Dürrenmatt an keine praktikablen Auswege aus dem Dilemma des Wissenschaftlers glaubt, der im Besitz potenziell gefährlicher Erkenntnisse ist: Der Lösungsversuch von Möbius, sich in ein Irrenhaus zu begeben, um die Menschheit vor seinen Forschungsergebnissen zu schützen, scheitert - die Irrenärztin ist selbst eine Wahnsinnige, die von der Weltherrschaft träumt.
- Für Dürrenmatt gibt es nur eine mögliche Konsequenz: den Verzicht auf naturwissenschaftliche Forschung
- Gesamtgesellschaftliche Probleme wie der Umgang mit potenziell gefährlichen Forschungsergebnissen können nicht durch den Einzelnen gelöst werden (vgl. These 18 in *21 Punkte zu den* Physikern: „Jeder Versuch eines einzelnen, für sich zu lösen, was alle angeht, muß scheitern“; dementsprechend scheitert auch Möbius, der in *Die Physiker* als Einzelner versucht, Verantwortung zu übernehmen)
- Gefahren des wissenschaftlichen Fortschritts kann nur durch gesamtgesellschaftliche Anstrengungen begegnet werden (vgl. These 17 in *21 Punkte zu den* Physikern: „Was alle angeht, können nur alle lösen“)
- Dennoch kann immer noch der Zufall zur Katastrophe führen (vgl. These 18 in *21 Punkte zu den* Physikern: „Je planmäßiger die Menschen vorgehen, desto wirksamer vermag sie der Zufall zu treffen“)

Grünes Licht fürs Zentralabitur in Niedersachsen

Abitur-Training	**ISBN 978-3-06-**
Deutsch	150148-8
Englisch	150153-2
Mathematik	150158-7
Abitur-Prüfung	**ISBN 978-3-06-**
Deutsch	150054-2
Englisch	150055-9
Mathematik gA mit GTR	150056-6
Abitur-Wissen	**ISBN 978-3-06-**
Deutsch	150078-8
Englisch	150079-5
Mathematik	150080-1
Biologie	150160-0
Geschichte	150161-7

Informieren Sie sich unter der Nummer 0180 12 120 20 (3,9 ct/min. aus dem Festnetz der Dt. Telekom) oder in unserem Onlineshop: www.cornelsen-shop.de

Cornelsen